時過齋文史論集。

鄭均 著

自序

昔年東寇迫江南，身入戎行作佐參。計吏生涯如逝水，希賢願景付虛嵐。
安貧原憲何嘗病，易老馮唐却未甘。考史學文時不與，耽吟自笑近婪酣。

右為數年前拙作〈自述〉詩，權且用作此序的「楔子」。〈禮記・學記〉篇有云：「時過然後學，則勤苦而難成。」平心而論，以一個年踰不惑的老兵，回頭變成莘莘學子，再去研讀史學，那敢妄冀有所成就！當年筆者這種作法之違悖功利主義，自不待言。這也只好聊以解嘲地說：人類有些「自甘」的行為，原是無可理喻的。

自離軍職，雖長期以中學英語教師為業，唯治史迄未中斷，尤孜孜於先秦、兩漢文化史之探究。中年以後志趣之所寄託，實在於此。

筆者往年所撰《戰國紀事》、《讖緯考述》等書，早經梓行。茲復集結所作短文數十篇，略加類次，分為〈古史論述〉、〈論語淺得〉、〈史事瑣談〉三編，總題曰《時過齋文史論集》。書室之名「時過」，蓋取義於前述〈學記〉之語。

凡此所載，十之八九俱先後發表於歷年之《大陸雜誌》、《孔孟月刊》、《中華文化復興月刊》及《中央日報副刊》等——間有標題更改或化零為整（合數篇為一篇）者——本集中不復標注。

筆者自知譾陋，難免敝帚自珍之譏。摘疵斧正，是所懇望於學界　高賢！

民國九十八年六月三十日　鄭均　於臺北

目次

第二編 論語淺得

第三編　史事瑣談

第一編 古史論述

古籍中一些類同與歧異的記述

引言

我們閱讀古籍時，常會發現彼此之間，有一些事蹟類同而人物相異，或是同一人物而有關事蹟互有出入的。這種情形，不但在不同的書籍中有之，有時竟也發現在同一部書中。茲列舉數例，並略加剖析如次。

一、從李廣射石說起

〈史記・李將軍廣列傳〉有云：

廣出獵，見草中石，以為虎而射之。中石，沒鏃。視之，石也。因而復射之，終不能復入石矣。（注一）

這一段敘述，雖只有短短的三十三字，而膾炙人口，至今不衰。無獨有偶的是：一千年後，到了五代後周，又有一個李遠「紹述祖德」。不過所射的「伏虎」降格成了「伏兔」。〈周書‧李賢列傳〉云：

賢弟遠，字萬歲……嘗校獵於莎柵，見石於叢蒲中。以為伏兔，射之而中，鏃入寸許。就而視之，石也。太祖（郭威）聞而異之。賜書曰：昔李將軍廣親有此事。今公復爾，可謂世載其德。雖熊渠之名，不能獨擅其美。

射石而沒鏃、飲羽，實在是不太合乎情理——除非是射入石縫中。難道周太祖郭威真的深信其事？想來是：當時李賢、李遠兄弟，正是郭威所倚重的大將。既有此傳聞，也就樂得藉此將他恭維一番。他不但將這一段佳話，上溯到漢武帝時的李廣，還更進一步延伸到周厲王時楚國的熊渠。事出〈韓詩外傳〉第六：

昔者，熊渠子夜行。（見）寢石，以為伏虎，彎弓而射，沒金，飲羽。下視，乃知為石。（注二）

但若按記述的先後，最早還得數〈呂氏春秋・精通〉篇：

養由基射兕中石，矢乃飲羽。誠乎兕也。（注三）

不管彎弓而射的是西周的熊渠也好，春秋時的養由基也好，漢代的李廣也好……也不管假想的目標是兕（犀牛）也好，虎也好，這一套陳陳相因的傳說，其主要的意義只在於導引出「見其誠心，而金石為之開。況人心乎！」（注四）這句格言而已。事之有無，原不必深究。

二、大禹與周公

〈史記・魯周公世家〉說：

周公戒伯禽曰：「我，文王之子，武王之弟，成王之叔父。我於天下，亦不賤矣。然我一沐三握髮，一飯三吐哺，以待士，猶恐失天下之賢人。」

司馬遷之取材，可能是融合〈荀子〉與〈韓詩外傳〉二者。〈荀子堯問〉篇說：

伯禽將歸於魯，周公謂伯禽之傅曰：「我，文王之為子，武王之為弟，成王之為叔父。吾於天下為不賤矣。然吾所執贄而見者十人，還贄而相見者三十人，貌執之士百有餘人。於是吾僅得三士焉，以正吾身，以定天下。」

〈韓詩外傳〉第三有云：

周公踐天子之位七年……一沐三握髮，一飯三吐哺，猶恐失天下之士。

但〈呂氏春秋・謹聽〉篇却記為大禹的事：

昔者禹一沐而三捉髮，一飯而三起，以禮有道之士，通乎己之不足也。

周公即令要效法先代的聖王，也用不著亦步亦趨地握髮吐哺。大約是原先〈呂氏春秋〉的作者，為了形容禹的求賢若渴，就創作了這誇大之詞。禹與周公既同是孔子所最推崇景仰的先聖，韓嬰就借過來強調周公的好士，這也是可能的。

三、武乙商紂與宋康王

〈史記・殷本紀〉說：

武乙無道，為偶人，謂之天神。與之博，令人為行。天神不勝，乃僇辱之。為革囊盛血，仰而射之，命曰「射天」。

在宋微子世家裏又說：

君偃（宋康王）盛血以韋囊，懸而射之，命曰「射天」。（注五）

商代的武乙「射天」，宋康王也「射天」，這還可以解釋為後者有意莫仿。但是另有兩件記述，却未免巧合得離了譜。〈戰國策・宋策〉說：

宋康王時有雀生鸇（高誘註：「鸇，王鵰也。」就是一種大鴟）於城之陬。使史占之，曰：「小而生巨，必霸天下。」康王大喜，於是伐滕、滅薛。

劉向在他的〈新序〉卷四裏，也轉述了這一段傳說。除了將「鸇」改作「鸇」外，其他一字未變。但是在他的另一書〈說苑〉敬慎篇裏，卻自異其說：

昔者殷王帝辛（紂）之時，爵（雀）生烏於城之隅。工人占之，曰：「凡以小生巨，國家必祉，王名必倍。」（注六）

劉向在兩書中的自相矛盾是不難理解的。他原是一個述而不作的學者。由於校書天祿閣，得以博覽羣書。〈新序〉與〈說苑〉，同為他摘錄各種典籍而成。兼收並蓄的結果，乃至彼此之間，不自覺地發生了矛盾。不過這種「以小生巨」——當然是理之所無，若不是故意揑造，一定是出於觀察錯誤——的奇聞，竟同樣發生在祖先與後裔兩個亡國之君的，卻是離奇得不可思議。近代曾有史家指出：齊之滅宋，為了極力醜化康王的形象，於是盡將他先世武乙和紂王兩個暴君的敗德罪行，原封不動地移到他身上。這種推斷也不無可能。

四、跖犬吠堯的比喻

〈戰國策・齊策〉六云：

貂勃常惡田單曰：「安平君，小人也。」安平君聞之，故為酒而召貂勃，曰：「單何以得罪於先生，故常見惡於朝？」貂勃曰：「跖之犬吠堯，非貴跖而賤堯也。狗固吠非其主也。」

〈史記・淮陰侯列傳〉，蒯通（徹）對漢高祖，也有「跖之犬吠堯，堯非不仁，狗固吠非其主」之語。蒯徹本是一個縱橫家的末流人物。有關戰國時游士的說辭，必曾加意揣摩，嫻熟於胸，借用貂勃的話來應對漢高祖的責難，倒也是順理成章的事。

五、江上處女與齊女徐吾的故事

〈戰國策・秦策二〉記有：

甘茂亡秦，且之齊，出關遇蘇子。曰：「君聞乎江上之處女乎？」蘇子曰：「不聞。」曰：「夫江上之處女，有家貧而無燭者。（此處當有闕文）處女相與語，欲去之。家貧無燭者將去矣，謂處女曰：『妾以無燭，故常先至，掃室布席。何愛餘明之照壁者？幸以賜妾，何妨於處女？何為去我？』處女相語以為然而留之。」

甘茂想到齊國去謀發展。為了說服已先在齊國得勢的蘇代，使他不至於排斥自己，而說出了這寓言。劉向〈列女傳〉（卷六）中，却有一則類同的齊女徐吾的記述。除了添上姓名，並將故事發生的地點「江上」改作「東海上」以外，其他與〈戰國策〉所述，毫無二致。唐人劉知幾批評劉向「廣陳虛事，多構偽辭」（注七），可能就是指的這些地方。

六、張丑出燕與伍子胥出楚

〈戰國策・燕策〉第三云：

張丑為質於燕，燕王將殺之。走且出境，境吏得丑。丑曰：「燕王所為將殺我者，人言我有珠寶也。王欲得之，今我已亡之矣，而燕王不我信。今子且致我，我且言子之奪我珠而吞之。燕王必當殺子，刳子之腹及子之腸矣。夫欲得之君，不可說以利。吾要且死，子腸亦且寸絕。」境吏恐而赦之。

但〈韓非子〉（說林上篇）卻述為伍員（子胥）之事：

子胥出走，邊候得之。子胥曰：「上索我者，以我有美珠也。今我已亡之矣。我且曰，子取吞之。」候因釋之。（注八）

〈史記・伍子胥列傳〉中未記此事。韓非之說，恐怕是出於寓言。〈戰國策〉所載的記事與記言，尤多虛構，恐難盡信。總之，這樣的急智與口才，雖足令人拍案叫絕，但其事卻未可信以為真。

七、晏子出奔與孟嘗君出奔

〈晏子春秋〉記有一則軼事，大意是：晏嬰曾經分倉粟贈予賢者北郭騷以養母。其後晏子見疑於齊景公而出奔。北郭騷在宮廷外自刎以證明晏子之賢。齊景公大駭，乘驛追回晏子。（注九）而〈史記・孟嘗君列傳〉的一段記述也極相類似：

孟嘗君相齊，其舍人魏子為孟嘗君收邑入，三反而不致一入。孟嘗君問之，對曰：「有賢者，竊假與之，故不致入。」孟嘗君怒而退魏子。居數年，人或毀孟嘗君將為亂，齊湣王疑孟嘗君，孟嘗君乃奔。魏子與所與粟者聞之，乃上書言孟嘗君不作亂，請以身為盟，遂自剄宮門以明孟嘗君。湣王乃驚而踪跡驗問，孟嘗君果無反謀，乃召復孟嘗君。

依情理而言，晏嬰歷事齊靈公、莊公而至景公，三世重臣。其為人又「危言危行」，「順命衡命」(注一〇)如此莊敬戒慎的賢大夫，所事的齊景公也可算「中主」，不應有見疑出奔之事。〈晏子春秋〉，原為後人所作。記事之失實，自所難免。至於孟嘗君，他的結局本來是為齊湣王所逐而奔魏。則在此以前，或早經一度見疑出奔，却不無可能。

八、鄒忌的諷諫與列精子高的喟歎

〈戰國策・齊策一〉云：

鄒忌脩八尺有餘，身體昳麗。朝服衣冠窺鏡，謂其妻曰：「我孰與城北徐公美？」其妻曰：「君美甚，徐公何能及也。」城北徐公，齊國之美麗者也。忌不自信而復問其妾曰：「吾孰與徐公美？」妾曰：「徐公何能及君也。」旦日，客從外來，與坐談。問之曰：「吾與徐公孰美？」客曰：「徐公不若君之美也。」明日，徐公來。熟視之，自以為不如。窺鏡又視，又弗如遠甚。……於是入朝，見王曰：「臣誠不如徐公美。臣之妻私臣，臣之妾畏臣，臣之客欲有求於臣，皆以為美於徐公。今齊，地方千里，百二十城。宮婦左右，莫不私王；朝廷之臣，莫不畏王；四境之內，莫不有求於王。由此觀之，王蔽甚矣。」

〈呂氏春秋・鬱達〉篇也有：

列精子高聽乎齊王。善衣東布衣，白縞冠，顙推之履，特會朝雨，袪步堂下。謂其侍者曰：「我何若？」侍者曰：「公姣且麗。」列精子高因步而窺於井，粲然惡丈夫之狀也。喟然歎曰：「侍者為吾聽行於齊王也，夫何阿哉！又況行乎萬乘之主，人之阿之亦甚矣！」

鄒忌託詞以諷齊王（忌事齊威、宣兩王），可說是意味深長。列精子高之名不見他書。且〈呂覽〉所述，只止於其個人的感歎。兩相比較，後者實在大為遜色。

九、郰人紇與孔子之舉關

〈呂氏春秋・慎大覽〉說：「孔子之勁，舉城門之關，而不肯以力聞。」其言不知何據。我們再看〈左傳〉襄公十年記荀偃與士匄帥諸侯之師伐偪陽。「偪陽人啟門，諸侯之士門焉。縣（懸）門發，郰人紇（孔子之父叔梁紇）抉之以出門者。」由此看來，這顯然是〈呂覽〉的作者，將叔梁紇的事蹟誤為孔子。由於世傳孔子身材高大（注一一），因而相信他也是孔武有力的。

十、魯僖公之欲焚巫尪與魯穆公之欲暴巫尪

〈左傳〉僖公二十一年云：

夏大旱，（僖）公欲焚巫尪（尪是「瘠病之人，其面上向。」見左傳杜註。）臧文仲曰：「非旱備也。脩城郭，貶衣食，省用，務穡，勸分，此其務也。巫尪何為？夫欲殺之，則如勿生。若能為旱，焚之滋甚。」公從之。是歲也，飢而不害。

〈禮記・檀弓〉篇又說：

歲旱，（魯）穆公召縣子而問曰：「天久不雨，吾欲暴（曝）尪而奚若？」曰：「天久不雨而暴人之疾子，虐，毋乃不可與？」「然則吾欲暴巫而奚若？」曰：「天則不雨，而望之愚婦人，毋乃已疏乎？」

春秋時代魯僖公的荒謬想法，幸被當時的賢大夫臧文仲所諫止。到了戰國，魯穆公竟又想犯同樣的錯誤，實在太不近情理。這恐怕是〈禮記〉之誤。

十一、衛靈公之問陳與孔文子之問甲兵

〈論語・衛靈公〉篇說：

衛靈公問陳（陣）於孔子。孔子對曰：「俎豆之事，則嘗聞之矣。軍旅之事，未之學也。」明日遂行。

而〈左傳〉哀公十一年的記述却異於此：

孔文子之將攻大叔也，訪於孔子。仲尼曰：「胡簋之事，則嘗學之矣。甲兵之事，未之聞也。」命駕而行，曰：「鳥則擇木，木焉能擇鳥？」

清人崔述以為：「數語相類，其事亦相類，未必兩事適相符如此，而又皆在衛。蓋本一事而傳聞者異也。以理度之，問陣之失事小，問攻大叔之失事大。彼可勿行，而此則當去。……竊疑此文（指〈左傳〉）為得其實。」（注一一）崔氏所見甚是。

十二、傅介子棄觚與班超投筆

劉歆（？）〈西京雜記〉說：

傅介子年十四，好學書。嘗棄觚而歎曰：「大丈夫當立功絕域，何能坐事散儒？」後卒斬匈奴使者，還拜中郎將。復斬樓蘭王首，封義陽侯。（注一二）

〈後漢書・班超傳〉正與此相似：

> 永平五年，兄固被詔赴校書郎，超與母隨至洛陽。家貧，常為官傭書以供養。久勞苦，嘗輟業投筆歎曰：「大丈夫無他志略，猶當效傅介子、張騫，立功異域，以取封侯。安能久事筆研閒乎？」

班超之立功西域，固與傅介子相似，也同樣地是棄文就武。但一個「棄觚」，一個就跟著「投筆」；一個說「何能坐事散儒」，一個也說「安能久事筆研閒」。班超該不至於這樣地刻意放顰。這恐怕是范曄作〈後漢書〉時為求文字生動，而剽竊了〈西京雜記〉。

十三、伍舉與淳于髡的隱語

〈史記・楚世家〉云：

> 莊王即位三年，不出號令，日夜為樂。令國中曰：「有諫者死無赦。」……伍舉曰：「願有進隱。」曰：「有鳥在於阜，三年不蜚不鳴，是何鳥也？」莊王曰：「三年不蜚，蜚將沖天；三年不鳴，鳴將驚人。退矣，吾知之矣。」（注一四）

但〈滑稽列傳〉中又說：

齊威王時喜隱，好淫樂，為長夜之飲，沈湎不治，委政卿大夫。百官荒亂，諸侯並侵。國且危亡，在於旦暮。左右莫敢諫。淳于髡說以隱曰：「國中有大鳥，止王之庭。三年不蜚，又不鳴。王知此鳥何也？」王曰：「此鳥不蜚則已，一蜚沖天；不鳴則已，一鳴驚人。」……

以時而言，則一在春秋，一在戰國；以地而言，則一在楚國，一在齊國。這樣雷同的隱語問答，實在難以解釋為巧合。若說是出於後者的有意模仿，以淳于髡之機智詼諧，當不屑如此拾人牙慧。這兩項記載之中倘有一為真，我們寧可信其為淳于髡諷諫齊威王之事。

十四、論語中互相類同的文字

今本論語書中，除了重出的各章外，還有其言其事相類似，而有關人物不同的。如雍也篇：

哀公問弟子孰為好學，孔子對曰：「有顏回者好學，不遷怒，不貳過。不幸短命死矣，今也則亡，未聞好學者也。」

但在〈先進〉篇却說：

季康子問孰為好學，孔子對曰：「有顏回者好學。不幸短命死矣，今也則亡。」

崔述說：「此二章其文相類。疑本一事而所記有詳略異同。」（注一五）不應魯君與季氏同此一問。當時發問的究竟是誰，却無從印證了。

又如〈述而〉篇中孔子有「天生德於予，桓魋其如予何」之語。〈子罕〉篇也有：

子畏於匡，曰：文王既沒，文不在茲乎？天之將喪斯文也，後死者不得與於斯文也。天之未喪斯文也，匡人其如予何！

崔述也認為：「二章語意正同，似亦一時一事之言。而語者各記所聞，是以其詞小異。未必孔子生平每遇患難，即為此言也。」（注一六）

〈論語〉一書，本屬「七十子後學」所記。既非出於一手，亦非成於一時。其中大同小異之處，自所難免。漢代張禹等更定〈論語〉時，於此等處寧保持原貌而不擅改，可說是合乎存真的精神。但原書有少數顯然是「重出」的各章，竟也不予刪除，則未免疏忽。

十五、結語

綜合以上所述，古籍中這些可疑的類同與歧異的內容，其發生的原因，大致可以歸納為以下數點：

一、古者得書不易，查檢為難。引用資料的作者，憑他們的記憶落筆，難免不有遺忘或混淆的地方，以致張冠李戴。這恐是最常見的情形。

二、過去所發生的事情，經過口耳相傳的結果，有時出於故意的增損變更，有時出於無意的傳訛遺漏，往往發生差異，以致各人記述不同。

三、有些作者，遇有歷史人物中人格特性與生平事蹟相類似的，往往將他們行事互為轉注。不但是一個人的嘉言懿行可以移植於他人之身，對於惡名昭彰的人也是「天下之惡皆歸焉」。

四、有時前人虛構故事，以支持自己的立說，後人又稍加變更而襲用於自己的著作中。

以上各種情形，以出現於先秦以至漢代的典籍中為最多。魏、晉時亦往往有之。後世書寫器材進步，更進而印刷術發明，書籍日漸普及，傳播迅速。作者日多，讀者也日多。無意的訛誤固較易免除，有意的剽竊更難見容於識者。這種現象就自然逐漸減少了。

【注釋】

注一、〈西京雜記〉亦有此。

注二、劉向〈新序〉卷四、張華〈博物志〉均有此。

注三、王充〈論衡〉也曾引述。

注四、劉向〈新序〉中語。

注五、〈呂氏春秋・過理〉篇也記為宋康王事。

注六、〈孔子家語・五儀解〉也記作帝辛時事。

注七、見〈史通・雜說〉下篇。

注八、〈吳越春秋〉亦有此。

注九、見〈晏子春秋〉內篇雜上第五。

注一〇、見〈史記・管晏列傳〉。

注一一、相傳孔子身長九尺六寸（約相當於今二三一公分）。見〈史記・孔子世家〉。

注一二、見〈洙泗考信錄〉卷三。

注一三、〈漢書〉本傳無棄瓢事。

注一四、〈呂氏春秋・重言〉篇與劉向〈新序〉卷二俱有此。

注一五、見〈洙泗考信錄〉卷四。

注一六、見前書卷三。

禘祀的探討

歷來學者研究古禮，最難明的莫過於禘祀。《儀禮》「出殘缺之餘」，未見禘禮之文。《禮記》書中之言禘，則各篇殊異。例如〈祭法〉云：

有虞氏禘黃帝而郊嚳，祖顓頊而宗禹；夏后氏亦禘黃帝而郊鯀，祖顓頊而宗禹；殷人禘嚳而郊冥，祖契而宗湯；周人禘嚳而郊稷，祖文王而宗武王（註一）。

文中的所謂「禘」與〈大傳〉、〈喪服小記〉兩篇「王者禘其祖之所自出，以其祖配之……禮，不王不禘」之義大致相同。但〈祭統〉、〈王制〉等篇說：「天子諸侯宗廟之祭……夏曰禘。」此所說的禘却是諸侯也可以舉行的一種宗廟「四時之祭」，與前者名同而實不相同。

《禮記》之書，既非成於一時，也非出自一手，各篇本來多有互相出入之處。東漢鄭玄作注，遇到這些地方，雖是曲意彌縫，但效果往往適得其反。其注〈大傳〉云：「凡大祭曰禘……大祭其先祖所由生，謂郊天也。」注〈祭法〉云：「此禘謂祭昊天於圜丘也。祭上帝於南郊曰郊。」（註二）詩〈商頌序〉箋云：「大禘，郊祭天也。」注〈喪服小記〉云：「祭昊天於圜丘曰禘。」注〈王制〉又說，天子諸侯的「夏禘」是「夏殷之祭」。

像這些不定的定義，怎能不使後學者更墜入五里霧中？三國時王肅就不信鄭說，其〈聖證論〉反駁云：「天唯一而已，何得有六？」又云：「郊與圜丘是一，郊即圜丘。」（註三）

但後世尊崇鄭學的人多，對於鄭注之調和異說，大都深信不疑。例如唐代的經師孔穎達說：

> 經傳之文稱禘非一，其義各殊。《論語》云「禘自既灌……」及《春秋》禘於太廟，謂宗廟之祭也。〈喪服小記〉云：「王者禘其祖之所自出」及《左傳》云：「禮，不王不禘」，謂祭感生之帝（註四）於南郊也（註五）。

又如清儒王鳴盛，生平服膺鄭學，奉為金科玉律。更不滿於王肅之駁鄭。他列舉《左傳》、《國語》、《禮記》諸說以支持其論點。末了他說：「鄭注皆有所本，奈何輕斥之！」（註六）但令人懷疑的是：如果「所本」已有問題，又如何能夠解決問題！

「禘」到底是怎樣的一種祭祀？它的起源與嬗變有跡可尋否？

以孔子之博學知禮，又生當「周禮」未盡墜於地的春秋時代，當有人問到「禘之說」時，他都回答「不知」（註七）。何況是去古益遠的後世？這就無怪乎自漢代以來，千古聚訟了。

不過我們有幸生於現代，拜近百年來出土文物之賜，有些方面所得的古史資料，反較昔人為多。——尤其是清末以來陸續發現的甲骨卜辭，使我們對於商史方面的知識，眼界大開。「禘」的問題，虞、夏無徵，我們就試從商代開始探討吧！

甲骨文中的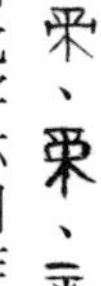等都是「帝」字，取象於束薪燎祭之形。柴燎所祭的對象是「天」或「上帝」(註八)，因而此字亦用作上帝之「帝」。此說自葉玉森(註九)以來，已普遍為學者所公認。葉氏又說：「卜辭中之帝，亦假作禘。」(註一〇)郭沫若也有「帝讀為禘」(註一一)的說法。都認為卜辭中帝用作禘是「通假」。其實正確地說，「帝」應該就是「禘」的初文。就如同「祖」的初文是「且」，「社」的初文是「土」一樣，從「示」是後起的字。

卜辭中已發現的「帝」字超過四百餘片，以用作神（上帝）名的為最多。但如下列各辭，則其中的「帝」顯然是祭名——「禘」(註一二)：

(註一三)（貞帝）

(註一四)（貞勿帝）

(註一五)（貞帝⍰三羊三豕三犬）

(註一六)（貞帝于南方）

(註一七)（貞帝于燎門）

(註一八)（方帝一羌二豕卯二牛）

(註一九)（帝于帚田）

（註二〇）（勿帝于?）

甲骨文中又有如下列各辭：

（註二一）（貞帝于岳）

（註二二）（貞帝于河）

（註二三）（貞帝于王亥）

（註二四）（癸未卜帝下乙）

帝（禘）既是燎祭上帝之禮，何以又說「帝（禘）于岳」，「帝（禘）于河」，「帝（禘）于王亥」，「帝（禘）于下乙」呢？於此可見殷人禘於上帝時，往往也同時拿河、岳、先公、先王來配祀。大概這就是周人以先祖配祀上帝的先河。

殷人又常將帝（禘）、土（社）兩大祭祀同時舉行。如下列各辭：

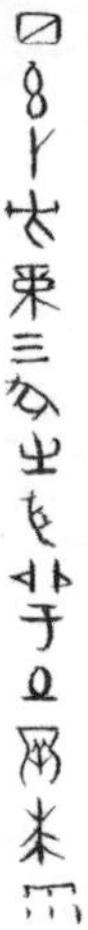（註二五）（?午卜方帝三豕又犬卯于土宰求雨）

（註二六）（燎于土宰方帝）

（註二七）（貞燎于土方帝）

這種情形我們不妨權作如下的解釋：可能有時禘祀擇在社址前舉行。因敬事皇天而並及於后土，也是情理之所當然。況且一舉而了却兩件「大事」，何樂不為？

從卜辭來看，殷人用於禘祀的犧牲，似乎並無定規。有時「三羊三豕三犬」，有時「一羊二豕二牛」，有時「三豕又犬」。卜辭中雖已有「牢」（或作宰）字，看來「太牢」、「少牢」、「特牲」之分應始自周代。

殷代的禘祀，在四方與各地舉行，因此又有「方帝」之名（註二八）。舉行的處所，有時在於「帚（婦？）田」，有時在於「燎門」，有時在於海濱（？）；又常以河、岳配祀。因而無疑是一種「外祭」（註二九）。至於有無定期，則未見明文。

還有一點值得注意的是：甲骨文字中有關祭祀的卜辭這麼多，却未見有「郊（祀）」的字樣。因此我們可以假定，殷代並無所謂「郊祀」。殷人的「禘」就是周人的「郊」。

殷人之重視「內祭」（宗廟之祭），已遠過於「外祭」——卜辭所見先公、先王的祭祀多於禘、社——到了周人代興，更為了加強與鞏固宗法制度，而將殷代原屬於「外祭」的禘改在宗廟舉行。表面上雖仍以上帝為受祭的主神，但實際上已喧賓奪主地變成了「報祖」的祭禮。至於原來「報天」的禘祀，則改稱為「郊」——其實「郊」就是「圜丘」之祀（註三〇）。王肅之駁鄭甚是。

不僅如此，周人將原來宗廟中夏季舉行的「礿」（或「禴」）（註三一）也改稱為「禘」；又增加了「三年喪畢」的「吉禘」（註三二）與「三年一祫，五年一禘」（註三三）的禘等。結果「禘」之一辭，竟成了數種宗廟「大祭」的通稱（註三四）。弄得後人莫名其妙。不但漢、魏諸儒莫衷一是，即使是早在春秋時代的孔子也說不知。

祭天應該是太古起源最早的祭禮。原始人類，完全依賴自然而生活。他們看到蒼天空冥，無涯無際，又能發生風雨雷電，神威莫測。由敬畏而生崇拜，因而有了祭天之禮。等到進入農耕時代，始知親土而有社祭。在婚姻制度尚未建立以前，「民知有母，不知有父」，遑論祖宗？因此祭祖無疑產生較晚。初時在未有宗廟之前，為了表示敬祖而以祖宗配祀於祭天，大概就是殷周禘郊，以先祖配食的濫觴（註三五）。

【注釋】

注一、鄭玄注：禘郊祖宗，謂祭祀以配食也。

《國語》魯語述展禽之言，與〈祭法〉此段略同。文中所言虞、夏、殷、周之制，未必可盡信。《黃氏日抄》引江陵項氏云：「此經生用其師說，推次而上，非必有明文可據。」誠然。

注二、鄭玄用《春秋緯》之說，有所謂「六昊天」、「五帝座」。見禮記〈祭法〉注。

注三、〈見祭法〉孔疏引。

注四、〈大傳〉等篇「祖之所自出」一語，鄭玄據《緯書》之說，謂指「感生之帝」。

注五、見〈祭法〉孔疏。由於「疏不駁注」之義，孔氏是不能另有新說的。

注六、見《蛾術編》卷六十七〈禘郊祖宗〉條。

注七、《論語》八佾篇「或問禘之說」一章，自漢儒以來，說者都謂孔子非真不知，蓋為魯諱。但我們只要略加推理，便知其不然：（一）孔子教門人：「知之為知之，不知為不知，是知也。」又說：「二三子以我為隱乎？吾無隱乎爾。」豈有知而偽作不知，「言及之而不言」的道理。況此所謂「禘之說」應指禘「義」，何關乎魯之僭禮？（二）孔子說過，夏、殷之禮，他雖能言之，但杞、宋不足徵，文獻不足。可見他自認於古禮源流，其詳有所不知者。只由於歷代儒者，以為「聖人」應無所不知，因而不惜陷孔子於欺誑的不義，這豈是尊孔的正確態度！

注八、《爾雅》釋天云：祭天曰燔柴。

注九、見《殷虛書契前編集釋》（一・八二）

注一〇、同前注。

注一一、見《卜辭通纂考釋》（三八）。
注一二、參考日・島邦男撰，李壽林、溫天河譯《殷墟卜辭研究》一篇三章一節。
注一三、《鐵雲藏龜》（二五七・三）。
注一四、《殷契粹編》（八九五）。
注一五、《殷虛書契前編》（四二七・一五）。
注一六、《殷虛文字乙編》（四八五），《甲骨綴存》（二・六）。
注一七、《乙篇》・（八八九六）。
注一八、《乙編》（二六三九）。（羌）可能是（羊）之訛。「卯」為劉的初文，殺也。
注一九、《戰後京津新獲甲骨集》（九六九九）。
注二〇、《殷契遺珠》（六四七）。末一字似為「海」。
注二一、《遺珠》（八四六）。
注二二、《乙編》（五七〇七）。
注二三、《殷虛書契續編》（一・二・一）。
注二四、《乙編》（四五四九）。
注二五、《殷契佚存》（四〇）（土）是「社」的初文。
注二六、《乙編》（四八四四）。
注二七、《乙編》（一九四二）。
注二八、同註一二。

注二九、天地百神之祭稱「外祭」；宗廟之祭稱「內祭」。（《禮記》〈祭統〉：「外祭則郊社是也；內祭則禘嘗是也」）

注三〇、應該是：古人基於「天圓地方」的觀念，祭天的壇、墠呈圓形，因名之為「圜丘」；祭地的壇、墠呈方形，因名之為「方澤」。

注三一、見《春秋繁露》〈祭義〉、〈四祭〉等篇與《爾雅》〈釋天〉。

注三二、見《春秋》經閔公二年。

注三三、見《禮記》〈王制〉孔疏引《禮緯》。

注三四、《白虎通》云：「禘之為言諦也。序昭穆，諦父子也。」案：漢儒好用「聲訓」，往往牽強，非其原義。殊不足為據。

注三五、甲骨文中常有「賓于帝」、「不賓于帝」（貞問亡人是否為上帝所嘉納）之辭。人死靈魂昇天的觀念，其產生應遠在此之前。

說「韋」與「衛」——從商湯伐夏桀說起

有關商湯伐夏桀的史事，現存的最早史料，除了〈商書・湯誓〉那篇「文告」之外，就只賸下了〈詩・商頌〉（實際上是春秋時宋國所作）〈長發〉篇中的「韋、顧既伐，昆吾夏桀」八個字而已。其次，就是〈孟子・滕文公〉下篇「湯始征，自葛載。十一征而無敵於天下」（又，〈梁惠王〉下篇引〈書〉云：「湯一征，自葛始」）的寥寥數語。前者，僅交代了商湯最後階段軍事行動的征伐次序；後者，則所謂的「十一征」只提到了第一個目標「葛」，其他的都付闕如。

再看〈史記・殷本紀〉所述：

> 湯征諸侯，葛伯不祀，湯始伐之。當是時，夏桀為虐政，荒淫；而諸侯昆吾氏為亂。湯乃興師，率諸侯，伊尹從湯。湯自把鉞，以伐昆吾，遂伐桀。

顯然地，史遷所得到的原始資料，也沒有比我們多出來。

〈商頌〉中的這個「韋」，就是〈國語〉中的「豕韋」。依〈國語・鄭語〉的記述，韋、顧、昆吾都是祝融之後。雖非同姓（注一）却共遠祖。韋，在今河南省滑縣東南。顧，今地無確考，昔人有以為即〈漢書・人表〉中之「鼓」；王國維〈說亳〉以為其地當在昆吾（前昆吾）之南，蒙、薄之北，殆為近之。昆吾，〈國語〉韋昭注云：「昆吾，祝融之孫，封於昆吾。——昆吾，衛是也。其後夏衰，昆吾為夏伯（伯是諸侯之長），遷於舊許。傳曰：楚皇伯父昆吾，舊許是宅。」蓋昆吾初封於後世的衛地，後西遷於舊許。許，就是後世的許昌。但既稱「舊」許，則這個「許」應該是經過遷治的。其原址就更難考實了。

韋昭注所說的「傳曰」，見左傳昭公十二年，出自春秋時楚靈王之口。又左傳哀公十七年，「衛侯夢於北宮，見人登昆吾之觀。」從這兩處，可見昆吾之國，原在後世的衛地。到了夏代，方西遷於許，以近夏都「河南」，而為夏「伯」（注三）。昆吾的故地，既不見有改封之事，則其地恐是入於其舊鄰韋、顧等方國。或瓜分其地，或強者獨得——尤其是韋國——則不得而知（注四）。

這個韋國，在〈呂氏春秋〉中作「鄣」（注五）。〈呂覽〉常將商湯之有鄣與周武之有岐相提並論。〈審分覽・慎勢〉篇云：

湯其無鄣，武其無岐，賢雖十全，不能成功。

又，〈離俗覽・高義〉篇云：

郼、岐之廣也，萬國之順也，從此生矣。

又，〈似順論‧分職〉篇云：

湯、武無費於郼與岐周，而天下稱大仁，稱大義。

又，〈審應覽‧具備〉篇云：

夫立功名亦必有具。不得其具，雖賢過湯、武，則勞而無功矣。湯嘗約於郼，薄（亳）矣，武王嘗窮於畢、裎（裎即豐）矣。

〈呂覽〉書中，甚且以「郼」作為商湯代夏以後國號的別稱。〈慎大覽〉云：

湯立為天子，夏民大悅，親「郼」如夏。

於此也不難看出「韋」地曾經擁有過的風光時代了。

舊說「成湯五遷，卒都於亳」（注六）。所謂「五遷」之地，未盡可考。韋必居其一，則可無疑。大約是湯商併韋之初，不廢其君，不絕其祀，只是收為屬國。同時徙居其地以圖夏。待至放桀，情勢獲得了掌控以後，於是復還都於亳（商邱？），也是順理成章的事。

大致商代傳世既久，終於滅掉這彭姓的韋（注七），改封宗子或他姓，或是改畫為京畿。從此國名就改成了「衛」。其時可能就在高宗武丁（西元前一三二四－一二六六年）之世（注八）。直到周武王代殷，封其弟康叔於衛。此是後話。

韋字在甲骨文中，作、、諸字形——也有中間从「方」而作「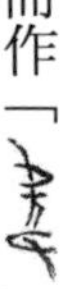」的（見金璋所藏甲骨卜辭二〇九片）（注九）——从口从二止，上下二止反向，以示「違反」或「枉戾」之義。顯然這就是「違」字的初文。後世假以為皮韋（柔革）之義，乃將其本義的原字，加「辵」而成「違」。（注一〇）

甲骨卜辭中常見名為「韋」的「貞人」。董作賓氏將之歸為武丁時代的貞人之一（注一一）。但事實上這「韋」恐怕不一定是一個人的私名，而是采邑或方國之名（注一二）。因此，作為貞人的這個韋，應該是一個氏族，世代充任貞人之職，並不限於殷王武丁之時。

而且，搜尋甲骨卜辭中的資料，這個韋氏不僅是擔任王朝卜問命龜的貞人而已。這個氏族或方國也曾經是殷室的重要輔弼或爪牙。從下列各片段的卜辭，可以略窺一二：

（癸丑卜……子韋）（殷虛書契後篇下一八、二片）

（韋囚）（戰後京津新獲甲骨集一六九七片）

（甲子卜賓貞乎囗韋）（同前五六六片）

（丁亥卜㱿貞乎⍰从韋取⍰臣）（殷虛文字乙編三一〇八片）只從這四片卜辭中，已約略可見：這個韋的爵位是「子」爵——「子韋」（注一三）；有過錯也會被囚——「韋囚」；他常接受殷王的召換與派遣——「乎（呼）⍰韋」，「乎（呼）⍰韋取⍰臣」。

甲骨文中的「衛」字多作、等字形（已發現的甲骨文中，中間从口而作「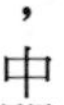」的應已有之。但筆者尚未曾見）。此字顯然是由「韋」孳乳而來——「韋」的兩側再加上「彳」、「亍」以強調其「保衛」之義（小篆更加上「帀」而成「」，可說是繁文）。我們再看幾條有關「衛」的卜辭：

（卜王其乎衛）（戩壽堂所藏殷虛文字四〇、一）

（同前）（戰後京津所獲甲骨集。與前條同文）

（貞乎衛从商北）（殷虛書契續編五、二、三、一〇）

（貞衛氏寇勿率用）（殷虛文字乙編七四五）

只從殷王動輒貞問要不要召喚衛——「乎衛」，又唯恐他會不遵命——「氐（抵，側擊也）寇勿率用」，就可知這「衛」也是殷室一個重要的諸侯。

就地理位置來說，韋與衛其實是同一地區，都在漢代的野王，朝歌以至濮陽（今河南沁陽、淇縣、滑縣以至河北濮陽）一帶，已如上文所說。

綜上各節，可見「衛」這個地名早在殷商後期——武丁時或其略後——就已有之。由違逆的「韋」，作一百八十度的反轉而改作保衛的「衛」（說文：衛，宿衛也），也可說是耐人尋味了。

【注釋】

注一、祝融之後，分為八姓。見〈國語・鄭語〉。

注二、〈後漢書・郡國志〉李賢注云：「白馬縣東南有韋城，古豕韋氏之國。」案：唐之白馬縣，即今之滑縣。

注三、〈逸周書・度邑〉篇之末有云：「自洛汭延于伊汭，居易無固。其有夏之居。」戰國時吳起對魏武之言曰：「夏桀之居，左河濟，右泰華，伊闕在其南，羊腸在其北。」見〈史記・孫吳列傳〉集解引臣瓚云：「今河南城為直之。」案：其所謂河南城，就是周代洛邑王城之地。在今河南省洛陽城西。夏代的都城有無遷徙雖不詳，但其季世之都於此是可以確定的。昆吾為夏伯，見〈國語・鄭語〉。

注四、〈國語〉所說的「己姓昆吾……則夏滅之」恐有誤。詩〈商頌〉說是湯伐桀時滅之。

注五、鄶字不見於五經。蓋地名之从邑，大致始於戰國季世。

注六、見漢揚雄〈兗州牧箴〉一文。

注七、〈國語・鄭語〉云：「彭姓彭祖、豕韋、諸稽，則商滅之矣。」

注八、〈史記〉集解引後漢賈逵云：「豕韋……殷武丁滅之，以劉累之後代之。」所謂「以劉累之後代之」固不可信（昔人已揭穿其為擡高漢室祖先之妄語），滅於武丁時則極有可能。

注九、揚樹達〈積微居甲骨文說〉：「口象東南西北四方之形，故口為古方字」。案：口雖未必為古「方」字，但在甲骨文中表示一個固定的空間；「方」（或作「方」）則普遍用為方國之義。口方通用固其宜。

注一〇、後漢蘇不「韋」（附後漢書蘇章傳），應劭風俗通義（御覽七〇八、天中記四六引）作不「違」；古籍中呂不「韋」亦有作不「違」者。可證其字形嬗變之跡。許慎〈說文〉云：「獸皮之韋，可以束物。枉戾相韋背，故假以為皮韋。」其說過於牽強。應該只是由於皮韋之韋，原無本字，初時同音通假為用而已。

注一一、卜辭中介於「卜」與「貞」之間的一個字，被認為是「命龜」之人，叫作「貞人」。貞人之分期，始自董作賓氏〈甲骨文斷代研究例〉一文，載在〈慶祝蔡元培先生六十五歲論文集〉。

注一二、見饒宗頤〈殷代貞卜人物通考〉與張秉權〈甲骨文中所見人地同名考〉。同載於饒宗頤〈甲骨文通檢〉一書之前言。

注一三、殷爵三等「侯、伯、子」，大致已經考實論定，茲不贅述。

周社識小

引言

當代學者對於我國古代「社」的研究，早有瞿兌的「社」，李玄伯的「家邦通論」中之「釋主」（注一），凌純聲的「中國古代社之源流」（注二）等精闢的論著行世，可說再也容不下餘子畫蛇添足了，不過，筆者平日讀書，於此仍有些許一得之愚，或為諸君子所置而不論，或所見未盡相同者。爰以周代的社為主要範圍，瑣敘如次。蓋所謂「不賢者識其小」也。

一、周社形制的探討

我先民之開始祀社，大致起於新石器時代之初期。這時，先民進入農耕生活，集結定居。由於安土、重土而敬土，於是乃有祀土的行為。「土地廣博，不可偏敬，故封土以為社而祀之。」（注三）遠古生活簡陋，初時的社，大概只是一個大土堆，直到殷商仍是如此（注四）。到了周代，禮文郁郁，社的形制，也講究得多。周代標準的社，大致由社主、社壇、社壝、社墠、社樹等五部分構成。

社主——社主是受祀者的表徵，也就是社神之所憑依，更是社的主體。宗廟與社都立有主，二者形式迥異（注五）。而且廟主是活動的，祭畢收藏（注六）；社主卻是固定的。社主又稱為「田主」（注七）。社主用甚麼材料製作？漢儒鄭玄注周禮春官小宗伯說：「社之主蓋用石為之。」他審慎地用了一個疑詞「蓋」，表示他並不堅持己見。事實上，兩漢的人對於「社主」與「社樹」二者，多已含混不清（注八），更無論魏、晉以下了（注九）。

我們雖然去古已遠，不過於對這個難題，似乎仍可以探尋到一些蛛絲馬跡。韓非子外儲說（右上第三十四），述管仲答齊桓公有云：「君亦見夫為社者乎？樹木而塗之。鼠穿其間，掘穴託其中。燻之則恐焚木，灌之則恐塗阤，此社鼠之所以不得也。」（注一〇），這裡所說的「為社」，應該是講建立社主。這樣的用一根木柱或一束木材（晏子春秋作「夫社，束木而塗之」）打樁作為骨幹，外面塗泥或壅土。這樣的社主，缺點是禁不起水火之災。

就事理而論，樹木是土所生，並不足以代表土。石與土雖是一體，但石究竟不足以代表大地，而且質堅不易施工。用土堆作社主，最為簡易，又充分具有代表性，但卻容易崩塌潰壞。只有這種木骨土堆的社主，外表看來確是一堆「冢土」，中心又有堅實的木骨作支撐，可說是較為理想了。大約這就是周代社主最普遍的結構。當然，用石主的也未嘗沒有。

社壇——禮記祭法鄭玄注云：「封土曰壇」。社主都建立在一個方形的土壇上。白虎通云：「天子之壇方五丈，諸侯半之」。大約除了社壇之外，盟會時所築的壇，其規制也大致相近。史記孔子世家說：「（魯定公）會齊侯夾谷，為壇位，土階三等。」（注一一）。祭社既沒有「升降揖讓」的儀節，則社壇可能無階。韓非子外儲說（左上第三十二）云：「諺曰，築社者攓撅（蹇蹶）而置之，端冕而祀之。」所謂「蹇蹶而置之」，應該是指夯築社壇而言。

社壝——壝是壇周的矮土牆。周禮地官大司徒云：「設其社稷之壝而樹之田主」，小司徒封人又云：「封人掌詔王之社壝為畿封而樹之」。社是露天的，並無屋宇覆蓋（注一二）。只在社壇四周，以低垣周繞。不用垣、墉、埒、牆等普通的稱呼而特別名之為「壝」（此字未見用於他處），可見它所代表的神聖性。

社墠——禮記祭法鄭玄注云：「除地曰墠」。凡是粗略地整平而不加以築堅的場地都叫作墠（注一三）。天子、諸侯凡「起大事」、「動大眾」都要集眾在社前舉行祭禮。士庶人祈年、賽禱以及各項大規模的集會也都在社前舉行，因此社前必須有墠。

社樹——墨子明鬼下篇云：「昔者虞、夏、商、周三代之聖王，其始建國營都日，必擇國之正壇，置以為宗廟；必擇林木之脩茂者，立以為菆位（叢社）」。白虎通社稷篇云：「社之所以有樹者，尊而識之，使人望見即敬之。」論語八佾篇宰我答魯哀公的「夏后氏以松，殷人以柏，周人以栗」，正是指社樹而言。（注一四）大致社都建在茂林之中。即使原來是童山濯濯的地方，為了增加壯觀，美化環境（森林保持水土的功能，不悉古人已知之否），也要以人工造林，栽植「其野之所宜木」。因此社多有以林木為名的（注一五）。如「櫟社」（注一六）、「枌榆社」（注一七）等都是。

二、社與稷

漢儒對於社神與稷神有二說：一說出於左傳（昭公二十九年），以為社所祭的是「能平水土」的共工氏之子「句龍」；自夏以上稷所祭的是「能殖百穀」的烈山氏之子「柱」，自商湯起改以周棄代柱。另一說見孝經（緯）援神契，以為社是土神，稷是穀神。句龍、柱、棄都只是配享而已（注一八）。前說可以稱之為「人神說」，應劭（風俗通），蔡邕（獨斷）等主之；後說可以稱之為「自然神說」，鄭玄等主之（見後漢書祭祀志下）。不管是人神說也好，自然神說也好，以稷從社而並祀，其始作俑者恐怕正是周人。我們不妨推想：周人為了誇大相傳在唐堯時為「農師」的始祖周棄之功德，因而在早期建立「岐社」（注一九）時，就造作自古社稷並祀之說，以周棄從社祭祀。並且撇清：以周棄代柱，早在商湯時，並非出於周人之私。周人的用心，在當時未嘗不是「路人皆知」，只是後人被蒙蔽了。

三、軍社

周官春官小宗伯云：「若大師，則帥有司而立軍社。奉主車。」夏官量人又云：「營軍社之里所。」想必鄭玄注周禮至此，遇到了難題。可能他想到：社主若是一個土堆，如何可以搬到車上載走？因此他注云：「社之主，蓋以石為之。奉謂將行。」但是他卻不曾想到，即使是一座石主，它樹立在五丈見方的露天土臺上，其體積與重量都必定可觀。行軍作戰講求機動迅捷，豈有車載著這重達數百斤以上的龐然大物行軍之理？較合理的推測應該是：成立軍社時，另製作一座較輕便的木質社主，在大社前祭禱過後，載在車上隨軍而行。這就如同後世福建莆田的「天后」（媽祖），可以「分靈」到東南各地受香火一樣。

四、置社

禮記祭法云：「王為群姓立社，曰大社；王自為立社，曰王社；諸侯為百姓（百官之族）立社，曰國社；諸侯自為立社，曰侯社；大夫以下成群立社，曰置社」。周禮緯有所謂「二十五家置一社」之說（注二〇）。緯書晚出，其說可能是附會禮記郊特牲「唯為社事單（說文：單，大也）出里」一語而來。里（周禮五家為鄰，五鄰為里）中之民大出祭社，未必就是每里置一社。所謂「成群」，則五家、十家以至數十百家都無不可，何嘗有二十五家一社的「舊制」（注二二）？

五、誡社

白虎通（卷三）云：「王者、諸侯所有誡社何？示有存亡也。明為善者得之，為惡者失之。」將喪國之社稱作「誡社」，大概出於漢儒。是否真如白虎通所說前代的社，是後王特意存以自警的？事實上恐不盡然。書序說：「湯既勝夏，欲遷其社，不可。作夏社。」商書此篇已經亡失，不知道它的內容說些甚麼。但只依書序所言，已可見是商湯「欲遷」夏社而受阻，只得作罷。所謂「不可」，想必是遭到夏遺民的反對。到了姬周代殷，也依慣例不毀「亳社」。只是加以覆蓋，讓它不見天日，當然，這也並不抹煞其「天命不常」的勸戒意味。

六、用牲於社

周禮春官大宗伯云：「以血祭祭社稷、五祀、五嶽」。墨子明鬼篇云：「使之人共一羊，盟齊之神社……檼（掗）羊而漉其血」（太平御覽事類賦引此作「以羊血灑社」(注二二)。可見祭社的血祭方式是以牲血灑在社主上。這在甲骨文中可以得到印證。甲骨文「土」，通作「社」的另體、、等(注二三)，兩旁的小點正是象牲血之形。孫海波以為是象塵土(注二四)。日人島邦男以為象雨水(注二五)，恐怕都欠正確。

春秋經僖公十九年云：「邾人執鄫子，用之。」公羊、穀梁二傳都云：「蓋叩其鼻以血（穀梁傳「血」字作「衈」）社也」。宋襄公怒鄫子沒有趕得上盟會，因而使邾人拘執鄫子，當作牲畜祭社。由於鄫子到底是一國之君，而且也不是犯了甚麼大罪，因此只敲出他的鼻血來灑在社主上，並不真的宰殺。這種象徵性的方式，也可說是不人道之中，仍有人道存焉。至於左傳昭公十年秋七月，「（魯）平子伐莒取郠，獻俘，始用人於亳社」，這卻是真的殺人祭社了。尚書甘誓篇不是說「不用命戮於社」麼，不用命的將士既在社前行戮，何況是戮俘！

七、宋太丘社亡

史記封禪書云：「或曰：周顯王四十二年，宋太丘社亡，而九鼎淪沒於泗水彭城下。」宋國太丘（今地不詳）地方的社，是怎樣亡失的，古籍無考。歷來的學者，也都未有中肯的解釋（注二六）。筆者以為，「社亡」與「鼎沒」同時發生而並敘，則其事當有關連。事實可能是這樣的：淮、泗一帶自古多水患，宋地發生大水災，以致太丘社的社主、社壇、社壝（都是土築的）全被沖刷夷平。同時九鼎也被沖沒於泗水中（鼎沒之事當然未可盡信。或為傳聞，或是周室的詭辭，都不得而知）。恐怕除此之外，難有更合理的答案了。

【注釋】

注一、兩文均收入杜正勝主編的「中國上古史論文選集」中。

注二、載中央研究院民族所集刊十七期。

注三、應劭風俗通義卷八祀典引孝經說。

注四、甲骨文「土」與「社」同為象形文，此自王國維（殷禮徵文）、商承祚（殷契佚存考釋）、葉玉森（殷虛書契前編集釋）、陳夢家（燕京學報十九期）、胡厚宣（甲骨商史論叢•殷代之農業）諸氏以來，已成定論。。

注五、公羊傳文公二年何休解詁云：「主狀正方，穿中央達四方。天子長尺三寸，諸侯長一尺」。此是廟主。

注六、左傳昭公十八年：「鄭……使祝史徙主祏於周廟」。杜預注：「祏，廟主石函」，孔穎達疏：「每廟木主，皆以石函盛之。當祭則出之。事畢則納於函，藏於廟之北壁內，防火也。」

注七、周禮地官大司徒云：「設其社稷之壝而樹之田主。」

注八、淮南子齊俗訓云：「有虞氏之祀，其社用土……夏后氏其社用松……殷人之禮，其社用石……周人之禮，其社用栗。」案：文中「土」、「石」應指社主，「松」、「栗」應指社樹，不當夾雜言之。

注九、晉書阮籍傳云：「脩（籍之從子）伐社樹，或止之。脩曰：若社而為樹，伐樹則社移；樹而為社，伐樹則社亡矣。」宋呂祖謙大事記解題（卷三）云：「古者立社，植木以表之，因謂其木為社。」都是以社樹為社。

注一〇、晏子春秋內篇問上、韓詩外傳卷七、說苑等都有此記述。

注一一、公羊傳莊公十三年何休解詁云：「主基三尺，土階三等曰壇。會必有壇者，為升降揖讓。」

注一二、「喪國之社屋之」，見禮記郊特牲。

注十三、詩鄭風有「東門之墠」，是說鄭國都城新鄭東門外的廣場。

注十四、論語八佾篇哀公問社（今本論語本章采古論），魯論作「問主」，鄭玄注為「田主」（見唐陸德明經典釋文卷二十四、宋王應麟困學紀聞卷七、清劉寶楠論語正義卷四等）。但宰我所答，顯為社樹，而非社主。

注十五、周官地官大司徒：「各以其野之所宜木，遂以名其社」。

注十六、見莊子人間世。

注十七、見漢書郊祀志上

注十八、見應劭風俗通義卷八祀典。

注十九、楚詞天問：「伯昌號衰，秉鞭作牧。何令徹彼岐社，命有殷國？」朱熹注云：「岐社，太王所立岐周之社也。」

注二〇、應劭風俗通義卷八祀典與許慎說文引。

注二一、漢書五行志注引臣瓚曰：「舊制二十五家為一社。而民或十家、五家為田社，是私社。」

注二二、見孫詒讓墨子閒詁。

注二三、見殷虛文字乙編四七三三、五二四二、七〇〇九，殷虛書契後編下三八・三等。

注二四、見甲骨文錄。

注二五、見殷虛卜辭研究。

注二六、如：宋呂祖謙云：「所謂太丘社亡者，震風凌雨，此社之樹摧隕，散落不見蹤跡，民因以為亡。」（見大事記解題卷三）案：若只是社樹摧隕，而壇、主巍然尚存，仍不得謂為社亡也。

周邑淺說——從論語的「十室之邑」與「千室之邑」說起

早年初讀〈論語〉，見孔子所提到的「十室之邑」（〈雍也〉篇）與「千室之邑」（〈公治長〉篇），深為訝異。邑的大小（戶口的多寡），竟會相差到一百倍！尤其是，一個邑小到只有十戶人家，還算得個邑麼？難道這只是孔子的形容之詞？

後來看到宋・王讜〈唐語林〉輯自唐・封演〈聞見記〉的一則記述：「湯陰縣北有羑里城，周回可三百餘步。其中平實，高於城外地丈許。北開一門。相傳文王演易之所……今按此東頓丘、臨黃諸縣，多有古小城。周一里或一、二百步。其中皆實郭……然則城小而實，皆古人因依立冢，以為保固。」

原作者封演是唐代人。他所見聞河南東北部這些小城，雖難斷定是否確屬殷、周遺跡，但古代之確有這等小城，應該是無可置疑的了。那小到周長僅只一百步的，大約就是孔子所說的「十室之邑」吧！

唐制五尺為步，每尺相當於現代的二八・三七五公分（依王國維〈觀堂集林・記現存歷代尺度〉一文推算）。依此推算，一百步的周長為一四二公尺。如果城形正方，其面積大約等於一二六〇平方公尺。倘若容納居民十家，每戶平均一二六平方公尺的空間，還未除掉道路與必要的公用設施，也實在談不上寬敞了。

不過，按照〈漢書・食貨志〉的說法，古代的農民，「在野曰廬，在邑曰里……春令畢在野，冬則畢入於邑。」看來那時的農家，春秋夏三季，為了耕作收割的方便，都住在田野間的茅廬裏。只有「冬藏」的季節，才入居於城邑。暫時擁擠一些，也就將就著度過了。

在古代的封建制度下，「邑」是封土的基本單位。邑之有大小，其來有自。諸侯之國既有三等、五等之分（殷爵三等，周爵五等之說，未為定論。非本文討論範圍），大夫的封邑，當然也有多少與廣狹的差異。

春秋時代，城邑面積的大小，遠不及它所容納的戶數受重視。顯然這是著眼於它的經濟效益——貴族的租賦收入按戶口徵收——之故。因此，它的分等，一般都依「室」數而定。除了前述的「十室之邑」與「千室之邑」外，介乎其中的還有「百室之邑」——〈左傳〉成公十七年，說到魯大夫施氏有「百室之邑」。

「邑」之為字，從口（圍）從卩（節）會意。其本義由此可知：一塊有城牆圍繞的地方，加上一個持有符節印信的長官——叫作「（邑）宰」。邑宰通常以「士」為之。孔子認為冉求的才能，可以充任千室之邑的「宰」（見〈論語・公治長〉篇）；子游曾為武城「宰」。他兩人都是「士」的身分。

在周代，諸侯與大夫的首邑叫作「都」（所謂「邑有先君之廟曰都」）。諸侯的「國都」也可以簡稱為「國」（許慎所謂「邑・國也」的釋義大致不算錯）。天子的首邑則叫作「京師」，後世仍沿其稱。

諸侯與大夫所受封的邑，其大小依城牆的長度而制定其上限。左傳隱公元年記述鄭國大夫祭仲的話：

都城（指大夫的都邑）過百雉，國之害也。先王之制，大都不過參（三）國之一；中，五之一；小，九之一。

〈春秋・公羊傳〉定公十二年也說：

家（大夫之家）不藏甲，邑（大夫之邑）無百雉之城。

周制：「五堵為雉，方丈為堵，一雉之地三丈。」（見〈公羊傳〉定公十二年正文與注疏）古代的尺度，有實物可考的，最早是漢代的「劉歆銅斛尺」，應與周制最為接近。其長度一尺等於現代的九又十二分之一英寸，亦即二三・〇七二公分（依王國維〈觀堂集林・現存歷代尺度〉一文）。依此推算，一雉的長度等於六・九二一六公尺。城周長百雉為六九二公尺。其面積（假定城形正方）約為三萬平方公尺有奇。這是大夫城邑的上限。

依照祭仲所言「先王之制」，則諸侯的國都，其城周不得超過三百雉——二〇七六公尺。面積（仍按正方形計算）約為二六九、〇〇〇平方公尺。平王東遷之初，鄭國仍算是一等強國（〈左傳〉有「周之東遷，晉鄭是依」之語）。祭仲所說，無疑是採「高標準」而言。

但事實上，在春秋初期，一般超強大的諸侯，其國都就已遠超過三百雉的限度了。我們可以拿首開霸業的齊國來舉例。

〈國語・齊語〉說：齊桓公時，管仲治國，「制國（國都）以為二十一鄉」。二千室為鄉（三國韋昭注）。那麼齊臨淄共有四二、〇〇〇戶。若依上述諸侯國都大小的限制，二六九、〇〇〇平方公尺的空間如何容納得下（每戶僅得六・四平方公尺）？概略的估計，當時的臨淄城，其面積應該一二十倍於此。

但是管仲之治「鄙」（郊野），卻仍苛刻地規定「三十家為邑」（仍見〈國語・齊語〉）。由此可見，直到春秋初期，基層地方行政區畫（邑）的範圍仍是很小的。

我們再看戰國時代一般城邑的大小。姑以戰國末期周室的「王畿」為例。當時合東西兩「周君」所居之地，共有河南、洛陽、穀城、平陰、偃師、鞏、緱氏七縣（漢縣。見〈漢書・地理志〉）。其地區大致東起於今河南省滎陽，西迄新安，北抵孟津，南止伊川之地。周赧王五十九年（西元前二五六年），「西周君入秦，盡獻其邑三十六，口三萬」（見〈史記・周本紀〉）。這三十六邑大致是上述七縣之半）。平均每邑人口為八三三人。按五口之家計算，約為一六六室（戶）。大致合於所謂的百室之邑。當時「東畿」地處「天下之中」，商業繁盛（〈漢書・地理志〉云：「周人……憙為商賈，不好仕宦」）。人口應亦較為密集。故以三、四縣之地，能設治三十六邑之多。又，當時東畿人口薈萃之地，頗多以「聚」為名的（如：負黍聚、畢狐聚、陽人聚是。見〈史記・周本紀〉）此等「聚」應亦在三十六邑之內。

因此可知：直到戰國末年，「中原」一般的城邑，仍以一、二百家戶口為「中數」——至於列國的都城，則由於國土與人口的更為擴張，體制更為僭越，也就更非春秋時代可比了。

當時一般的城邑是如此的褊小，因此，我們看到史籍所載戰國後期大規模的攻戰，一次戰役動輒連下數十城（赧王二十六年，秦白起、司馬錯伐魏，取城大小六十一；赧王三十一年，燕使樂毅下齊七十餘城；秦始皇五年，蒙驁伐魏，取三十城。俱見〈史記〉），也就毋須過分驚異了。

再者，我們也不難理解：秦王竟願拿十五個「城」來和趙國交換和氏之璧，那是些甚麼樣的城！

直到秦始皇二十六年（西元二二一年），統一六國，全面實施郡縣制。原來的一些小邑，合併為縣。同時，「邑」就成為縣的別稱，很多原來的小邑，也就降格成為縣所轄的鄉、亭。這是不言可喻的。

春秋「王正月」真義之探討

關於春秋「王正月」三字之詮釋，歷來經學家討論者甚多。公羊傳云：「王者孰謂？謂文王也。」其義雖非無所本（逸周書程寤解云：「文王去商在程正月」，大開解云：「維王二月」。或公羊以為稱正月及冠月以王，皆首見於文王，遂為此說。）但謂春秋經之王正月指文王，則難免刻舟求劍之譏。此於唐孔穎達春秋左傳正義中已駁正之。正義云：「始改正朔，自是文王所為，頒於諸侯，非復文王之曆。受今王之曆，稱文王之正，非其義也。」其論甚是。

治公羊春秋的董仲舒，其對策有云：「臣謹案春秋之義，求王道之端，得之於正。正次王，王次春。春者，天之所為也；正者，王之所為也。其意曰：上承天之所為，而下以正其所為，正王道之端云爾。」又云：「孔子作春秋，先正王而繫以萬物，見素王之文焉。」（見漢書本傳）其實董生此說，原不過借題發揮，以自明其「天人合一」之理，未必真為春秋之本義。且其所謂「素王之文」，亦不過指「王正月」之單著一個「王」字而已。後人乃傅會為「孔子素王，左氏素臣」之說，匪特曲解經義，抑且厚誣聖賢。又有說孔子「黜周王魯」的，更屬離經背道，殊不值得一駁。

清儒顧炎武云：「言王者，所以別於殷、夏，別無他義。……左傳曰：元年春，王周正月，此古人解經之善。後人累數百千言而未明者，傳以一言盡之矣。」（見日知錄王正月條）王正月的「王」就是指周王。左氏只於此處添一個「周」字，就使得經義豁然開朗了。

宋儒有謂：「春秋時，天理廢，人心壞，不知有王，故筆一王字於書。」（見俞正燮癸巳類稿卷二春秋元年春王正月解）這種純站在理學立場上的說法，仍嫌流於膚淺。春秋開宗明義，先提出一個周王，除了尊王之外，應該還有它更進一步的涵義。

公羊傳說：「王謂文王」雖誤，但他說「何言乎王正月？大一統也」，卻頗得其真諦。春秋首要的大義就是「大一統」。所謂大一統，是指「萬物之統皆歸於一」的意思。春秋是編年之史，既講求大一統，當然就得先采用正統的曆法。何況春秋之記事，「以事繫日，以日繫月，以月繫時，以時繫年。」曆法若無統一的標準，記事又何所適從？

周代官定的曆法，雖是以建子之月為正，但列國所行，則殊不一致。即使在西周盛世，杞國仍沿用其先世建寅的夏正，宋國則沿用其先世建丑的殷正。晉國雖屬宗周同姓，然亦用夏正。（見日知錄卷四三正條）尤其是秦國更獨特，它自文公開始有史記事之時起（平王東遷之初，西元前七五三年），就一直實施建亥曆法，以十月為歲首。（見漢書高帝紀秦二年十月顏師古注引文穎說。案：漢書本紀，在武帝改太初曆以前，每年記事皆自十月起，可為明證。其每年之首的「十月」字樣，原應為「正月」，乃行太初曆以後追改者。）春秋之時，列國曆法之可考者，除了這四種不同的正朔外，又有雖用建子的周正，而置閏之月不同的（見日知錄卷四閏月條與崔述洙泗考信錄卷四考終篇）。周室既衰，天子不復頒朔。列國的曆法，各行其是，其紊亂的情形，是不難想見的。

其實夏、殷、周三正之中，論其合乎時令節氣者，當以夏曆為最佳，而周曆最遜。周曆的正月，乃夏曆的十一月。周曆的三春，實為寒冬。其它三時，亦依次顛倒，至為不順。因此周代民間仍多用夏正（詩經中國風各篇，多屬民歌，其言月均用夏時。毛傳云：「詩皆夏正，無周正」，其言甚確。）孔子在個人意見方面，原極贊成「行夏之時」（見論語衛靈公篇）。但他在修春秋時，一則基於大一統與尊王之義，二則為了記時的一致，仍遵用周室的正朔。並且在載筆之始，雖然無事可記，仍大書「元年春，王正月」，首先揭櫫大義，也可說是用意至深了。

詩經中的「氓」

一、從詩經衛風氓篇說起

詩經衛風氓篇是敘述一個婦人自傷其婚姻不幸的詩。一個女子，愛上了一個貧寒的「氓」，不顧家人的反對，帶著自己的財物，委身於他。但那人卻「二三其德」，在結婚三年之後，終於遺棄了她。這個秋扇見捐的女主角，悲不自勝，寫下了這首自敘詩。

原詩的文辭與故事內容不在此討論。我只想在這裏先提出一個問題：詩中的男主角——那個「抱布貿絲」的「氓」，到底是何等人？

自從毛傳起，注詩的人都以為氓就是民。許慎說文解字也說：「氓，民也。」清儒段玉裁最有見解，他說：「氓與民小別，自他歸往之民則謂之氓。」（注一）

這種氓在孟子一書中提得很多。滕文公上篇說：

有為神農之言者許行，自楚之滕，踵門而告文公曰：「遠方之人，聞君行仁政，願受一廛而為氓。」

同篇又說：

陳良之徒陳相，與其弟辛，負耒耜而自宋之滕，曰：「聞君行聖人之政，是亦聖人也。願為聖人氓。」

公孫丑上篇說：

廛無夫里之布，則天下之民，皆悅而願為之氓矣。

萬章下篇說：

君之於氓也，固周之。

從這些記述中，足見氓確是一種「自他歸往之民」，而與一般原住之民有別。孟子雖也說過「死徙無出鄉，鄉田同井。」但那是指在理想的井田制度之下，農民安土重遷的常態而言。並不是說農民不許遷移出境。他還說：「農夫豈為出疆而舍其耒耜哉！」（注二）正可見農夫是本來有出疆的自由的。

有的史家以「民不遷，農不移」一句斷章取義的話作為依據，說周代有農民不能遷移的制度（注三）。其實左傳昭公二十六年晏嬰回答齊景公所說：「在禮，家施不及國。民不遷，農不移，工賈不變」，應該是說庶民、農、工、商世守基業不變的意思。這遷、移二字，乃是「變」字的同義語，並非指空間的遷移。左傳宣公十二年有云：「商、農、工賈，不敗其業。」襄公二十九年又云：「其庶人力於農稼；工、商皂隸，不知遷業。」此等語句，都可為明證。

其實中國自古並不限制庶民的遷徙——至少周人的政策如此。逸周書文傳篇述文王受命之九年，訓太子發之語有云：

> 土多民少，非其土也；土少人多，非其人也。是故土多發政，以漕四方，四方流之。土少安帑，而外其務方輸。

大聚篇述周公佐武王行「撫國綏民」之政云：

來遠賓，廉近者，道別其陰陽之利，相土地之宜，水土之便，營邑制，命之曰大聚。先誘之以四郊，……乃令縣鄙商旅曰：「能來三室者，與之一室之祿。」闢關修道，五里有郊、十里有井，二十里有舍。遠旅來至，關人易資，舍有委，市有五均，早暮如一。送往逆來，振乏救窮。

可見周人早在代殷之前與代殷之初，都是一方面對外來的移民，盡力地爭取；一方面對移出的庶民，也並不禁止。

呂氏春秋季夏紀說：

季夏行春令，則穀實解落，國多風欬，人乃遷徙。

這也分明說當穀物歉收、氣候反常時，人民的遷居乃是習見的事。漢書地理志說：

古有分土，亡（無）分民。太公以齊地負海舄鹵，少五穀而人民寡，乃勸以女工之業，通魚鹽之利，而人物輻湊。

既是「有分土，無分民」，那麼人民當然可以隨意去留，不受邦國的限制。所以齊太公發展工商，繁榮經濟，因而使得四方之民，輻湊而至。

周禮地官小司徒和鄉大夫各章都很詳細地說到一種「三年大比」的制度。這「大比」主要的就是一種戶口調查或國力調查。在這個時候，人民只要是沒有犯罪的都可以遷移。國境以內的遷徙就任由他們來去，遷到他國的還要發給通行證——「徙於國中及郊則從而授之。若徙於他，則為之旌節而行之。」一對於遷入的邦國而言。這種新來的移民就是所謂「氓」。周代各地大都尚是地曠人稀，各國對於遷入的氓，是最所歡迎的。因此在當時對於氓訂有許多優待和輔導的條例。周禮遂人說：

凡治野以下劑致甿（注五），以田里安甿，以樂昏（婚）擾甿，以土宜教甿稼穡，以興鋤利甿，以時器勸甿，以疆予任甿。

大致這是說：政府對於遷來的甿，要減輕他們的賦役，授予田地居所，給與婚姻上的便利，將當地土質的特性以及宜於種植的作物教給他們，還要給他們解決技術和農具方面的困難。對於新遷來的氓就更優待了，周禮旅師說：

凡新氓之治皆聽之，使無征役，以地之媺（美）惡為等。

凡是治理新來的氓，對他們的請求要儘量的聽取，還要視其土地的美惡，減免他們的賦役。這樣的照顧，也可說是無微不至了。

這些優待辦法，一直到春秋、戰國時未改。管子問篇中列舉了一連串問題，都是作為一個執政者，所必須隨時檢討的事項。其中有云：「外之人來從而未有田宅者幾何家？」(注六)孟子書中記述農家之徒許行，一到滕國就說「願受一廛而為氓」。可見直到春秋、戰國時代，各國對於外來的氓，仍是要援例授予田宅的。

二、詩經中有關氓的篇什

從詩經中氓篇起首的「氓之蚩蚩，抱布貿絲」兩句來看，就已經刻畫出一個異鄉移民的神態。外鄉人遷來落籍未久，人地生疏。抱著一匹麻布來交換絲絹，和當地人做起交易來，總不免膽怯腼腆，一副老實拘謹的樣子。「匪我愆期，子無良媒」——也就因為這個男子是異鄉遊子，竟連一個給他吹噓撮合的媒人都找不到。「以爾車來，以我賄遷」——外來的氓，既無恆產，他的情人只要他駕車來接，她就帶著自己的財物去跟他。從這些點滴，都可以約略看出這個氓所處的情境與其生活狀況。

在詩經中還可以找到一些其他的篇什，是有關於這種「自他歸往之民」的。我們先看魏風碩鼠：

碩鼠碩鼠，無食我麥。三歲貫（慣）女（汝），莫我肯顧。逝將去女，適彼樂土。樂土樂土，爰得我所。

碩鼠碩鼠，無食我黍。三歲貫女，莫我肯德。逝將去女，適彼樂國。樂國樂國，爰得我直。
碩鼠碩鼠，無食我苗。三歲貫女，莫我肯勞。逝將去女，適彼樂郊。樂郊樂郊，誰之永號。

這個飽受剝削欺陵的農民，把那個貪殘的領主，比作一隻「碩鼠」。他在忍耐了三年之後，行將他遷。臨走之前，寫了這三章詩，吐出一肚子悶氣。由此也可印證「三年大比」制度的存在。

小雅黃鳥篇是寫一個遠適異國的農人，遭受到當地人的歧視，而準備重歸故里的詩。原詩如次：

黃鳥黃鳥，無集於穀，無啄我粟。此邦之人，不我肯穀。言旋言歸，復我邦族。
黃鳥黃鳥，無集於桑，無啄我粱。此邦之人，不可與明。言旋言歸，復我諸兄。
黃鳥黃鳥，無集於栩，無啄我黍。此邦之人，不可與處。言旋言歸，復我諸父。

小雅中還有一篇我行其野，是一個平民，到異邦去投靠他的親戚，但不見收恤，抑鬱思歸，感而作此。原詩云：

我行其野，蔽芾其樗。婚姻之故，言就爾居。爾不我畜，復我邦家。
我行其野，言采其蓫。婚姻之故，言就爾宿。爾不我畜，言歸思復。
我行其野，言采其葍。不思舊姻，求爾新特。成不以富，亦只以異。（注七）

由此可見：在那個時代，庶民不但可以遷居異邦，而且遷居之後，倘若不能適應新環境，還可以「復我邦家」、「言歸思復」，其行動可說非常自由了。

三、結語

詩經三百零五篇的寫作時代，大致起自西周康王，訖於東周定王時（約略相當於西元前一〇五〇—六〇〇年之間）。其所表現周代的生活情形、經濟狀況、與社會制度等，都極為明確而真切。不僅是一部文學瑰寶，同時也是一部極可徵信的上古史料。

近代曾有史家，不深究事實，率爾斷以己意。硬將周代的社會說成奴隸社會，將周代的農民說成農奴。現在我們只要一讀詩經中有關氓的各篇，就可見到當時的庶民，——也可說就是農民，他們都享有充分居住遷徙的自由。周代雖行封建制度，土地屬於各級貴族，但那時的農民，卻並不固定於土地，更不附屬於土地，而是不折不扣的自由人。這與西洋希臘、羅馬時代的奴隸社會，迥然不同。事實上，在中國有史時期的史料裏，所謂奴隸社會是根本不存在的。

【注釋】

注一、見說文解字十二篇段注。

注二、見滕文公下篇。

注三、張蔭麟「周代的封建制度」一文（載新華學報）即持此說。

注四、朱右曾云：「逸周書……雖未必果出文、武、周、召之手，要亦非戰國、秦、漢人所能偽託。」（見朱氏逸周書集訓校釋自序）此言甚為允當。

注五、甿本作氓。唐人為避太宗諱，開成石經中改作甿。見說文段注及阮元周禮注疏校勘記。

注六、見管子卷九。

注七、以上所引黃鳥與我行其野兩篇，均采朱熹集傳之詩義。

春秋時代「禮」未成書考

西周盛世所通行的禮制，到了春秋時代，已漸趨敗壞。但一般賢哲之士，仍相當重視禮。公孫僑就說過：「夫禮，天之經也，地之義也，人之行也。」（注一）尤其是孔子，其立身行事，教誨後學，以至於月旦人物，都無不以禮為準繩，以禮為依歸。我們只要一翻開論語，隨處都可以發現。

但是，在春秋時代，「禮」這門學問，是否如同「詩」、「書」一樣，已經形成了一部典籍？這倒是一個值得探討的問題。

我們在談到這個問題之前，首先必須澄清一點：「三禮」之稱，始於東漢末鄭玄並注儀禮、周官、禮記之後。（注二）在此之前，稱「禮」或「禮經」，就是後代所稱的《儀禮》一書，並不包含周官與禮記在內。這一點只看漢書藝文志的著錄就可明瞭。（注三）

舊說儀禮與周官，都是周公旦所作。（注四）自從清代乾、嘉考據之學盛行以後，懷疑者漸多。如顧棟高以「左氏引經，不及周官、儀禮」，因謂「非特周禮為漢儒傅會，即儀禮亦未敢信為周公之本文也。」（注五）崔述亦說「周官儀禮，非周初之書，亦非周公之作。」（注六）關於周官，除了上述顧棟高謂為「出於漢儒之傅會」以外，也有謂為「六國陰謀之書」（注七）的，也有說是劉歆為作（注八）的，論者已多，不在本文討論範圍之內。現在只談禮經——也就是《儀禮》。

崔述說「禮經作於春秋以降」（注九），列證甚夥。其要點大致可以歸納如次：

一、周禮之制不尚繁縟，今禮經文繁物奢，與周公、孔子之意背道而馳。

二、古者公、侯地狹。儀禮中聘食之禮，費多非民力所能勝。至於士祿，僅足代耕。執事陳設，非其力所能具，此必春秋以後，諸侯吞併之餘，地廣國富，而大夫，士邑多祿厚，是以如是之備。

三、古者臣拜君於堂下，未有升而成拜者。故孔子曰：「拜下，禮也。今拜乎上，泰也。」今儀禮：「臣初拜於堂下，君辭之，遂升而成拜。」是孔子所謂「拜上」。

四、聖人重名，王之下不得復有王、公之下不得復有公。今禮經諸侯之臣有所謂「諸公」者，春秋以前不得有此僭稱。

五、經中聘禮（諸侯使大夫聘於諸侯）詳於覲禮（諸侯朝於天子）十倍，蓋春秋以降，王室衰微，覲禮久失其傳，故略。

六、十七篇中多係士禮，其禮文已如此之繁。推而上之，大夫、諸侯、天子，位益尊而禮文亦當更繁，度不下數百篇而後可。數百篇之竹簡，非十餘車不能勝載。天下之人，何由得之、知之、而盡遵守之？

七、周公之禮，在於大綱大紀，必無此繁文。

八、士喪禮昉於孔子（注一〇），他篇亦必非周公之作。

崔氏所提出的論點，說儀禮所載，非盡春秋以前所能施行的，以及否定其為周公所作，這兩點應無可議之處。但他却未排除此書作於春秋時代的可能，則大有值得商榷的餘地。依筆者的淺見，事實上恐怕直到孔子在世時，還未曾有成文的禮經問世。茲不揣鄙陋，剖析如次：

關於周公制禮作樂的傳說，最早的記述當推左傳魯太史克對宣公之語：「先君周公制周禮。」（注一一）其次就是史記周本紀所說：

> 成王……既絀殷命，襲淮夷，歸在豐（注一二）。作周官，興正禮樂，度制於是改。而民和睦，頌聲興。

又魯周公世家說：

> 成王在豐，天下已安。於是周公作周官，官別其宜。

史記也只說周公作周官（注一三），關於禮、樂二事，則只是言「制」，言「興正」，可見都未必有著作。再看史記儒林傳：

諸學者多言禮，而魯高堂生最本。禮固自孔子時而其經不具。及至秦焚書，書散亡益多。如今獨有士禮，高堂生能言之。

從這段敘述裏，我們可以看出兩點：一是史遷也認為在孔子的時代並沒有完整的禮經；二是在史遷的時代（漢初）傳世的禮書只有士禮部分。

史遷不但未曾說過周公作禮經，也不曾說過孔子作禮經。孔子世家云：

孔子之時，周室衰而禮、樂廢，詩、書缺。追跡三代之禮，序書傳。上紀唐、虞之際，下至秦繆，偏次其事。曰：「夏禮吾能言之，杞不足徵也。殷禮吾能言之，宋不足徵也。足則吾能徵之矣。」觀殷所損益，曰：「後雖百世可知也。」以一文一質，「周監二代，郁郁乎文哉，吾從周。」故書傳禮記自孔氏。

這段文字夾雜地敘述「書」與「禮」。關於「書」，他明白地說孔子曾加手訂，斷自唐、虞，下至秦繆，「編次其事」。他原是相信孔子刪詩、書之說的。提到禮時，他只說「追跡」三代，並未說孔子著作或是訂正禮經之語。他除了摘錄論語中孔子所說的三段話來代替敘述外，再加上「故書傳禮記自孔氏」一句作為結語。最後這句話，更顯見得是指七十子與後學的述學。因為孔子所訂謂之「經」，七十子後學所釋謂之「傳」。漢儒對此是絕不會混淆的。

班固的說法就不似史遷審慎了。漢書藝文志（序）說：

易曰：有夫婦、父子、君臣、上下，禮義有所錯。而帝王質文，世有損益。至周，曲為之防，事為之制。故曰：禮經三百，威儀三千。及周之衰，諸侯將踰法度，惡其害己，皆滅去其籍。自孔子時其經不具，至秦大壞。漢興，高堂生傳士禮十七篇。

班氏卻信以為周室之興確曾訂立一部禮經，他又套取了孟子答北宮錡問周室班爵的話（注一四）來解釋「孔子時其經不具」的原因。殊不知：封土班祿的限制，誠然不利於諸侯。那些朝覲聘享，揖讓進退的儀節，對諸侯有何大害？不遵行也就罷了，何必去消滅它？他國還可以這樣做，魯國素稱文物禮義之邦，若是真擁有這麼一部其「先君周公」所作的寶典，誇示炫耀都唯恐來不及，怎肯反而滅去它？更何況自成王時起，就賜魯以天子禮樂，難道還怕被譏僭越？再退一步說，孔子之時，周室雖衰，但傀儡天子猶在，當時若真有禮經，難道周室不會保存一個孤本？所以漢志所述，太過牽強，根本是說不通的。事實上，直到孔子的時候，還不曾有過成文的禮經。

除了以上所說，還有幾項證據，可以證實春秋時代尚無禮經：

一、左傳昭公二年，晉侯命韓宣子來聘，觀書於左史。見易象與魯春秋，曰：「周禮盡在魯矣。」只見易象與魯春秋，就說「周禮在魯」，可見當時魯國並沒有一部正式的禮書。（注一五）

二、論語、左傳等書中，常有問禮之事。而且發問的大都是當代的賢士大夫與孔門高足。當時若有禮經可讀，則大至於朝覲享聘之禮，小至於揖讓周旋之節，應該開卷即得，不待問而知。尤其是以孔子之博學，當更不至於一走進太廟就「每事問」（注一六）。

三、論語述而篇云：「子所雅言，詩、書、執禮。」（注一七）正因為當時詩、書、禮三者之中，唯獨禮是未立文字的，只有從實踐中去講求，所以加一個「執」字在上面。

四、不但「左氏引經，不及儀禮」，論語中也從無「禮曰」之語，可見當時並無其書。否則，以孔子的重禮而且好古敏求，斷無不引述之理。

綜上所述，我們可以斷定：周代貴族之間的禮儀，只是由職司相禮的人或儒者十口相傳。或亦偶爾書之竹帛，以備查閱。但不過是一種應用手冊的性質，並不足以躋身於詩、書一類的典籍之列。（注一八）至於正式的禮經，不但春秋以前不曾有過，就是在孔子的時代也還未出現。劉向七略中所著錄的「禮古經」五十六卷與今所行世的儀禮十七篇（前者或包含後者在內），其成書的年代雖已無可確考，但必在孔子之後，大致當在戰國之世，甚至可能遲至漢初。

不過話又說回來，儀禮一書，其成書雖不如以往傳說的那麼早，而且內容也有欠完整，但總是古代儒家禮治思想的結晶，其在我中華傳統文化上的崇高價值是無可置疑的。

【注釋】

注一、見左傳昭公二十五年。

注二、見清皮錫瑞經學通論三禮篇「論三禮之分自鄭君始」一文。

注三、漢書藝文志分列：禮古經五十六卷，經七十篇（注引劉敞曰，當作十七篇）「記百三十一篇（原注：七十後學所記也）周官經六篇等。

注四、冊府元龜：周成王六年，周公旦述文武之績，制周官及儀禮以為後王法。

注五、見春秋大事表卷四十七。

注六、見豐鎬考信錄卷五，周公相成王下篇。

注七、漢代何休首倡此說。

注八、清代康有為主之。

注九、同注六。

注一〇、禮記雜記下：「恤由之喪，哀公使孺悲之孔子，使學士喪禮，士喪禮於是乎書。」據此最多也只能證明在孔子晚年，士喪禮這一部分已成書。（孔子卒於魯哀公十六年，壽七十三。倦游歸魯在哀公十二年。設孺悲學士喪禮在孔子歸魯後，其時孔子至少也近七十了。）

注一一、見左傳文公十八年。

注一二、時當為成王六年。（西元前一一一〇年）

注一三、這裏所說的周官，究竟是指三禮之一的周禮，抑是古文尚書中的一篇，仍是問題。

注一四、孟子萬章下：北宮錡問曰：「周室班爵祿也，如之何？」孟子曰：「其詳不可得聞也。諸侯惡其害己也，而皆去其籍。然而軻也嘗聞其略也。」

注一五、杜預春秋序云：「韓宣子所見蓋周之舊典禮經也。」杜氏此說甚謬。分明說是「易象」與「魯春秋」二書，怎麼扯得上「舊典禮經」！

注一六、見論語八佾篇。

注一七、雅言之「雅」何晏集解引孔安國訓作「正言」，殊嫌未妥。應以朱熹集注「雅，常也」為當。

注一八、左傳哀公三年：「司鐸火……南宮敬叔至，命周人出御書以俟於宮。子服景伯至，命宰人出禮書以待命。」可見「禮書」與「御書」同等地位，不過是一種應用手冊性質。否則就該歸司教化的司徒官屬所掌，不當以職司「治朝之法」的宰人（夫）主之也。

禮記中所記述的倫理教育與生活教育

引言

我國早在唐、虞之世，就已開始重視教育。尚書堯典（古文尚書在舜典）說：「帝（舜）曰：契！百姓不親，五品不遜，女（汝）作司徒，敬敷五教，在寬。」這就是孟子所說的：「人之有道，飽食暖衣，逸居而無教，則近於禽獸。聖人有憂之，使契為司徒，教以人倫——父子有親，君臣有義，夫婦有別，長幼有序，朋友有信。」（注一）滕文公問為國，孟子答以「民事不可緩」，並且特別提出「設為庠、序、學、校以教之……夏曰校，殷曰序，周曰庠，學則三代共之，皆所以明人倫也。」由孟子之所述，可以瞭解三代一脈相承的學校制度，都以人倫教育為重。而且既屬於「民事」範圍，則無疑地庶民也有接受教育的權利。容或高等教育的「學」是以貴族子弟為主要的對象，但「庠、序之教」的基礎教育，無疑是普及於一般庶民的。

遠古雖難確考，但漢儒所傳述周代的教育制度，大體上尚可窺其概略。禮記學記云：「古之教者，家（注二）有塾，黨有庠，術有序，國有學。」漢書食貨志則云：「於里有序而鄉有庠。序以明教，庠則行禮而視化焉。」（注三）關於地方基礎教育的實施，禮記學記篇鄭玄注云：「古者仕焉而已者，歸教於閭里。朝夕坐於門，門側之堂謂之塾。」何休公羊傳解詁（宣公十五年）云：「一里八十戶，八家共一巷，中里為教室。選其耆老有高德者，名曰「父老」。十月事畢，父老教於教室。」兩家所說，大致相近。可見其必有所本，並非出於憑空臆測。

周代盛世所行的學校制度，春秋時代尚未全廢（注四），到了戰國，便已蕩然無存。因此孟子一再向時君世主們呼籲振興「庠序之教」。除了前述答滕文公問之外，又曾向梁惠王進言：「謹庠序之教，申之以孝弟之義，頒白者不負載於道路矣。」（注五）

漢書禮樂志云：「古之王者，莫不以教化為大務。」所謂「教化」，主要的就是指「庠序之教」，也可說主要的就是青少年的倫理教育與生活教育。其內容見於禮記中「曲禮」與「少儀」等篇的很多，茲約述如次。

一、孝悌之義

吾國早在周代建立系統的宗法制度之前，就極為重視人倫。所謂「五教」，或稱「五倫」——父子有親，君臣有義，夫婦有別，長幼有序，朋友有信——是古代維繫社會秩序與社會道德的支柱。凡屬賢君，莫不以此為施政的重點。

由於一般人都自幼在家庭環境中成長，故特別以孝、悌之義為倫常教育的基礎。孔子說：「立愛自親始，教民睦也；立教自長始，教民順也。教民以慈睦而民貴有親，教民以敬長而民貴用命。孝以事親，順以聽命，錯諸天下，無所不行。」（注六）這裏所說的「順」與「敬長」，也就是悌道。

關於子弟在孝道方面的實踐，首要的是事親奉養。每日雙親就寢之前，要整理其床褥臥具。務使其在寒冬能感到溫暖，在炎夏則感到清涼。翌晨還要省視雙親，問其安否（注七）。為人子的因事外出時，必須稟明父母。歸家時也要面告。遊息必有常規，學習必有常業，都要經常讓父母瞭解情況（注八）。父母在世時，不能因替朋友復仇而輕生死，也不可積蓄私財（注九）。孝子之事親，不但親在時要盡心盡禮地奉養，親歿還要遵禮服喪，喪畢更要按時祭奠（注一〇）。

悌道除了家庭中的「兄友弟恭」之外，更要進而推及於社會上的長幼之間。對於年齡相差在五歲左右的，就要分出尊卑。年幼的連走路都不敢與年長的並行，而要以一肩之差跟隨在後。對於年長在十歲左右的，更要正式以事兄長之禮事之（注一一）。逢到宴會中人多無法一一序齒時，也須按照與宴者頭髮色的深淺大致區分長幼入座，這就是所謂「燕（讌）毛」（注一二）。

二、起居飲食的儀節

凡為子弟者，居家必須盡量避開尊位。例如：不能處在房間裏的西南隅（所謂「奧」）；不能坐在席的中央；不能行走在通道的中央；不能站立在門的中央（注一三）。孩童不得穿著皮裘與「裳」（注一四）。子弟自外進入家門，登堂時要提高聲音以提醒室內的諸人。如果房門外有兩雙屨（麻鞋）時（表示室內有兩個人），聽得到裏面說話的聲音方可進去，否則就不要進去。入室時，視線要向著下方，不可昂首而視，也不可流盼四顧。雙手要捧著門扇下的門或鐶鈕。如果房門原來是打開的，就仍然保持開著。否則就要再關好。入室的若在兩人以上，後入的關門不可太急遽。不要踐踏著別的人的屨。不要從上位登席。要提起衣裳，趨向室隅（注一五）。

進餐的時候，也有一些餐桌禮貌上的禁忌。例如：吃飯不可狼吞虎嚥；喝湯不可牛飲；不可以口舌作聲；不可啃肉骨頭；已經挾取的魚肉，不可再放回公用的食器中；不可拋肉骨頭與狗；不可在公用的食器中挑擇食物；碗中的飯食，不可以手、口揚去熱氣等（注一六）。這些細節，都不厭其詳地在曲禮篇中列舉了出來。

三、行為舉止的規範

孩童應使其自幼習於莊敬：站立必須正向一方；不得傾頭側耳而聽（注一七）；不得窺探他人的私密；不得與人有狎侮戲弄的行為；不得宣揚他人從前的醜聞惡事（注一八）。遇到長者與之攙手而行，必須以雙手捧著長者的手（注一九）。行進間經過長者之前，必須趨（疾行）過以示敬。但眼前不見尊長時不趨，空間迫促處也不趨，因此，在帳幕之外與堂上等處都不趨走。（注二〇）。

為長者打掃房間，必須以掃帚置於畚箕之上，雙手捧箕而進。打掃時要以一手拉起衣襟遮在帚前，且退且掃，以免塵埃侵及長者。收集垃圾也要將箕口向著自己將垃圾掃入箕內（注二一）。

四、尊師重道

師生的關係，雖不在「五倫」之列，但古代尊師的程度，卻超出於君臣之義以上。古人以為教師身負傳道授業的重任，尊師即所以重道。因此，雖貴為君主，也不得以臣下視其師（注二二）。

身為學生的，當老師問話時，要待其辭畢方可回答。無論是向老師受教或是有疑難發問，都要「起身」（注二三）。學生離席的時候，如果當前置放著老師的書策琴瑟等物件，要跪坐著移開，絕不可從上面跨越（注二四）。

師生一同外出時，學生要隨行在老師之後。不可走過道路另一邊與旁人交談。在途中遇見老師，要趨前拱手肅立。老師有話就回答，無話就趨而退（注二五）。

五、結語

禮記一書，是基於周代封建制度與宗法制度的禮法而編訂的。以上所述，其中有關青少年的倫理、生活教育方面的規則，一部分早已與現代潮流脫節。而且那種以成人的行為標準為型範來陶鑄青少年的教育方式，也與現代首重個人人格自然發展的教育方式大相逕庭。但就大體上來說，其目的乃在求從個人以至社會，從修身、齊家以達天下治平的理想境界，與現代倫理道德的趨向是完全一致的。尤其是在現社會中，諸如長幼之序、言行規範、師道尊嚴等各方面，都日見式微，有心人早懷隱憂。我們今日倘有心振衰起敝，恢復固有倫理道德的優良傳統，則古昔的典型，當仍不無值得我們借鏡取法之處。

【注釋】

注一、見滕文公上篇。

注二、這裏的「家」是指「八家共井」的家，而非大夫之家。

注三、關於周代鄉治區畫的名稱與編制，如鄉、黨、遂、里等，昔儒所說，各家頗見紛歧。茲不在此析論。

注四、詩經魯頌相傳是魯僖公（西元前六五九——六二七年）時的作品。其中有「泮水」一章，而「泮宮」為諸侯之學。公孫僑（子產，西元前五五四——四九六年）為鄭卿，鄭人游於「鄉校」以論執政。事見左傳襄公三十一年。可見在春秋時代，魯、鄭等文化較高的列國，仍未廢學校。

注五、見梁惠王上篇。

注六、見禮記祭義篇（本文所引述禮記各篇，其釋義以鄭玄注、孔穎達疏為主，間亦參以己意。）

注七、「凡為人子者，冬溫而夏凊，昏定而晨省。」見禮記曲禮上篇。

注八、「夫為人子者，出必告，反必面。所遊必有常，所習必有業。」見同上。

注九、「父母存，不許友以死，不有私財。」見同上。

注一〇、「孝子之事親也，有三道焉：生則養，沒則喪，喪畢則祭。」見禮記祭統篇。

注一一、「年長以倍則父事之，十年以長則兄事之，五年以長則肩隨之。」見禮記曲禮上篇。

注一二、「燕毛，所以序齒也。」見禮記中庸篇。

注一三、「為人子者，居不主奧，坐不中席，行不中道，立不中門。」見禮記曲禮上篇。

注一四、「童子不衣裘、裳。」見同上。案：皮裘過暖，非兒童所宜。兒童在家要執役，而穿著正式的下裳不適於工作。

注一五、「將上堂，聲必揚。戶外有二屨，言聞則入，言不聞則不入。將入戶，視必下。奉扃，視瞻毋回。戶開亦開，戶闔亦闔。有後入者，闔而勿遂（恐為「遽」字之訛）。毋踐屨，毋踖席，摳衣趨隅。」見同上。

注一六、「毋放飯，毋流歠，毋咤食，毋齧骨，毋反魚肉，毋投骨與狗，毋固獲，毋揚飯……」見同上。

注一七、「童子……立必正方，不傾聽。」見同上。

注一八、「不窺密，不旁狎，不道故舊，不戲色。」見禮記少儀篇。

注一九、「長者與之提携，則兩手奉長者之手。」見禮記曲禮上篇。

注二〇、「帷薄之外不趨，堂上不趨。」見同上。

注二一、「凡為長者擹，必加帚於箕上；以袂拘而退，其塵不及長者，以箕自鄉而扱之。」見同上。案：管子弟子職篇中「凡拚之道」一節所述也與此相似。

注二二、「凡學之道，嚴（鄭玄注：嚴，尊敬也）師為難。師嚴而後道尊，道尊然後民知好學。是故君之所不臣於其臣者二：當其為尸，則弗臣也；當其為師，則弗臣也。」見禮記學記篇。

注二三、「侍坐於先生，先生問焉，終則對。請業則起，請益則起。」見禮記曲禮上篇。案：古人席地跪坐，股向後折，臀接於踵。這裏所謂「起」，是就地變更為「長跪」的姿勢——自膝而上以至軀幹與脛形成垂直，乃所以示敬（今日本人尚保有這種傳統習俗）。

注二四、「先生書策琴瑟在前，坐而遷之，戒勿越。」見同上。

注二五、「從於先生，不越路與人言。遭先生於道，趨而進，正立拱手。先生與之言則對。不與之言，則趨而退。」見同上。

公羊春秋的要義

引言

孔子晚年，「因史記作春秋以寓王法」(注一)。書成之後，由於書中的「褒、諱、貶、損」，多涉及當代有「威權勢力」的貴族顯要，為「免時難」不便著之竹帛，而只將經義口授弟子。到了後世，輾轉傳述的結果，遂生歧義。漢初時「春秋」經學，已有公羊、穀梁、鄒氏、夾氏四家(注二)。四家之中，「鄒氏無師，夾氏未有書」(注三)只有公羊、穀梁二傳，流傳至今。二傳之中，又以公羊之學行世最早(注四)。

世傳公羊之學傳自子夏，五傳而至於漢景帝（西元前一五六——一四一年）時，由公羊壽與其弟子胡毋子都著之竹帛。其說不見於史記、漢書，年代亦難相合，殊不足信據(注五)。但其學說，在漢景帝時即頗盛行(注六)。當時治公羊春秋的，以齊人胡毋子都與趙人董仲舒為最有名，二人同為孝景時博士(注七）。董氏著「春秋繁露」（注八），被認為最能闡明公羊春秋的精義。到了東漢，何休「覃思不窺門十有七年」，作成「公羊解詁」，後世治公羊學的，更無不奉為圭臬。

實則董氏書中，諸如「以春秋當新王」，「通三統，立三正」，以及推測陰陽五行，以天證人諸說（注九），不但脫離了「春秋」，在公羊傳中也都找不到立足點。至於何休解詁所謂「新周故宋」（注一〇），「黜周王魯」（注一一）之論，附會與誤解參半，更難逃「倍（背）經反傳」（注一二）之譏。不過話又說回來，「黜周王魯」一說，實際仍是從董仲舒「以春秋當新王」的說法衍生出來，我們也不能以此獨罪何休。

言「春秋」的，又有所謂「素王」、「素臣」的稱號，更是厚誣聖賢。推想其起因，當源於東漢賈逵、鄭玄等誤解或曲解董仲舒語而生。董仲舒對策（注一三）云：「孔子作春秋，先正王而繫以萬事，見素王之文焉。」案：此處董生所謂「素王之文」，顯指春秋經啟始的「元年春，王正月」一語的單用一個「王」字而不說「周王」。賈逵卻說成了「孔子覽史記，就是非之說，立素王之法」（注一四）。鄭玄又說：「孔子既西狩獲麟，自號素王。為後世受命之君，制明王之法（注一五）。這一來竟成了孔子居然以「素王」自命！有君不可無臣，於是推崇左傳的又將左丘明塑成了「素臣」（注一六）。歪曲到了這種地步，而盲從者卻眾，真可浩歎！

「公羊春秋」不但直接影響於兩漢的學術思想以及政治（如以春秋治獄）、社會（如復讎之風）各方面至鉅，遺風所及，至今猶有存者。故「公羊春秋」，自有其不可磨滅的價值。

但是歷來有不少治「公羊春秋」的學者，卻在公羊說中，糝雜了大量董仲舒的「一家之言」。至於在時代上又晚了三個世紀的「何休解詁」（注一七），更被視為治「公羊學」的津梁。實則何氏之書，在訓詁方面固極為精深，但在義理方面卻不無可議。筆者不揣鄙陋，試就公羊傳本文有關闡明春秋微言大義的部分，加以歸納，析述如次。其無關大旨的義例則從略。自知學力所限，謬誤難免。尚望先進方家，不吝賜正。

一、尊王

孔子之作「春秋」，最主要的目的是「明王道」，因此「公羊傳」以尊王為第一要義。其說可分為以下各點：

(一)「大一統」

春秋經隱公元年，一開始就標出「元年春，王正月」。傳云：「何言乎王正月？大一統也。」所謂「大一統」，是說一切總繫於王（注一八），這個「王」指的就是「周王」。其為首揭尊王之義，至為顯明。

（二）「王者無外」

周代雖厲行封建，但在西周盛世，王權仍是相當高張的。故詩小雅北山有云：「溥天之下，莫非王土；率土之濱，莫非王臣。」這就是所謂「王者以天下為家」（注一九），更無內外之分。其事例與解說約如下述：

1. 隱公元年（西元前七二二年）經「祭伯來」。祭伯是周室的大夫，得罪奔魯。傳云：「奔則曷為不言奔？王者無外，言奔則有外之辭也。」公羊說以為天子無外，故經不言奔，以別於列國大夫之奔逃他國者。

2. 桓公八年（西元前七〇四年）經「祭公……逆王后於紀」。傳云：「女在其國稱女，此其稱王后何？王者無外，其辭成矣。」諸侯之間迎娶稱「逆女」，而天子迎娶於諸侯則書「逆王后」，這也是基於「王者無外」之義。

但「春秋」之文，也有不盡合乎「王者無外」的地方。因此公羊傳又訂立了一些「但書」來解釋這些例外：

1. 僖公二十四年（西元前六三六年）經「天王出居於鄭」。周襄王與母后不合，被逐出居於鄭國。傳云：「王者無外，此其言出何？不能乎母也。」公羊說以為周襄王不能事母，有虧孝道，故春秋書「出」以示貶。

2. 成公十二年（西元前五七九年）經「周公出奔晉」。傳云：「王者無外」，此其言出何？自其私土而出也。公羊氏的解釋是：周公雖是天子的三公，但自其封邑出奔，與列國諸侯並無不同，故仍言「出」。

3. 成公十五年（西元前五七六年）經「……晉士燮．齊高無咎、宋華元……會吳於鍾離」（故城在今安徽鳳陽縣東北）。公羊傳在此處用了一連串的問答：「曷為殊會吳？」（注二〇）「外吳。」「曷為外也？」「春秋內其國而外諸夏，內諸夏而外夷狄。」「王者欲一乎天下，曷為以內外之辭言之？」「言自近始也。」公羊傳的結論是：雖說是王者無外，但也須自近而遠。吳國向化尚淺，還不能受到與荊楚同等的看待。

（三）「王者無敵」

王者之師，諸侯不得抗拒，這是不言可喻的道理。

1. 成公元年（西元前五九〇年）秋，晉國侵王畿的柳（故城在今河南西華縣西）邑。周定王討晉，大敗於貿戎（今地不詳）地方。經書「王師敗績於貿戎」。公羊傳以為「王者無敵，莫敢當」，因此不言晉敗之，竟像是周王「自敗」一般。

2. 昭公二十三年（西元前五一九年）經「晉人圍郊」。「郊」是畿內的地方，「天子之邑」。傳云：「曷為不繫乎周？不與伐天子也。」諸侯侵伐天子，是春秋大不以為然的事。故經不言周地，以為之諱。

（四）「不敢過天子」

公羊傳所謂「不敢過天子」，是指諸侯不敢過京師而不朝。這在封建制度之下本來是最起碼的禮節。但是在春秋時代，一些較為強大跋扈的國君，就不見得能夠遵守此禮了。例如僖公三十三年（西元前六二七年），秦師過周北門，也不過「左右免胄而下」（注二一）。成公十三年（西元前五七八年），魯君會晉、齊、宋、衛、鄭等國君伐秦，途經京師雒邑。魯成公先朝天子，然後會諸侯伐秦。春秋先書「三月，公如京師」，繼再書「夏五月，公自京師遂會諸侯伐秦」。傳云：「其言自京師何？公鑿行（再起一事）也。公鑿行奈何？不敢過天子也。」雖然魯成公此行的目的是赴會伐秦，但由於必須道經京師，成公不敢失禮，先朝見周王然後赴會。公羊傳於此有嘉善成公知禮的意思。

（五）「王人雖微，必序於諸侯之上」

周天子所派遣參加盟會的使臣，即使爵職卑微，也要排名在諸侯之上，以示尊重王命。僖公八年（西元前六五二年）經「公會王人、齊侯、宋公、衛侯…………于洮（今山東濮縣南）」。傳云：「王人者何？微者也。曷為序於諸侯之上？先王命也。」

二、攘夷

春秋初期，諸夏與異族的接觸益頻，衝突益烈。當時的所謂夷狄，較著者大致北有黃河以北，今山西、河北一帶（注二二）的白狄、赤狄，河北東北部一帶的山戎，甘、陝一帶的西戎（注二三）等支；南有楚、吳、越等支。中原地區，列國也多有與異族部落雜居的。如在今河南境內的楊拒、泉皐、伊洛之戎（注二四）等都是。公羊傳所說「南夷與北狄交，中國不絕如線」（注二五）的話雖不免有些誇張，但其為害之大是不待言的。公羊說所表現的攘夷觀念極為強烈。即使是「王者欲一乎天下」，「王者無外」，但仍「內諸夏而外夷狄」（注二六）。

（一）「反夷狄」

所謂「反夷狄」是反對夷狄的陋俗。定公四年（西元前五〇六年）經「吳入楚」。傳云：「吳何以不稱子？反夷狄也。反夷狄奈何？君舍於君室，大夫舍於大夫室，蓋妻楚王之母也。」吳師入郢，其君臣入居於楚君臣的宮室，吳王闔閭甚至「妻楚王之母」。由於鄙棄這種夷狄之行，故春秋不稱其爵以示貶。

（二）「攘夷王者之事」

僖公四年（西元前六五六年），齊桓公服楚。傳云：「楚，有王者則後服，無王者則先叛，夷狄也，而亟病中國……桓公救中國而攘夷狄，卒怗荊。以此為王者之事也。」可見其對齊桓公的攘夷功業，是如何的推崇。

莊公十八年（西元前六七六年），魯莊公「追戎於濟西」。傳云：「其言追者何？大其為中國追也。」於此也特別強調夷狄是諸夏的公害，諸侯之勇於攘夷的，功在中國，最值得褒美。

（三）「不與夷狄之獲（執）中國」

莊公十年（西元前六八四年）經「荊敗蔡師於莘（今河南汝南縣境），以蔡侯獻舞歸」。傳云：「曷為不言其獲？不與夷狄之獲中國也。」僖公二十一年（西元前六三九年）經「宋公、楚子、陳侯……會於霍（今河南臨汝縣西南），執宋公以伐宋。」傳云：「曷為不言楚子執之？不與夷狄之執中國也。」「與」，許也，拿現代語來說就是「同意」或「贊成」，「不與」就是「不以為然」。中國之君而被夷狄所俘獲，其恥莫大，故不明言「獲」或「執」。

（四）「夷狄相誘，君子不疾」

昭公十六年（西元前五二六年）經「楚子誘戎曼子殺之」。傳云：「夷狄相誘，君子不疾。曷為不疾？若不疾，乃疾之也。」其說以為：夷狄為君子所不齒。夷狄之間的詐殘行為，也不屑加以貶斥。

（五）同情夷狄之「向化為善者」

宣公十五年（西元前五九四年）經「晉師滅赤狄潞氏，以潞子嬰兒歸」。傳云：「潞何以稱子？潞子之為善也……然則君子不可不記也，離於夷狄而未能合于中國。晉師伐之，中國不救，狄人不有，是以亡也。」公羊傳美潞氏之能「用夏變夷」。又惜其未得中國諸侯的援救，以致亡國。言下更表示無限的同情。

（六）「許夷狄者不一而足」

文公九年（西元前六一八年）經「楚子使椒來聘」。傳云：「此何以書？始有大夫也。始有大夫何以不氏？許夷狄者不一而足也。」所謂「不一而足」，是說有所保留，不能給與十足的褒美。

襄公二十六年（西元前五四四年）經「吳子使季札來聘」。傳云：「吳無君、無大夫，此何以有君有大夫？賢季子也。何賢乎季子？讓國也……春秋賢者不名，此何以名？許夷狄者不一而足也。」所謂「無君無大夫」，是說其君臣不知禮義，雖有如無。知遣使臣行聘他國，則可謂「有君有大夫」。但由於「許夷狄者不一而足」，因而季札雖有讓國之賢，仍直書其名，不依常例稱字。

三、君道

在周代的封建制度之下，列國的諸侯，上奉天子，下臨臣民，兼具有君、臣的雙重身分。公羊傳所言有關國君在君道方面的論點約有以下數端：

（一）君位繼承

1.「立適（嫡）以長不以賢，立子以貴不以長」

隱公元年傳云：「立適以長不以賢，立子以貴不以長。」這是說：立君以嫡子為先，嫡子之中，又依長幼為序，不問其賢否。若無嫡子，則立庶子之中，其生母地位最高者，而不計其長幼。魯惠公（西元前七六八—七二三年），無嫡子，生前又未建立世子。諸子之中，一個名叫息姑（後來的隱公）的「長而賢」，另一個叫允（後來的桓公）的則「幼而貴」。其實兩人都是妾媵所生（桓公之母為右媵，隱公之母為左媵），「其為尊卑也微」。惠公卒（西元前七二三年）後，隱公雖以「長又賢」的條件為諸大夫所扶立，但他仍決心「平國而反之桓」（待政事上了軌道後再將君位讓回給桓公）。卻不料日後仍然被弒（注二七）。

2.「君子大居正」

宋宣公（西元前七四七—七二九年）不傳位於子而傳與其弟繆（穆）公。繆公亦不傳子而傳還其姪與夷（宣公之子，即殤公），終於釀成宋督弒與夷，殺大夫孔父之禍。公羊傳強調「君子大居正」（注二八）之義。意為：國君如得國以正，就應當居之不疑。不可違禮讓國，反招致禍亂。其結語更以責備賢者的口氣說：「宋之禍，宣公為之也。」

3.「不以父命辭王父命，不以家事辭王事」

衛靈公（西元前五三四－四九三年）以其子蒯聵無道，逐蒯聵而立蒯聵之子輒。哀公元年傳云：「然則輒之義可以立乎？曰，可。其可奈何？不以父命辭王父命……不以家事辭王事。」意為：衛輒之立是合乎禮義的。因為他不能因順從父（蒯聵）命而不從祖父（靈公）之命，也不能因家庭的事故而推辭服事天子之責。

4.「誅君之子不立」

昭公十一年（西元前五三〇年）經「楚師滅蔡，執蔡世子有以歸」。事實上世子有以已經繼立為蔡君，未踰年，例當稱「子」。但因其父靈公般弒父景公自立，為楚靈王所殺，依春秋之義，不以為君，父既非君，子也無從繼立。因此以罪受誅的國君，其子也不得立。這就是公羊傳所說：「誅君之子不立，非怒也（並非因其父為不義而遷怒），無繼也。」

（二）「國滅君死」

莊公十年（西元前六八四年）經「齊師滅譚，譚子奔莒」。傳云：「何以不言出？國已滅矣，無所出也。」國存而國君失位，然後可以言「出奔」。如僖公二十八年（西元前六三二年）「衛侯出奔楚」，襄公十四年（西元前五五九年）「衛侯衎出奔齊」都是。今譚君國滅而亡命，不能「死位」，不言出也可說是示譏。

襄公六年（西元前五六七年）經「齊侯滅萊（今山東黃縣東南）」。傳云：「曷為不言萊君出奔？國滅君死之正也。」公羊說以為，雖然事實上萊君為齊侯所殺，但「國滅君死」是正理，因此經不書萊君之死，而祇就其情事之大者書國滅（注二九）。

（三）「君子不近刑人」

襄公二十九年（西元前五四四年）經「閽弒吳子餘祭」（注三〇）。傳云：「君子不近刑人，近刑人，輕死之道也。」公羊說堅決反對國君接近「刑人」，但周禮秋官掌戮卻說：「墨者使守闕，宮者使守內，刖者使守囿，髡使守積。」大相徑庭。這正是今文經說（公羊傳是今文經的骨幹）與古文經說（周禮是古文經的骨幹）的歧異之一。事實上在春秋時代，用「刑人」在宮廷中服役的情形已極為普遍。左傳中所敘述的閹人，有名字可考的就有寺人孟張、寺人披、寺人惠牆伊戾、寺人羅等（注三一）。

四、臣道

封建之世，天子與諸侯之間，諸侯與大夫之間，大夫與家臣之間，都是君臣的關係。公羊傳中，除了層次最低的家臣未曾言及外，其有關臣道的論述大要如次：

（一）諸侯對於天子

1.「不得專地」

桓公元年（西元前七一一年）經「鄭伯以璧假許田」。周制：天子以京畿遠郊的都邑賜給諸侯，供作其來朝時的止宿之所。許邑（今河南許昌？）是魯國的「朝宿之邑」，本屬天子之地，非諸侯所得而處置。今鄭伯以璧玉與魯國租借許邑，這在雙方都是違背禮法的。傳云：「有天子存，則諸侯不得專地也。」

2.「不得專討」

宣公十一年（西元前五九八年）經「楚人殺陳夏徵舒」。陳國的大夫夏徵舒弑其君靈公，楚莊王興師討罪，殺夏徵舒。公羊傳謂「諸侯之義，不得專討」。因此經書「楚人」以示貶（春秋言「人」則為「微者」）。又以為：春秋不但「不與外討（討伐他國的賊臣）」，「雖內討（自討其罪臣）亦不與焉」。但接著又說春秋「實與而文不與」。理由是：「上無天子，下無方伯，天下諸侯有無道者，臣弒君，子弒父，力能討之，則討之可也。」

3.「不得專封」

魯僖公元年（西元前六五九年），狄人伐邢。齊桓公會曹、宋等國之師救邢不及，邢終亡於狄。齊桓公只得遷邢於陳儀（左傳作夷儀，今地不詳）。經書：「齊師、宋師、曹師……………救邢」，「夏六月邢遷於陳儀。」傳云：「諸侯之義，不得專封。」公羊說以為，由於春秋「不與諸侯專封」，故不稱「齊侯」而稱「齊師」。但又由於事實上是「上無天子，下無方伯，天下諸侯有相滅亡者，力能救之，則救之可也。」故此處也有「實與而文不與」的說法。

僖公十四年（西元前六四六年）經「諸侯城緣陵」。由於杞國受到莒國的威脅，齊桓公會合諸侯替杞國在緣陵（故城在今山東昌樂縣東南）地方築城。公羊說也以為基於「諸侯不得專封」之義，故經「不言桓公城之」，以為桓公諱。

（二）大夫對於國君

大夫對於國君，所受的約束就更多了：

1.「世卿非禮」

隱公三年（西元前七二〇年）經「尹氏卒」。尹氏世為天子之卿。公羊說以為書「尹氏」而不稱名，乃春秋的貶辭。傳云：「世卿非禮也。」

桓公五年（西元前七〇七年）經「天子使叔仍之子來聘」。傳云：「其稱叔仍之子何？譏父老子代從政也。」

昭公三十一年傳云：「大夫之義不得世（及）。」

公羊傳對於世卿非禮之義，再三「發傳」，可見其深意。春秋中葉以後，各中原舊邦，多趨於公室衰微，政入私家，如魯之「三桓」、晉之「六卿」、齊之「田氏」皆是。終至演變成三家分晉，田氏篡齊的結果。孔子在日，對於「三桓」——尤其是季氏——的專擅驕恣，早已痛心疾首。季氏之幸未篡魯，未嘗不是由於「春秋」的嚇阻。這大約就是孟子所謂「孔子成春秋而亂臣賊子懼」（注二二）吧。

2.「信不在大夫，卿不得憂諸侯」

世卿之局，由大夫權力的膨脹而形成。而列國間的大夫締結盟約，或大夫市惠於諸侯，無疑是賣弄權力的大端。

襄公十六年（西元前五五七年）經「三月，公會晉侯、宋公、衛侯、鄭伯……於溴梁（今河南濟源縣東南）。戊寅，大夫盟。」傳云：「諸侯皆在是，其言大夫盟何？信在大夫也（列國間的信用，建立在大夫身上）。何言乎信在大夫？遍刺天下之大夫也。曷為遍刺天之下大夫？君若贅旒然。」各國的諸侯都到會，而大夫相與結盟，視國君如附屬的裝飾品。這種情形，成何體統？

襄公三十年（西元前五四三年）經「晉人、齊人、宋人、衛人、鄭人……會於澶淵（今河北濮陽縣西南），宋災故也。」宋國（大約是宮廷內）發生大火，晉、齊、宋、衛、鄭等國的卿，「相聚而更宋之所喪」（會商捐助財物，以彌補宋國的損失）。傳云：「卿則其稱人何？貶。曷為貶？卿不得憂諸侯（卿大夫不能周恤諸侯）也」。

3.「大夫無遂事」

桓公八年（西元前七〇四年）經「祭公（周王的三公之一）來，遂逆王后」。傳云：「遂者何？生事也。大夫無遂事。」意為：身為大夫的，不能在君命交付的任務之外，另生事端。

魯襄公二年（西元前五七一年）秋，鄭伯睔（成公）卒。晉大夫荀罃率諸侯之師乘喪伐鄭，在虎牢（後來的成皐，故城在今縣西北）築城據守。經書：「遂城虎牢。」傳云：「大夫無遂事，此言遂何？歸惡乎大夫（指荀罃）也。」

魯襄公十二年（西元前五六一年），莒人伐魯之東鄙，圍台（今山東費縣南）。魯大夫季孫宿往救，解圍後移師入運（即鄆，今山東鄆城縣）邑討叛。經書：「季孫宿帥師救台，遂入運」。傳云：「大夫無遂事，此其言遂何？公不得為政爾。」公羊說以為這是暗示魯君微弱，而季氏自專征伐。

僖公三十年（西元前六三〇年）經「天王使宰周公來聘。公子（東門襄仲）遂如京師，遂如晉」。公羊傳也以為此處之兩言「遂」，都是表示「公（魯僖公）不得為政」的意思。

4.「大夫不得專廢置君」

文公十四年（西元前六一三年）經「晉人納接菑於邾婁（即「邾」，）弗克納」。邾文公卒，國人立其較長之子貜且（齊姜所生），是為定公。其異母弟接菑（晉姬所生）爭位失敗，奔晉。晉派大夫郤缺帥車八百乘（約六萬人）以納接菑於邾婁。邾婁人以貜且年長當立，不畏壓境的大軍，義正辭嚴地拒絕了郤缺。郤缺見邾婁人義不可奪，乃引師而去。公羊說以為郤缺此舉原值得贊揚，但春秋之義，「不與大夫專廢、置君」，故仍不書其爵職名氏而稱「晉人」以示貶。

5.「諫不從則去」

莊公二十四年（西元前六七〇年）經「曹羈出奔陳」。曹國的大夫曹羈，三諫其君僖公不從，遂去而奔陳（注二三）。公羊氏以為得君臣之義。這也就是孔子所說的「所謂大臣者，以道事君，不可則止。」（注二四）

6.「君親無將」

公羊傳云：「君親無將（平聲，下同），將而誅焉。」（見莊公三十二年）其意為：凡意圖弒君、親的臣、子，雖未行事，仍須視同已遂而加以誅戮。

魯莊公之弟叔牙，有弒君的意圖，被莊公的季弟友發現，於是酖死叔牙，事在莊公三十二年（西元前六六二年）。公羊傳以為「將弒」與「親弒」同，季友的處置合乎禮義。

昭公元年（西元前五四一年）經「叔孫豹會晉趙武、楚公子圍、齊國酌、宋向戌、衛石惡、陳公子招、蔡公孫歸生、鄭軒虎、許人、曹人于漷（注二五）」。傳云：「此陳侯之弟招也，何以不稱弟？貶。曷為貶？為殺世子偃師。」事實上陳哀公之弟招殺世子偃師，事在此後的昭公八年（西元前五三四年）。公羊說以為春秋因其「將」殺世子而有此貶稱，並再「發傳」云：「君親無將，將而必誅焉。」（注二六）

7.「君子辟（避）內難而不辟外難」

魯莊公同母弟三人「慶父、叔牙、季友。慶父與叔牙同私通於莊公夫人，並覬覦君位。季友賢良，既自知無力消弭禍難，又不忍親見骨肉相殘。於是請於莊公，以送葬（陳大夫原仲之喪）為由赴陳國，遂留陳不歸。公羊說以季友的行為合乎禮義。傳云：「君子辟內難而不辟外難」（注三七）——家門之內所發生的禍難可以趨避，外來的禍難就須挺身以赴。這可說也就是禮記所說的「門內之治恩揜義，門外之治義揜恩」（注三八）。

8.「行權」

大夫之於國君，雖有「卿不憂諸侯」、「信不在大夫」、「大夫無遂事」諸義，但公羊傳又說：「大夫……出竟（境），有可以安社稷、利國家者，則專之可也。」（注三九）這就是所謂「行權」，與「守經」相對而言。公羊說特別強調：「權者，反於經然後有善者也」，「行權有道：自貶損以行權，不害人以行權。殺人以自生，亡人以自存，君子不為也」（注四〇）。

鄭莊公（西元前七四三—七〇一年）死，宋人拘執鄭相祭仲，要挾他逐嗣君忽而立公子突（宋的外甥）。祭仲料到如不從則「君必死，國必亡」。為求紓國難，只得屈從，挈公子突歸國以代世子忽，忽出奔衛。事見桓公十一年經傳（注四一）。公羊傳以為「古人之有權者，祭仲之權是也。」

五、戰爭

(一)「偏戰」與「詐戰」

公羊說將「春秋」所書戰爭，大別為「偏戰」與「詐(通「乍」)戰」二類。所謂偏戰是交戰的雙方，約定日期地點，列陣而戰。這是正規的戰爭。所謂詐戰是猝然發動的襲擊或遭遇戰。公羊說解釋「春秋」書戰的義例主要的有下列各項：

1.「詐戰不言戰」(注四二)

桓公十年(西元前七〇二年)經「齊侯、衛侯、鄭伯來戰於郎」，標明「戰」字，這是「偏戰」。僖公三十三年(西元前六二七年)經「晉人及姜戎敗秦于殽」不言「戰」而言「敗」，則是「詐戰」。

2.「偏戰者日」，「詐戰不日」(注四三)

偏戰方書明日期，如「(僖公)二十有二年(西元前六三八年)……冬，十有一月己巳(日)，宋人及楚人戰於泓」是；詐戰則只書月而無日期，如「(定公)十有四年(西元前四九六年)五月，於越敗吳於檇李」是。

但是公羊傳所說明的這兩項「義例」，實際上頗多例外。如昭公十七年（西元前五二五年）經「楚人及吳人戰於長岸」，雖是「詐戰」，卻仍書「戰」。昭公二十三年（西元前五一九年）經「吳敗頓、胡、沈、蔡、陳、許之師于雞父」，雖是「偏戰」，卻未書「戰」。僖公三十三年（西元前六二七年）經「夏四月辛巳，晉人及姜戎敗秦于殽」，雖是「詐戰」，卻仍書日（辛巳）。此等處公羊傳雖有解釋，但終嫌難以成理。例如：僖公三十三年的秦晉殽之戰，傳云：「詐戰不日，此何以日？盡也。」所謂「盡也」當然是說晉人的盡殲秦軍（注四四），這跟書日與否有甚麼關係？

（二）「不鼓不成列」

僖公二十二年（西元前六三八年）經「宋公及楚人戰于泓（水名，在今河南柘縣），宋師敗績」。宋襄公與楚人約期在泓水之北交戰。楚人渡泓而來，襄公的臣下（左傳云是司馬子魚）獻議乘其渡河未畢發動攻擊，宋襄公不許，他說：「君子不厄人。」等到楚軍全部渡畢，臣下又請求乘其布陣未定進攻，襄公仍不應允，他說：「君子不鼓不成列。」待至楚軍布陣既畢，襄公然後鳴鼓進軍。結果大敗，襄公傷股而死（注四五。）公羊傳云：「君子大其不鼓不成列，臨大事而不忘大禮。」並給他最高的評價說：「雖文王之戰不過此也。」大有雖敗猶榮的意思。

（三）「不伐喪」

襄公十九年（西元前五五四年）經「晉士匄帥師侵齊，至穀（齊地，故城在今山東東阿縣）。聞齊侯（靈公）卒，乃還」。傳云：「還者何？善辭也。何善爾？大其不伐喪也。」奉命領軍出征，不戰而還，本有「廢君命」之譏，但公羊傳解釋：「大夫以君命出，進退在大夫也。」

（四）「懷惡而討不義，君子不予」

昭公十一年（西元前五三一年）經「楚子虔誘蔡侯般，殺之于申（今河南南陽縣北）」。蔡靈侯（般）弒父自立，事在魯襄公三十年（西元前五四三年），到了魯昭公十一年，楚靈王誘殺蔡靈侯。楚君雖外託討賊之名，而內懷覬覦其國土之心。傳云：「懷惡而討不義，君子不予也。」

六、租賦

孟子言三代的田制與租稅云：「夏后氏五十而貢，殷人七十而助，周人百畝而徹。其實皆什一也。」（注四六）大意是：夏代一夫受田五十畝，每夫計其五畝之入以為「貢」。商代始行井田，以六百三十畝之地畫為九區，每區七十畝，中為公田，其外八家各受一區為私田。但借其力以「助」耕公田，而不復稅其私田。周時一夫授田百畝，鄉、遂（畿外之地）用「貢法」，徵其歲收的十分之一。都、鄙（畿內之地）用「助法」，助耕公田。通用貢、助二法，故謂之「徹」（注四七）。三代的稅率，大致都是十取其一。這也是儒家所認為最合理的租稅。

（一）「什一者，天下之中正」

到了春秋時代，大概是由於「公」、「私」利害的對立漸趨顯明，實行「助法」之地，農民多盡力於私田而懈怠於公田的耕作。因此魯宣公廢助法而行「稅畝」之制——按畝徵收田租。宣公十五年（西元前五九四年）經「初稅畝」。傳云：「初稅畝何以書？譏。何譏乎始履畝而稅？古者什一而藉……什一者，天下之中正也。多乎什一，大桀小桀（多取於民即是暴政）；寡乎什一，大貉小貉（國用匱乏，不足以推行政教，有如夷狄）。什一者，天下之中正也。什一行而頌聲作矣。」於此可見公羊說之堅決主張什一的稅率，以為至當不移，無可增損。

（二）譏「用田賦」

除了田租（也就是所謂稅）之外，還有所謂「賦」。賦是軍用物資的徵發。依今文家的說法，周制是十「井」共出兵車一「乘」——四馬一車（注四八）。

魯哀公（實際是由季康子專政）與吳國結好，羡慕吳國之強盛，因而致力於擴軍。財用不足，乃增加軍賦（注四九）。哀公十二年（西元前四八三年）經「用田賦」。所謂「田」是指一井之地。「用田賦」是按八家一井為單位來徵收物資。其增加的數額雖無可考（注五〇），但所增加人民的負擔必然是沈重的。因此傳云：「（用田賦）何以書？譏爾，譏始用田賦也。」

七、災異

「以人隨君，以君隨天」（注五一）是往昔統治者與被統治者所一致認同的觀念。君主的權威至上，只有至高無上的「天」操其予奪。人君有闕失，則上天降災異以示儆。春秋之多書災異，其用意當不外乎此。

魯宣公十五年（西元前五九四年）冬，魯國發現蝗蟲的幼蟲出生，經書：「冬，蝝生（注五二）」。傳云：「蝝生不書，此何以書？幸之也……變古易常，應是而有天災。」所謂「變古易常」，指的是魯宣公實施「稅畝」的政策。有此「稗政」，因降天災。

春秋各年所書的災異尚多，公羊傳都只以「記災也」、「記異也」簡略地一語帶過，不多費辭。尤其值得注意的是：公羊氏絕不用陰陽五行之說來解釋這些災變（注五三）。

八、復讎

原始時代的人類，由於知識未開，其行為多傾向於情緒化。兼以社會中缺少「司法」的權力中心——審判權與執法權的確立是國家形成以後的事——因而個人或團體之間的怨毒，只有訴之於血仇（Blood feud）的報復方式。其後人類文明雖不斷進步，但復仇的觀念與行為，始終未能消除。而且這種仇恨，往往世代相傳，久而不已。此種情形，舉世皆然。

我國由於自古家族觀念濃厚，復仇的行為，更為世俗所普遍認同。即使是極端崇尚仁義忠恕的儒家，也不排斥復仇觀念（注五四）。

公羊春秋之論事無不以禮義為本，卻也贊同復仇的行為，而且舉出了一些有關復仇的規範。其說雖很難認定是否合乎「春秋」的原旨，但無疑可以代表戰國、秦、漢間一種頗為普遍的見解。

（一）「國君之讎，百世可復」

周夷王（西元前八九四—八七九年）時，紀侯譖齊哀公（不辰）於周王，周王烹齊哀公（注五五）而立其弟靜（胡公）。到了魯莊公四年（西元前六九〇年），齊襄公為遠祖復仇，滅了紀國。此時，上距齊哀公被烹已歷九世。經書：「紀侯大去其國」。傳云：「曷為不言齊滅之？為襄公諱也——春秋為賢者諱。何賢乎襄公？復讎也。」事實上以齊襄公生平的行逕來說，絕不能算是賢君。只以與其妹（魯桓公夫人）私通而誘殺魯桓公之事即可見一端。公羊氏只因其有復仇滅紀之舉而稱之為「賢者」。

公羊說又以為，「國君以國為體，諸侯世，故國君為一體」。既是一體，則「先君之恥，猶今君之恥。」因此，國君之讎，「雖百世可（復）也」。至於大夫的「家仇」，就不可如此——傳云：「家亦可乎？曰，不可。」

但公羊氏又特別說明：「上無天子，下無方伯，緣恩疾者，可也。」（注五六）由於齊哀公之被譖殺，既沒有明天子與賢方伯主持正義，懲罰禍首，那末，齊襄公採取「自助」的手段，滅紀以報先世的血仇是可以容許的。否則，襄公「不得為若行」。

齊襄公自已也結下了一件血仇。襄公之妹為魯桓夫人，而兄妹兩人私通。魯桓公怨憤，齊襄公怒而誘殺桓公。（事在西元前六九一年）桓公之子同繼立，是為莊公。魯莊公即位後，懾於齊國之威，不敢得罪，竟仍與他的「不共戴天之仇」一同遊獵。莊公四年經「公及齊人狩於郜（今山東城武縣東南）」。這可說是奇恥大辱。春秋本於「為尊者諱」之義，稱「齊人」而不書「齊侯」，但「諱」中也隱含有「譏」的意思。傳云：「公曷為與微者（言「人」則為「微者」）狩？齊侯也。齊侯則其稱人何？諱與讎狩也。」到魯莊公九年（西元前六八五年），齊襄公被弒。翌年春，莊公興師伐齊，圖納奔魯的齊公子糾於齊。其時齊公子小白（後來的桓公）已先入繼位，齊人出師拒戰。魯國乃以復仇為名，與齊師戰於乾時（齊地，今山東博興縣南），結果大敗。經書：「及齊師戰於乾時，我師敗績」。傳云：「此復讎乎大國，曷為使微者（若是大夫，當有名氏）？（莊）公也。公則曷為不言公？不與公復讎也。曷為不與公復讎？復讎在下也。」公羊氏以為，魯莊公此戰雖以復仇為名，但事實上是由於納公子糾不成，而且出於臣下的建議，故「春秋」無褒辭。

（二）復讎在於「盡心」，不計成敗

莊公四年傳云：「（齊）襄公之為於此焉者，事祖禰之心盡矣。盡者何？襄公將復讎乎紀，卜之，曰：師喪分焉。寡人死之，不為不吉也。」公羊氏對於齊襄公那種不計成敗的復仇心態，十分同情，也十分贊揚。

（三）「父不受誅，子復讎可也」

伍員之父伍奢，為楚平王（西元前五二八—五一六年）所枉殺，伍員逃往吳國，事吳王闔廬（西元前五一四—四九六年）。到了魯定公四年（西元前五〇六年），其時楚平王已死，子昭王在位。楚人圍蔡，闔廬派伍員領兵救蔡，大敗楚軍，攻入郢都。伍員鞭楚平王屍，以報殺父之仇。公羊傳云：「事君猶事父也，此其為可以復讎奈何？曰，父不受誅，子復讎可也。父受誅，子復讎，推刃之道也。」意為：楚平王與伍奢雖分屬君臣，但伍奢無辜受戮，因此伍員的服仇行為是正當的。倘使父之被誅是罪有應得，則為子的不得復仇。否則，就會形成輾轉相殺，永無了結。

（四）「復讎不除害」

莊公四年公羊傳云：「復讎不除害」。是說，復仇的行為，只應施之於仇人的本身，不可為了免除後患，而殺戮其子嗣。

（五）「朋友相衛，而不相迿」

定公四年公羊傳云：「朋友相衛，而不相迿」。是說，與朋友交，有互相衛護之義。因此，當朋友有復仇之舉時，與以助力或保護他使不為對方所傷害，都屬正當的行為。但不可身先朋友而代其復仇。

九、隱諱

公羊傳云：「春秋為尊者諱，為親者諱，為賢者諱。」（注五七）由於「春秋本據亂而作」（注五八），為了免禍、敬上、尊賢等緣故，其措辭遂不得不有所隱諱（注五九）。茲分述其事例如次：

（一）「為尊者諱」

周室東遷以後，王綱解體。但「春秋」於有損「天王」尊嚴的史事，無不為之隱諱。魯僖公二十八年（西元前六三二年），晉文公兩次招致周襄王前往諸侯聚會之地接受朝覲，一至於踐土（鄭地，今河南滎澤縣西北），再至於河陽（晉地，今河南孟縣西）。這對周王而言是非常不體面的事。「春秋」於周王踐土之行，闕而不書，只以「公（魯僖公）朝於王所」一筆暗示。於其赴河陽，則書「天王狩（注六〇）於河陽」。傳云：「狩不書，此何以書？不與再致天子也。」所謂「不與再致天子」，固然是責晉文之失禮，在另一方面也顯然是「為尊者（天子）諱」。

（二）「為親者諱」

公羊傳的「為親者諱」，也就是所謂「諱內惡」，是說「魯臣子當為君父諱」（注六一）的意思。

1. 隱公二年（西元前七二一年）經「無駭率師入極」。傳云：此「滅也，其言入何？內大惡諱也。」魯大夫無駭率師攻滅了一個叫「極」（今山東魚臺縣西）的小國。這是春秋記滅國之始，不書「滅」而言「入」可說是「諱而不隱」。

2. 隱公五年（西元前七一八年）經「公觀魚於棠」。傳云：「何以書？譏。何譏爾？遠也……百金之魚公張之。」魯隱公遠赴濟水之濱的棠邑（今山東魚臺縣東北）親自督人張網捕魚，與民爭利。失德雖小，仍不無可譏。書作「觀魚」，可說是寓譏於諱。

3. 哀公七年（西元前四八八年）經「公伐邾婁……入邾婁，以邾婁子益來」。傳云：「獲也，曷為不言其獲？內大惡諱也。」魯國不斷侵奪邾國，又俘獲其國君，可說是大惡，故為之諱。

4. 哀公八年（西元前四八七年）經「宋公入曹，以曹伯陽歸」。傳云：「滅也，曷為不言其滅？諱同姓之滅也。何諱乎同姓之滅？力能救之而不救也。」公羊氏以為魯國坐視同姓之國滅亡而不伸援手，有失「親親」之義，故為之諱。

5. 哀公十二年經「孟子卒」。傳云：「昭公之夫人也，其稱孟子何？諱娶同姓，蓋吳女也。」魯昭公為了與吳國結好，娶其女為夫人。魯、吳同為姬姓之國，禮不娶同姓，昭公在日，已為人所譏（注六二）。卒而不稱夫人，不稱姓（注六三），蓋深為之諱。

（三）「為賢者諱」

1. 閔公元年（西元前六六〇年）經「齊仲孫來」。傳云：「公子慶父則曷為謂之齊仲孫？繫之齊也。曷為繫之齊？外之也。曷為外之？春秋為尊者諱，為親者諱，為賢者諱。」魯莊公之弟慶父，弒君（子般，莊公之子）後逃往齊國（注六四）。翌年，慶父自齊返魯。依春秋所書，竟將慶父當作了來魯的齊人。公羊說以為此處包含三重諱義：為魯閔公之被害（慶父後又弒閔公）而諱，是「為尊者諱」；為執政的公子季友（莊公之季弟）之不誅慶父而諱，是「為親者諱」（認為季友是基於「親親之義」；同時也是「為賢者（指季友）諱」）（注六五）。

2. 僖公十七年（西元前六四三年）經「夏，滅項（國名，今河南項縣東北）」。傳云：「曷為不言齊滅之？為桓公諱也。春秋為賢者諱……桓公嘗有繼絕存亡之功，故君子為之諱也。」（注六六）。

3.昭公二十年（西元前五二二年）經「曹公孫會自鄸出奔宋」。傳云：「奔未有言自者，此其言自何？畔（叛）也。畔則曷為不言其畔？為公子喜時之後諱也——春秋為賢者諱。」曹宣公卒，公子喜時以君位讓給他的庶兄負芻。事在魯成公十三年（西元前五九六年）。公孫會是喜時的後裔，據鄸邑（今山東曹縣北）以叛，事敗出奔宋國。公羊傳謂春秋不言其叛，是由於其先祖喜時有讓國之賢，故為之諱。傳又云：「君子之善善也長，惡惡也短。惡惡止其身，善善及子孫。」

十、結語

孔子之作「春秋」，意在制裁「亂臣賊子」，遏止「邪說暴行」，重整封建制度崩潰前夕日趨敗壞的倫理道德，以挽救政治危機，扶持社會秩序。但由於「春秋」文簡而義隱，當日孔門後進的高足游、夏之徒已「不能贊一辭」，後世的學者，更不易瞭解其微旨。經戰國、秦代而至漢初，鄒、夾之說失傳，左、穀之書未出，當時倘若沒有公羊傳的傳授，恐怕「春秋」早已真正淪為「斷爛朝報」（注六七）了。雖然公羊之釋經，未必能盡得孔子之原旨；其文樸拙，也無辭章之可言，但其立說謹嚴，不作怪迂之論，不憑空添加枝葉，可說不失「醇儒」本色。今日我們研求經傳，當然不至於再拘執於「家法」與「今古文」的爭議。平心而論，公羊春秋不但是「春秋」一書的功臣，即使譽之為儒學的功臣，也不為過。

【注釋】

注一、史記儒林傳語。

注二、左傳之出較晚，且以敘事為主，不重釋經。

注三、以上略據漢書藝文志。

注四、穀梁傳在公羊傳之後，曾見公羊之書。說詳清皮錫瑞「經學通論」第四冊。

注五、史、漢兩儒林傳與漢書藝文志均未提到公羊氏的名、字。藝文志「左氏傳」書目下班固自注作者姓名「左丘明」，但在「公羊傳」下只注「公羊子，齊人」。可見其時公羊之名、字已經佚失。何休序徐彥疏引戴宏云：「子夏傳與公羊高，高傳與其子平，平傳與其子地，地傳與其子敢，敢傳與其子壽。至景帝時，壽乃共其弟子齊人胡毋子都著於竹帛。與董仲舒皆見於圖讖是也。」徐彥又引春秋說（緯書）題辭云：「傳我書者，公羊高也」依戴宏之說，歷時二百餘年（史記仲尼弟子列傳云：子夏少孔子四十四歲，則其生年為西元前五二二年。即令他年壽高至百十四歲而為魏文侯師，文侯卒於西元前三八六年，漢景帝元年為西元前一五六年，其間相距已歷二三〇年）之久，而傳承只有五代，殊出於情理之外。況史遷與東漢明、章之世的班固都不知道公羊高、壽等人之名，東漢季世的戴宏（與馬融、吳祐等同時，見後漢書吳祐傳）何由得知？推想他的資料來源主要的是出自讖緯，如何可信！

注六、穀梁傳始盛於宣帝時。左氏終西漢之世不顯，直到東漢章帝命賈逵作訓詁，左傳乃興起。

注七、見史記與漢書兩儒林傳。

注八、自宋歐陽修、程大昌等以來，學者都認為行世的《春秋繁露》一書，雖未必全為董氏之舊，但大體可信，非後人所能憑空贋作。

注九、多見於今本卷七與卷十一至十四各篇。

注十、宣公十六年經：「成周宣謝災」。公羊傳云：「成周宣謝災何以書？記災也。外災不書，此何以書？新周也。」何休解詁就「新」字立論，其釋傳云：「孔子以春秋當新王，上黜杞，下新周而故宋。」意為：春秋將東周王室，降格為一個「新」的「王者之後」，與杞、宋同列。此說顯然大悖於「春秋」的尊王之義，豈是出於公羊氏的本意？案：經傳中「新」、「親」兩字常互相通假（也可能由於形似而互訛）。如尚書金縢篇「稚朕小子其新我國家」一語，宋蔡沈注云：「新當作親」；禮記大學篇「在親民」一語，朱熹注引程子（頤）云：「親當作新」。這些都是明證。公羊傳此處「新周」的「新」字，也當作「親」。蓋因魯周公是「文王之子，武王之弟，成王之叔」，曾經輔佐成王，奠立周室的基業。魯國與周室至親，淵源深厚。周室之災，不能以外災視之。公羊傳「親周也」一語，正是答「外災不書，此何以書」之問。何休將錯就錯，以致離了譜。

注一一、「春秋」以尊王為首要，所尊者正是周王，決無黜周王魯之理，見下文尊王一節。

注一二、借用何休春秋解詁序語。

注一三、見漢書本傳。

注一四、見賈逵春秋序。

注一五、見鄭玄六藝論。

注一六、稱左丘明「素臣」不知始自何人，杜預春秋序孔穎達疏亦不明其所自出。

注一七、何休：西元一二九—一八二年。

注一八、何休解詁云：「統者，始也，總繫之辭。」最後歸結說，「大一統」是言「政教之始」。何氏釋「統」是「總繫之辭」甚當，但說是「始」卻顯然未妥。許慎說文云：「統，紀也」；又周易乾卦彖辭「乃統天」，鄭玄注云：

「統，本也」。都未言有「始」義。案：「統」字的原義，是「絲之緒」，引申而為「總繫」之義。所謂「統紀」、「統緒」等複辭，都源於此。且公羊傳前文云：「元年者何？君之始也；春者何？歲之始也。」既已明白地點出了「君之始」與「歲之始」，實在沒有再暗示一個「政教之始」的必要。

注一九、見何休解詁。

注二〇、「春秋」的常例，與會的諸侯依次連續列舉。如：僖公二十一年「宋公、楚子、陳侯、蔡侯、鄭伯、許男、曹伯會於霍」是。此則將吳國另以「受格」的形式舉出，異乎常例。

注二一、見僖公三十三年左傳。

注二二、一部分與晉國毗鄰，一部分在晉國境內。

注二三、大部與秦接境，中以「義渠」為最強大。

注二四、見文公八年左傳。又哀公十七年左傳，「衛侯登城以望戎州」，直到春秋後期，今河北、河南毗鄰的一帶地區，仍有戎人聚居。

注二五、僖公四年傳。

注二六、成公十五年傳。

注二七、事詳隱公十一年左傳。

注二八、隱公三年公羊傳。

注二九、依左傳則「萊共公浮柔奔棠」，與公羊傳異。

注三十、依左傳，此閽人是俘虜的楚卒，使守舟。

注三一、見成公十七年、僖公二十四年、襄公二十六年、哀公十五年各年左傳。

注三二、孟子滕文公下篇。

注三三、左氏、穀梁均無傳。

注三四、論語先進篇。

注三五、左氏作「虢」，穀梁作「郭」，故城在今河北通縣南。

注三六、案：國君的諸弟、諸子都稱「公子」。此處「春秋」所書尚有「楚公子圍」、「蔡公孫歸生」等，其義應無不同。何獨「陳公子招」為貶辭？

注三七、莊公二十七年傳。

注三八、喪服四制篇。

注三九、莊公十九年傳。

注四十、均見桓公十一年傳。

注四一、到了魯桓公十五年（西元六九七年），世子忽（昭公）終於復位，公子突（厲公）出奔蔡。

注四二、昭公十七年傳。

注四三、僖公二十二年、三十三年傳。

注四四、公羊傳上文云：「晉人與姜戎要之殽而擊之，匹馬隻輪無反者。」

注四五、事見僖公二十二年公羊、左氏各傳。

注四六、孟子滕文公上篇。

注四七、以上大致依據朱熹集注。關於「徹」的解釋，頗有不同的說法，茲不具論。

注四八、見宣公十五年、哀公十二年解詁。古文家用司馬法，其說大異。見漢書刑法志、周禮小司徒疏引鄭玄論語注、詩小雅信南山疏引服虔注、成公元年左傳等。古文家各說又頗分歧。

注四九、孔子家語政論篇「季康子欲以一井田出法賦」，國語魯語「季康子欲以田賦」，都是此一事。

注五〇、有謂以一井八家的人民出原來「十井兵車一乘」的財物者，恐不至於驟增到如此苛重。

注五一、語出春秋繁露玉杯篇。

注五二、蝝是螽（蝗蟲）的幼蟲。

注五三、董仲舒言災異卻離不了陰陽五行。如春秋繁露精華篇云：「大旱者，陽滅陰也，尊壓卑也……大水者，陰滅陽也。陰滅陽者，卑勝尊也。日食亦然，皆下犯上，以賤傷貴者。」

注五四、孟子就認為「殺人之父者，人亦殺其父；殺人之兄者，人亦殺不兄」是理所當然的事。見盡心下篇。

注五五、詩序云，哀公「荒淫怠慢」，「好田獵，從禽獸而無厭」。

注五六、莊公四年傳。

注五七、閔公元年、莊公四年、僖公十七年、二十八年、昭公二十年等各年傳。

注五八、語出何休解詁序，意為：據亂世之史而作。

注五九、春秋繁露楚莊王篇云：「義不訕上，智不危身。故遠者以義諱，近者以智畏。畏與義兼，則世逾（愈）近而言逾謹矣。」就是此意。

注六〇、此處當是言「狩獵」而非「巡狩」。

注六一、語出何休解詁。

注六二、論語述而篇：陳司敗問昭公知禮乎？孔子曰：「知禮。」孔子退，揖巫馬期而進之，曰「……君取於吳，為同姓，謂之吳孟子。君而知禮，孰不知禮！」

注六三、依禮，婦人以姓配字。昭公夫人當稱「孟姬」。

注六四、事在莊公三十二年（西元前六六一年）。

注六五、依何休解詁。

注六六、案：左傳以為滅項者是魯國。

注六七、王安石詆「春秋」語。

春秋時代列國間的慣例

引言

我國上古時代，王朝之建立，肇於夏代，其時當已有封建的雛型。歷商而至周初，「武王克殷，成王靖四方，康王息民，並建母弟以屏藩周」（見左傳昭公二十六年）。封建制度，乃告確立。降至春秋（西元前七二二—四八一年）之世，王室式微，諸侯兼併漸起。然封建制度，仍未解體。列國間的行事，尚未盡違傳統封建政治的秩序。茲分別列敘如次：

一、比小事大

周官大司馬職掌之一為「比小事大，以和邦國」。又夏官職方氏云：「凡邦國大小相維，王設其牧。」

春秋時代國數，見於左傳者凡一百七十國（見晉書地理志序）。則西周盛世，當更不止此。古者交通不便，而邦國眾多。作為共主之天子，實難一一直接管理。故諸侯大小相維，乃事勢之不可免。尚書堯典中所謂「四岳」、「十二牧」，雖未必真有其定制與定名，但「方伯」的存在，當有其實。及至春秋時代，王綱解體，天子微弱，霸主挾德威以臨諸侯，諸侯順時命以事霸主，更為時勢之所趨。至於邦國之尤小者，無力自通於列國，必附於諸侯以達於上國，這就是所謂「附庸」。例如魯國即有須句、顓臾、鄫等國為其附庸。

大致「大字小」，有扶傾、救患、恤災、討罪諸義務。「小事大」，有朝覲、貢賦、服役、從征義務。（見左傳僖公元年）真正能夠做到「字小」的霸主是很少的。只有齊桓公號稱「遵舊典，守信義」，其功業行事，如存邢、復衛、救燕、平王室、征山戎、伐荊楚等，都很夠一代霸主的氣派與風範。因此孔子贊他「正而不譎」（見論語憲問篇），孟子也說「五霸桓公為盛」（見孟子告子下篇），都非虛語。

齊桓公歿後，形成晉、楚爭霸的局面。自晉文公以至晉平公時的「弭兵之盟」為止，凡十一君八十二年之間，晉國一直以中原霸主自居。但其造福於各小國的極少而誅求卻多。例如鄭國夾處晉、楚兩大之間，凡屬聘問、會盟，於遣使授命之際，極盡其審慎，唯恐得咎：

> 為命，裨諶草創之，世叔討論之，行人子羽修飾之，東里子產潤色之。（見論語憲問篇）

除此之外，更悉率敝賦以供職貢，仍難填大國的慾壑。鄭國的執政公孫僑先後對晉國訴苦說：

無歲不聘，無役不從。以大國之政令無常，國家疲病，不虞荐至。無日不惕，豈敢忘職？（見左傳襄公二十二年）

行理之命，無月不至，貢之無藝。小國有闕，所以得罪也。貢獻無極，亡可待也。（見左傳昭公十三年）

雖敝邑之事君，何以不免？……今大國曰：爾未逞吾志。敝邑有亡，無以加焉。……居大國之間，而從其強令，豈其罪也！（見左傳文公十七年）

再以魯國為例，晉司馬女叔侯說出良心話：

魯之於晉也，職貢不乏，玩好時至，公卿大夫，相繼於朝，史不絕書，府無虛日。（見左傳襄公二十九年）

當時他們的貢賦到底有多重？我們也可以查考到具體的數字。春秋末年，吳國崛起於東南，稱霸中原。當時魯貢於吳，歲達八百乘之多。即令是像郳那樣的蕞爾小國，也歲貢六百乘。（見左傳哀公七十三年）八百乘乃是春秋初期五霸之首齊桓公時全國的兵力（國語齊語云：桓公……有革車八百乘，擇天下之甚淫亂者先征之。）晉國稱霸時所要求於這些小國的容或較少。但即使是半數也足驚人了。

當時小國對大國的貢賦，除了財物外，竟有以人口為貢獻的：

> 晉趙鞅圍衛，衛懼，貢五百家。鞅置之於邯鄲。（見左傳定公十九年）

二、盟會

春秋時代，國之大小，已無關乎爵位之尊卑。若干始封時的大國，因地處中原核心地區，領土無法擴充，因而漸趨衰弱，如魯、衛等國是。而有些僻處要荒的小國，反因不斷地開拓而日益壯大，如秦、楚、吳、越等國是。終春秋之世，南蠻屬於楚國的範圍（吳、越之驟興，已在春秋末葉，且不過曇花一現，可置勿論），西戎則歸服於秦國，其情勢可說無所變更。只有中原地區，成為諸強爭霸的場所。爭霸之手段，在於爭為盟王。盟會之成功與否，即顯示盟主的號召力與領導力，亦即表示霸業之成敗。

晉大夫叔向說：

明王之制，使諸侯歲聘以志業，間（三年）朝以講禮，再朝（六年）而會以示威，再會（十二年）而盟以顯昭明。（見左傳昭公十三年）

但考之春秋經傳，則事實上諸侯之盟會，並無定期，且遠較此為頻。

作為諸侯的盟主，不用說必須有相當的實力為其後盾。否則，如宋襄公之不自量力，企圖爭霸，先後為「鹿上」及「盂」之盟，反被楚君執以伐宋，為天下笑。（事見左傳僖公二十、二十二年）

霸業之盛者，其主盟次數必多。「五霸桓公為盛」，二十四年之間，乃達二十六次（此依左傳所載。國語齊語稱「兵車之屬六，乘車之會三」，恐係擇要而言。）

盟會例須國君親行。但有時遣使出國聘問，因而與該國結盟的亦有之，這就是所謂「因聘結盟」。例如：魯文公十五年，宋司馬華孫來（魯）盟；成公三年晉使荀庚來聘，衛使孫良夫來聘，均別與之盟（見各該年左傳）。及至春秋後期，諸侯失政，大夫執國權，列國大夫更多私盟之事。如：魯襄公三年，魯、晉、宋、衛、鄭、齊、陳等國的雞澤之會，十六年魯、晉、宋、衛、鄭等國的湨梁之會，二十七年晉、楚等十四國的弭兵之會，昭公元年魯、晉、楚、齊、衛、陳、蔡等國的虢之會，十三年魯、晉、齊、宋、衛、鄭等的平丘之會，都有大夫的私盟（見各該年春秋經傳）

周代重宗法，親同姓，故魯大夫羽父告薛侯有「周之宗盟，異姓為後」之語（見左傳隱公十一年）。但綜觀春秋經文所載，盟會的班次合乎此義的絕少。蓋諸侯的盟會既不復秉承王命，其載書的順序，就常以與盟之國的大小為依歸，有時或竟出自主盟者的意定。

盟時刑牛馬，割耳取血塗口旁以為誓，謂之「歃血」。歃血而盟不知始於何時？（古者盟不歃血，見公羊傳三年）史稱「齊桓公衣裳之會十有一，未嘗有歃血之盟」（見穀梁傳莊公二十七年）。孟子也說：「葵丘之會，諸侯束牲載書而不歃血。」（見孟子告子下）葵丘之會是齊桓公所主盟最盛大隆重的一個盟會，尚且不歃血，可見他確是不作興這種方式的。但春秋時其他的盟會，則鮮有不歃血，此風歷戰國以至於漢代。世以「執牛耳」為主盟，事實上盟法「大國制其言，小國尸其事」（見左傳襄公二十七年孔疏）真正手執牛耳的未必就是盟主。

既盟之後，日久恐有疏懈，於是再聚會而重申前約，謂之「尋盟」。此種作法在春秋時屢見不鮮。如魯隱公二年，齊、鄭盟於石門尋盧之盟，哀公十二年魯會吳於橐皐以尋鄫盟皆是。

三、朝覲與聘問

朝覲是諸侯朝見天子或小國之君朝見大國之君。聘問則是諸侯之間或天子與諸侯之間遣使通問。朝聘的目的，在於「繼好、結信、謀事、補闕」，乃禮之大者（見左傳襄公元年）。賓方須有玉帛以為貢獻，主方則須酬以享宴與賞賜。

周官司寇大行人說：

春「朝」諸侯而圖天下之事，秋「覲」以比邦國之功，夏「宗」以陳天下之謨，冬「遇」以協諸侯之慮……時（每季）聘以結諸侯之好……間（隔年）問（小聘）以諭諸侯之志。

這是指天子與諸侯之間的朝聘之期。周禮所述，大概不過是一種「致太平」的理想制度，未見得都曾付諸實施。在那個交通不便的時代，「時聘」、「間問」大致還行得通。但如果規定每年朝天子四次（春朝、秋覲、夏宗、冬遇），對一個封地偏遠的諸侯來說，卻恐怕絕難辦到。

關於諸侯之間的朝聘，司寇大行人說：

凡諸侯之邦交，歲相問也，殷相聘也，世相朝也。

據此，諸侯之間，每年小聘（問）一次，大聘則盛大（依左傳昭公九年杜預注，訓「殷聘」為「盛聘」）舉行，並無定期。至於相朝，則一個世代只有一次。也就是說，只有易君之際始相朝。但春秋時晉大夫叔向的說法卻又不同，他說：

明王之制，使諸侯歲聘以志業，間（三年）朝以講禮，再朝（六年）而會以示威。

或者西周盛時，曾有此制。

春秋時諸侯朝聘的期間，視霸主的要求而定。以稱霸最長的晉國為例，鄭大夫游吉（子太叔）曾說：

昔文、襄之霸也，其務不煩諸侯。令諸侯三歲而聘，五歲而朝。

文、襄以後各君的要求就並不如此寬厚了。我們不難從前文鄭子產所說的「無歲不聘」，與晉女叔侯「公卿大夫，不絕於朝」等語體察出來。

大凡大國之君即位時，小國之君往朝。小國之君即位時，則往朝於大國，大國只須遣使往聘，作為回報。等對之國，國君即位，只須交相遣使聘問。例如：魯襄公即位，邾子來朝，衛國遣使來聘。襄公往朝晉，而晉亦只遣使來聘。（見左傳襄公元、三年）吳王餘祭初即位，使公子季札歷聘魯、齊、鄭、衛、晉諸國。（見左傳襄公二十九年）

春秋時代，列國之強弱既有等差，故不但晉、楚、齊、秦諸超級強國受小國之朝，即以魯國之弱，也有滕、薛、杞、鄧、邾、郜之類的三等國來朝。（見左傳隱公十一年、桓公二年、七年、九年、十五年、僖公二十年等）

天子遣使聘問於諸侯的事例亦有之。如魯隱公九年，周王使南季聘魯；僖公三十年，使宰周公聘魯；定公八年，使劉康公聘魯均是。其聘於他國，而不載於春秋經傳的想必亦多。

依禮，天子畿內之大夫，雖有采邑（所謂「寰內諸侯」），若無王命，也不得出會諸侯。魯隱公元年冬，周卿士祭伯朝於魯，這是違反常禮的例外，頗受譏評。（見左傳與穀梁傳隱公元年）

四、征伐

孔子說：

天下有道，則禮樂征伐，自天子出。天下無道，則禮樂征伐，自諸侯出。（見論語季氏篇）

魯大夫叔孫穆子也說：

天子作師，公帥之以征不德。元侯（大國之君）作師，卿帥之以承天子。（見國語魯語下）

故周代的定制，諸侯雖亦有其建制的軍隊，但用兵仍須秉承天子之命，不得自專。春秋初期，此義猶未盡失。周桓王時，鄭莊公為左卿士，宋君不供王職，鄭伯以王命會齊、魯伐宋。（見左傳隱公九、十年）其後，宋背北杏之盟，齊桓公會諸侯伐宋，仍請師於周。這並非兵力不足，不過表示承王命以行討而已。（見左傳隱公十四年）但自此以後，就連這種形式上的尊王禮貌也少見到了。

凡諸侯聯軍作戰，必有「主兵」之國。主兵者不必大國，以發起之國當之。如魯隱公五年，宋人取邾田，邾人告於鄭，鄭以王師會之伐宋，仍由邾主兵。莊公十五年，宋人會齊、邾伐郳，十六年宋人會齊、衛伐鄭，雖其時齊桓公霸業正盛，然以兩役均宋人發動，故仍由宋主兵。

周代的定制：「諸侯有四夷之功，則獻於王，王以警於四夷，中國則否。諸侯不相遺俘。」（見左傳莊公三十一年）然在春秋之世，諸侯之間互相獻捷、遺俘之舉卻數見不鮮。如：魯莊公三十一年齊侯獻戎捷於魯（戎為齊、魯之共患）；僖公二十一年楚伐宋，使宜申赴魯獻捷；襄公八年邢丘之會，鄭獻伐蔡之捷於會；定公六年，魯使季桓子獻鄭俘及所取之匡邑於晉；哀公十一年，吳獻齊俘於魯等，均見各年春秋經傳。

諸侯越境征伐，往往由所經之國供應餉餽軍用，這就是所謂「為主」。當然，不論是脅之以威或誘之以利，在原則上總要先取得對方的同意。齊桓公欲圖霸業，管仲建議「南伐以魯為主，西伐以衛為主，北伐以燕為主」，並主張先反此三國的侵地，以結其好。（見國語齊語）秦伐鄭，蠋之武見秦師，「請舍鄭以為東道主」（見左傳僖公三十年）。也有由於共同的利害，自願為他國之「主」的。衛、鄭兩國有隙，衛州吁告宋：「君若伐鄭以除君害，君為主敝邑，以賦與陳、蔡從，則衛國之願也。」（見左傳隱公四年）

五、滅國與繼絕

禮記樂記云：

武王克殷，反商，未及下車而封黃帝之後於薊，封堯之後於祝，帝舜之後於陳。下車而封夏后氏之後於杞，殷之後於宋。

周之代殷，頗以這些「興滅繼絕」的德政獲得人心的歸順。故論語堯曰篇云：

周有大賚，善人是富。……興滅國，繼絕世，舉逸民，天下之民歸心焉。

尚書大傳述有「舉滅繼絕」的具體辦法：

古者諸侯受封，必有采地。百里諸侯以三十里，七十里諸侯以二十里，五十里諸侯以十五里。其後子孫雖有罪黜，其采地不黜。使其子孫之賢者守之世世，以祠其始受封之人，此之謂「興滅國，繼絕世」。（又見韓詩外傳卷八）

直到春秋時代，這種采地不黜的作法，還隱約有其遺跡可尋。滅人之國者，總免不了要先找一個伐罪的藉口。而且被滅的諸侯，往往仍得保全其宗祀。如：晉之滅虞，仍修其祀，歸其職貢於王。（見左傳僖公五年）齊之滅紀，紀侯之弟得以酅邑入齊為附庸，保其宗祀。（見左傳及公羊莊公元至四年）也有先滅其國，旋又復之者。如：齊滅衛，終因魯之請復其國。（見左傳僖公二十八、三十年）楚滅陳、蔡，亦從諸侯之請而復其國。（見左傳昭公八、十、十三年）也有破其國而反其君者。如：魯伐邾，取須，反其君。（見左傳僖公二十二年）凡此都可說是周代興滅繼絕精神的緒餘。

六、過境假道

儀禮聘禮載過境假道的儀節甚繁。春秋時列國間對此仍極重視。無論聘問、征伐，過他國之境必須假道。晉獻公時，雖行將滅虞，仍以「屈產之乘，垂棘之璧」假道於虞以伐虢。（見左傳僖公二年）晉文公時伐曹，假道於衛。不許，乃還自河南而濟。（從汲郡南渡，繞道出衛南而東。見左傳及杜注僖公二十八年）。楚莊王遣申舟取道於宋以聘齊，故意使不假道於宋以激之。宋華元說：「過我不假道，是鄙我也。鄙我，亡也。」乃不惜冒亡國之險而殺申舟。（見左傳宣公十四年）晉厲公時，使申公巫臣於吳，過莒。莒雖微不足道，仍依禮假道而過。（見左傳成公八年）魯定公時出兵侵鄭，過衛不假道，衛靈公使彌子瑕追之。（見左傳定公六年）

按理，「溥天之下，莫非王土」，天子之使過諸侯國境，應無須假道。但事實上春秋時代並非如此。周定王使單襄公聘楚，不但仍假道於陳，而且陳靈公竟對天子之使怠不為禮。（見國語周語）

七、救災恤鄰

依禮，國有飢饉，由卿赴鄰國「告糴」，鄰國在道義上應給予救助。此種行事，在春秋時尚不鮮見。魯隱公六年，京師飢饉，魯君因已力不足，為之請糴於宋、衛、齊、鄭各國。魯莊公二十八年，魯國發生飢饉。臧文仲以國卿的身分，備鬯、圭、玉、磬四樣重禮赴齊「告糴」。齊人歸其玉而予以糴。晉惠公時，國有大飢，麥禾皆不熟。當時秦、晉的關係正在低潮，但秦穆公說：「其君是惡，其民何罪？」仍救濟了大批的穀物，經由渭水、黃河、汾水，遠從秦都雍運抵晉都絳。這就是春秋史上有名的「汎舟之役」。（以上三事，分別見於左傳隱公六年、莊公二十八年、僖公十三年）

八、赴告

國有大事，則遣使赴告於諸侯——尤其是同盟之國，因此各國的國史得以記有他國之事。最重要的赴告事項之一是國君的薨逝與下葬。其他如：魯隱公八年，齊僖公使使來（魯）告成（媾和）宋、衛、鄭三國；九年，鄭以王命來告伐宋；僖公四年，晉獻公殺太子申生，也赴告於魯。（以上各事，分別見於各年左傳）

九、婚媾

周代本有同姓不婚之禁。禮記大傳說：

繫之以姓而弗別，綴之以食而弗殊，雖百世而昏姻不通者，周道然也。

在春秋時代，有些重禮的士大夫仍深以同姓締婚為非。鄭國的叔詹說：「男女同姓，其生不蕃。」（見左傳僖公二十三年）周太史史伯也說：「和實生物，同則不繼……於是乎先王聘后於異姓。」（見國語鄭語）不僅國君的正配要聘於異姓，就是妾媵也不可出於同姓。鄭子產說：「內官（宮嬪）不及同姓，其生不殖。美先盡矣，則相生疾。」（見左傳昭公元年）從這些異口同聲的言詞裏，不難看出周代「同姓不婚」之禁，原是基於優生的理由，頗有見地。但到了春秋時代，世系流傳既遠，血緣關係已趨淡薄，有些國君也就不太拘守此種禁忌了。如：晉獻公娶驪姬，驪戎亦同為姬姓之國；（見左傳莊公二十八年）晉平公的宮嬪之中，有四個姬姓的；（見左傳昭公元年）魯昭公娶於吳曰「吳孟子」，吳之先為泰伯，亦出姬姓。（見左傳哀公十二年與論語述而篇）

諸侯嫁女，各友邦常以姪、娣為媵（陪嫁），尤以同姓之國為然。例如：魯成公之姊（或妹）嫁為宋共公夫人，晉、衛、齊等國均來媵（見左傳成公八、九年）這在當時也是一種通行的習俗。

十、會葬

諸侯薨逝，要遣使赴告於同盟之國，各國則要遣使前往會葬，通常國君不親行。魯惠公（隱公與桓公之父）之喪，衛桓公親來會葬（見左傳隱公元年），這是罕見的例外，古人譏其非禮。

十一、結論

周代的封建制度，原是以宗法制度為骨幹，二者相輔並行。故「周公兼制天下，立七十一國，姬姓獨居五十三人。」（見荀子儒效篇）但是到了春秋時代，一則由於王室式微，已失其統御與羈縻的力量，二則由於同姓與姻婭之國，因傳久而關係疏遠，更因若干宗親上國如魯、衛、鄭等的日漸陵替，以致宗法精神，不再受重視，封建體制，開始動搖。而列國間的行事，也在逐漸打破傳統，不斷嬗變。

一方面，周天子對諸侯縱的統合力量既消失殆盡，另一方面，諸侯間橫的連繫卻相對地加強。同時，列國間的蠶食併吞也由此而起。更由於列國間盟會、朝聘、攻伐等行為的頻仍，交通隨之而發達，工商業隨之而繁興，社會結構亦隨之而嬗變。時代不斷地發展，乃經由戰國的擾攘而臻於秦代的大一統。這種演進的軌跡，不難循此追尋。

春秋時代的民意表現

一、

我中華民族的先民，在太古時代，由於農業發展的趨勢，逐漸凝聚為一個高度的社會組織。國家的雛型，即由此孕育而成。這就是所謂以農立國。（注一）也就因為以農立國之故，我中華民族在先天上具有兩項顯明的特性：一是愛好和平，一是以民為貴。

古文尚書夏書五子之歌說：「民為邦本，本固邦寧。」（注二）國語周語引夏書也說：「后非眾，無與守邦。」商王盤庚在遷都的前後，一再曉諭人民，希望獲得諒解與支持。並且說：「國之臧，則惟女（汝）眾。」（注三）可見早在夏、商兩代，這種「民本」思想，已經成為君主們所奉持的圭臬。

到了周代，更進而認為民意代表天意。尚書泰誓篇說「天視自我民視，天聽自我民聽。」又說：「民之所欲，天必從之。」（注四）故周代雖普遍實施封建制度，貴族與庶民間的等級截然畫分，但仍極為重視「親民」、「仁民」的政治道德。除了極少數的暴君外，大都能夠尊重民意，承認人民是決定政治的力量。

周厲王在位時，「暴虐侈傲」，國人謗王。王使「衛巫」監謗，國人不敢復言。召公諫王說：「防民之口，甚於防川。……夫民慮之於心而宣之於口，……若壅其口，其能與幾何！」厲王不聽，終於被國人流放。（注五）這時周室的統治未衰，而國人竟能放逐天王，其時民意的力量，由此可見一斑。

二、

春秋時代，周室式微，諸侯各自為政。但列國的民意表現，仍舊極為開放。庶民對於國君或執政的卿大夫，常有大膽的批評。不論是贊美或是譏刺，多以謳歌的方式出之。

鄭國公孫僑（子產）執政時，鄭人游於鄉校以論執政。人勸子產毀鄉校，子產不肯，並說：「夫人朝夕退而游焉，以論執政之善否。其所善者，吾則行之；其所惡者，吾則改之。是吾師也。」（注六）這是何等闊大的胸襟！

子產厲行「田有封洫，廬井有伍」的新政，並且「獎忠儉，抑泰侈」，不免開罪了許多人。初時有些見識淺短的民眾謳歌說：「取我衣冠而褚之，取我田疇而伍之。孰殺子產，吾其與之！」及至三年有

成，大家蒙受利益，於是又贊頌說：「我有子弟，子產誨之；我有田疇，子產殖之。子產而死，誰其嗣之！」（注七）

後來由於鄭國的國用不足，子產恢復了舊有的「丘賦」，因而加重了國人的稅負。於是庶民又作謗語說：「其父死於路（注八），已為蠆尾以令於國，國將若之何！」子產雖不改其政令，但對那些用惡毒的口氣咒罵他的庶民，也並不加罪。（注九）

當然，鄭子產是春秋時代有名的賢大夫，其虛已從善的美德是不用說的。我們再看看其他的例子。宋國的華元領兵拒戰鄭師，兵敗被俘逃歸。其後監工築城，夫役們當面謳歌嘲笑他說：「睅其目，皤其腹，棄甲而復！」初時華元仍叫他的「驂乘」以歌答辯，繼而見對方人多口雜，也就只好裝聾作啞，不再理會（注一〇）。雖以華元地位之崇，權勢之盛，竟甘作大眾譏嘲的對象而無可如何。

魯襄公四年，為了援救一個叫鄫的附庸國，派大夫臧紇領兵伐邾。被邾擊敗於「狐駘」地方，傷亡頗重。國人痛心之餘，謳歌說：「臧之狐裘，敗我於狐駘。我君小子（其時襄公幼弱），朱儒是使（臧紇矮小）。朱儒，朱儒，敗我於狐駘。」（注一一）臧紇自慚喪師，挨了罵也只好忍氣吞聲。

晉國遭驪姬之亂，獻公既歿，逃亡在外的公子夷吾，向國內當權的大夫里克、丕鄭二人行賄，許以汾陽、負蔡之田。又答應以「河外五城」之地割給秦國。因而得立為君，是為惠公。他即位以後，竟食言而「背內外之賂」。民眾謳歌說：「佞之見佞，果喪其田（指里、丕二人）；詐之見詐，果喪其賂（指秦穆公）；得之而狃，終逢其咎（言惠公無信，終必獲咎）；喪田不懲，禍亂其興（言里、丕二人不改其行，終必招禍）。」果然，其後里、丕二人因懷恨惠公，陰謀與秦國改立公子重耳（後來的晉文公），事洩為惠公所殺。而惠公也以背德見伐，為秦所敗。竟一一言中。（注一二）

楚靈王跟前有個叫「白公子張」的諍臣，曾說：「齊桓、晉文……不敢淫逸。心類德音，以德有國。近臣諫，遠臣謗，輿人（眾人）誦，以自詰也。」（注一三）春秋時的一些賢君，頗不乏以這類「輿人」的芻蕘之言作為座右銘的。至於一般中主，也很少敢於冒大不韙去殺戮非議國政的庶民。

三、

詩經的十五國風，很多是春秋初、中葉的民歌，其中也有不少發抒民意的篇什。例如：鄘風定之方中，就相傳是衛人讚揚衛文公勤政愛民的詩（注一四）；秦風終南，是秦人稱美秦君的服裝儀容的詩（注一五）。當然，在詩經裏，庶民發洩怨憤不滿之情的作品也很多。例如：魏風伐檀的「不稼不穡，胡取禾三百廛兮，不狩不獵，胡瞻爾庭有縣（懸）貆兮！」之句，就是庶民對於那些「四體不勤，五穀不分」，而坐享其成，養優處尊的貴胄子弟們的指責。還有鄘風相鼠篇，把那些「望之不似人君」的貴族們，罵得更慘。原詩云：「相鼠有皮，人而無儀。人而無儀，不死何為！相鼠有齒，人而無止。人而無止，不死何俟！相鼠有體，人而無禮。人而無禮，胡不遄死！」

似乎那時的庶民，最愛將一些不德的貴族比作老鼠。魏風碩鼠篇就是另一個例子：「碩鼠，碩鼠，無食我黍！三歲貫（慣）女（汝），莫我肯顧。逝將去女，適彼樂土。樂土，樂土，爰得我所。」（三章錄一）這個農夫，把他的領主比作一隻大老鼠。聲稱在受夠了三年的剝削欺陵之後，要離開他另找一片樂土去安身。原來周代有一種「三年大比」的制度。每逢三年一度舉行「大比」的時候，庶民只要是未犯罪的，都可以自由遷居他鄉，甚至是異國，不受任何限制（注一六）。這種自由遷居的情形，到了春秋戰國時代，更為普遍（注一七）。

像這一類的「里巷歌謠」，也代表著當時一部分的民間輿論。但是「言之者無罪，聞之者足戒」（注一八），而且在周代的盛世，還要採陳於天子以觀民風哩（注一九）！

四、

綜上所述，我們可以瞭解：我國自夏、商以至於春秋時代，統治階層都一致公認民意是不可輕視的社會與政治力量。只就春秋時代來說，在民眾的一方面，其意志的表現也極為坦率，無所顧忌。其時貴族與庶民之間之所以能夠維持相當和諧的關係，未始不是由於民意表現的自由與普及，並且受到重視之故。及至戰國，諸侯務在強兵并敵，天下擾攘。這時除了游士們縱橫捭闔的舌辯蜂起之外，一般疲敝困頓的士民，就難有吐露心聲的機會。進而至於秦始皇統一六國，更厲行專制，「偶語詩書者棄市，以古非今者族」，至此，民間輿論就被徹底扼殺了。但其後自西漢以至南宋的一千四百餘年間，大體說來，歷代都未曾箝制民間輿論。倒是近古明、清兩代的君主專制，極為苛刻。君極尊而臣極卑，官極尊而民極卑。君主的忌諱既多，士民動輒以言語文字招致殺身滅族之禍。因此，除了少數冒死進言的朝官外，平民敢於議論時政的絕少。這種情況，直到滿清傾覆才告終止。此點近代史家多有言及，已非本文討論的範圍了。

【注釋】

注一、司馬遷作史記，雖自黃帝肇始，但仍上溯至神農氏，未始非此之故。

注二、今本古文尚書的真偽姑置不論，其所包含的古代思想大致是可信的。

注三、見尚書盤庚篇。

注四、後者見國語周語引述，今本古文尚書無此言。

注五、見國語周語上。

注六、見左傳襄公三十一年。

注七、見左傳襄公三十年。

注八、子產之父子國為尉氏所殺。

注九、見左傳昭公四年。

注一〇、見左傳宣公二年。

注一一、見左傳襄公四年。

注一二、見左傳僖公九—十四年及國語晉語二、三。

注一三、見國語楚語上。

注一四、衛文公大布之衣、大帛之冠。務材訓農，通商惠工，敬教勸學，授方任能。元年革車三十乘，季年乃百乘。事見左傳閔公二年。

注一五、毛序云：「終南，戒襄公也。能取周地，始為諸侯，受顯服。大夫美之，故作是詩以戒勸之。」但事實上通篇不過是描述國君的服飾儀容，並無「戒勸」之詞，也未見得是出自大夫之口。

注一六、見周官地官小司徒與鄉大夫。

注一七、如管子所說的「外之人來從而未有田宅者」，以及孟子滕文公上、公孫丑上、萬章下諸篇所說的「氓」，都是指這種外來的移民。

注一八、毛序中語。

注一九、采詩、陳詩之制，見漢書食貨志與禮記王制篇。

戰國時代的寓言與隱語

一、辭辯之盛行

上古之人，言辭質樸，我們可以從書經各篇的文字看出來。到了春秋時代，列國交涉漸頻。遣使聘問，折衝尊俎之間，就逐漸重視辭令。但其時也只是求其文雅得體而已。晉文公為公子時，遭驪姬之禍，逃亡在外。秦穆公享宴他，晉文公本來打算要子犯陪同。子犯說：「吾不如（趙）衰之文也，請使衰從。」（見左傳僖公二十三年）所謂「文」，「誦詩三百」就是必須具備的主要條件。因為享聘之際，賓主之間往往少不了要「賦詩」以表達意思的。

到了戰國時代，游士蜂起。他們為了要在交淺言深的情況之下，坐談之間，博得人主的信任，以取卿相之位，不得不刻意講求舌辯的技巧。而百家爭鳴，各是其是，各非其非，也必須藉反覆辯說以明理。由於戰國辭辯的盛行，一方面掀起了政治與社會發展的狂飈，另一方面也激起了學術思想的突飛猛進。

百家之中，道家的老子主清靜無為，故同時鄙棄辭說。（後來的莊周楊朱等就有所改變）老子一再地說：「知（智）者不言，言者不智」（見老子下篇第四十九章），「信言不美，美言不信；善者不辯；辯者不善」（見老下篇第六十八章）。法家只重功利，以為虛言無益，因而也反對多言。我們可以拿韓非子作代表，他說：「好辯而不求其用，濫於文麗而不顧其功者，可亡也。」（見韓非子亡徵篇）又說：「夫不謀治強之功，而艷乎辯說文麗之聲，是卻有術之士，而任壞屋折弓也。」（見外儲說左上篇）但同樣崇尚事功的墨家，卻極為重視辯說。墨子說：「辨（辯），爭彼也。辨勝，當也。」（見墨子經上篇）又說：「夫辨者，將以明是非之分，審治亂之紀，明異同之處，察名實之理，處利害，決嫌疑焉。摹略萬物之然，論求羣言之比。」（見小取篇）墨子書中，更有很多探究談話藝術與論辯方法的章節，如非命篇的「三表」，小取篇的「明故」等都是。（學者有謂墨子之經上下與小取等篇，都是晚出的「談辯墨家」所作的。見羅根澤墨子探源一文。原載中央大學文史哲季刊一卷一期）儒家也重視辯說。孟子不但不否認自已好辯，並且說：「能言距楊墨者，聖人之徒也。」（見滕文公下篇）荀子也說：「不好言，不樂言，則非誠士也。」又說：「君子必辯，君子之於言無厭。」（均見荀子非相篇）

戰國時代的談士，更常運用寓言與隱語以增加言辭的吸引力與說服力。茲分別探討如次。

二、寓言

中國古代的所謂寓言，其性質略異於西洋的寓言（Fable）。後者以古希臘的伊索寓言為祖。其中人物，多數是經過擬人化的動物或是無生物。特別著重於其內容所暗示的教訓作用。而中國古代的寓言，卻常以人為主角。其主要目的也不在於直接的教訓，而在於使自已的論點，能夠易為他人所瞭解、相信而加以接受。

這種寓言，大致可分為兩類：一類是假借他人的說辭以表達自已的意念，一類是用比喻。前者如莊子自言「寓言十九，藉外論之。」（見莊子寓言篇）所謂「藉外論之」，就是假借他人之言以明其理。後者的作用，以戰國的雄辯家惠施解釋得最透徹。劉向說苑云：

梁王謂惠子曰：「願先生言事則直言耳，無譬也。」惠子曰：「今有人於此而不知彈者，曰，彈之狀若何？應之曰，彈之狀如彈，則喻乎？」王曰：「未喻也。」「於是更應之曰，彈之狀如弓，而以竹為弦，則知之乎？」王曰：「可知也。」惠子曰：「夫說者固以其所知諭所不知，而使人知之。今王曰無譬，則不可也。」

最愛運用寓言的要算莊周。他常假託黃帝、堯、舜、孔子以及孔門弟子之言來支持自已的論點，而且是隨意杜撰，並不要甚麼依據。孟子的言論可說是最為嚴正了。但也常用寓言。如「今有人日攘其鄰人之雞者」（見滕文公下），「齊人有一妻一妾……之東郭墦間之祭者，乞其餘」（見離婁下）皆是。後人有打油詩譏嘲他說：「乞食墦間娶兩妻，鄰人那得許多雞？」大約他在編造或使用這些寓言時，常是不假思索，脫口而出。因此也未曾十分考慮他們的合理性。

縱橫家的人物，多擅長於用比喻。我們只要一翻開戰國策，就隨手可得。例如：蘇厲以養由基善射勸止白起攻梁（見西周策）；齊客以大魚失水之喻諫靖郭君城薛（見齊策一）；陳軫以「畫蛇添足」之喻解昭陽攻齊之兵（見齊策二）；楚襄王不顧國政，莊辛以蜻蛉黃雀為喻使他聳然動容（見楚策四）、燕昭王招賢，郭隗藉「五百金買死馬」的寓言以自薦。（見燕策一）趙惠王欲伐燕，蘇代以「鷸蚌相爭」的比喻勸他息兵。（見燕策二）這些都是很好的例子。

三、隱語

戰國的滑稽者流最慣用「隱語」。隱語就是後世謎語的起源，最早還可以上溯到春秋時代的所謂「廋」。國語晉語云：

范文子暮退於朝。武子曰：「何暮也？」對曰：「有秦客廋於朝，大夫莫之能對也，吾知三焉。」

這「廋」就是隱語。以一個他國的使臣，居然在朝堂上用隱語難倒地主國的公卿大夫，由此可見春秋後期列國間外交辭令的改變，不但不再作興賦詩，而且開始運用一些詭譎狡黠的說話技巧了。漢書藝文志雜賦家中著錄隱書十八篇。顏師古注引劉向別錄云：「隱書者，疑其言以相問。對者以慮思之，無不諭。」寓言雖然有時也用比喻，但只是用作引子，隨後仍要點明主旨，言歸正傳。而隱語卻不然，它要留待對方「以慮思之」，自已去領會其中深意。這似乎較寓言有更高的效用。

齊威王時的淳于髡，可說是此中高手。史記滑稽列傳云：

齊威王之時喜隱，好為淫樂，長夜之飲，沈湎不治，委政卿大夫。百官荒亂，諸侯並侵，國且危亡，在於旦暮。左右莫敢諫。淳于髡說之以隱曰：「國中有大鳥，止王之庭。三年不飛，又不鳴。王知此鳥何也？」王曰：「此鳥不飛則已，一飛沖天；不鳴則已，一鳴驚人。」……於是乃朝諸侯令長……奮兵而出，諸侯震驚。

後來齊國受楚國攻擊，威王遣淳于髡「齎金百斤，車馬十乘」赴趙國求救。淳于髡「仰天大笑，冠纓索絕」。威王問故，他回答：「今者臣從東方來，見道旁有禳田者。操一豚蹄、酒一盂而祝曰：甌窶滿篝，汙邪滿車。五穀蕃熟，穰穰滿家。臣見其所持者狹而所欲者奢，故笑之。」於是威王增為「黃金千鎰，白璧十雙，車馬百駟」，終於借到了「精兵十萬，革車千乘」。楚人知道了，引兵而去。（並見滑稽列傳）春秋戰國時的優伶，是國君身邊供作逗笑取樂的「弄臣」，說話最無禁忌，因此也常有用隱語向國君進諫的。茲不贅述。

四、寓言與隱語對文學的影響

寓言與隱語的應用，不僅促進了戰國時代談話藝術的進步，而且對於純文學的發展，也有深遠的影響。屈原的離騷等賦，「依詩取興，引類譬喻。故善鳥香草，以配忠貞；惡禽臭物，以比讒佞；靈修美女，以媲於君；宓妃佚女，以譬賢臣；虯龍鸞鳳，以託君子；飄風雲霓，以為小人。」（見王逸楚辭章句序）這些都是用的比喻。而荀卿所作的「禮」、「知」、「雲」、「蠶」、「箴」五篇賦，都用隱語以相問答。茲以蠶賦為例：

> 有物於此，蠡蠡兮，其狀屢化如神。功被天下，為萬世文。禮樂以成，貴賤以分。養老長幼，待之而後存。名號不美，與暴為鄰。功立而身廢，事成而家敗。弃其耆老，收其後世。人屬所利，飛鳥所害。臣愚不識，請占之五泰。

以上是以隱語設問。回答也用隱語：

五泰占之曰：此夫女身好而馬首者歟；屢化而不壽者歟；狀善而拙老者歟；有父母而無牝牡者歟；冬伏而夏游；食桑而吐絲。……

這篇賦直到末了才揭開謎底：「夫是之謂蠶理」。這可說已將隱語的運用，發揮到了極致。以寓言與隱語用於文學作品之風，一直影響到西漢之初。賦是漢代文學的主流。其初期的作家之中，如賈誼的鵩鳥賦借鵩鳥來發抒胸中的塊壘，司馬相如的上林賦借「亡（無）」是公的話以諷諫漢武帝的耽於游畋。這些可說都是屈賦與荀賦運用寓言、隱語的流風餘韻。

漢初抑商政策的偏差

尚書洪範八政，以食、貨居首。「食謂農殖嘉穀，可食之物；貨謂布帛可衣，及金刀龜貝，所以分財布利，通有無者也」。「食」與「貨」（所謂貨包含食以外的民生物資與通貨）同是「生民之本」，並無軒輊。

至於社會上的「四民」——「學以居位曰士，闢土殖穀曰農，作巧成器曰工，通財鬻貨曰商」——也都各專其業，同樣受到重視。（以上略見於漢書食貨志）可見中國上古時代，根本沒有「重穀輕貨」與「重農輕商」的觀念。

春秋、戰國時代儒家的經濟主張，也一直是農、商（含工）並重。孔子的高足端木賜（子貢），「不受命而貨殖」，「廢著鬻財於曹、魯之間……結駟連騎，束帛之幣，以聘諸侯。所至國君無不分庭抗禮」。其多金善賈乃至如此之盛，而孔子對他最為器重。可見孔子未嘗輕視商賈。孟（軻）、荀（況）二家的思想，在他方面雖頗有歧異，但關於強調「耕者什一」以便農，同時也強調「關市譏而不征」以便商的主張（見孟子梁惠王下篇與荀子王制篇等），卻異口同聲，如出一轍。足見儒家的立場是「重農而不輕商」。

推尋我國歷史上抑商思想的萌芽，最早當見於管子輕重篇中，齊桓公與管仲的對話。「桓公曰：吾欲殺正商賈之利，而益農夫之事，為之有道乎？管仲對曰：粟重而萬物輕，粟輕而萬物重，兩者不衡立。故欲殺正商賈之利，而益農夫之事，則請重粟之價金三百（倍）。若是，則田野大辟，而農夫勸其利矣。」

齊國早自姜尚之受封，就「因其俗……通商賈之業，便魚鹽之利」（見史記齊太公世家），商業原較其他列國發達得早。因此到了春秋初期，商賈的勢力，便已開始膨脹到侵陵弱勢的農夫。齊桓公與管仲所採取的對策，只是藉「重粟」以勸農，仍不失為一種相當溫和的作法。

戰國初期，李悝為魏文侯作「盡地力之教」，務「使民（指士、工、商三者）無傷而農益勸」（見史記貨殖列傳）。他的作法是改良耕作技術，增進產量，因而提高農人的利益。這也是重農而不抑商。

到了衛鞅佐秦孝公變法（始於西元前三五九年），開始厲行「農戰」政策。他的各項措施之中，諸如。加重課徵商稅，限制對商賈的糧食供給，限制商賈使用僕役的人數（「使商無得糴，農無得糶」，「貴酒肉之價，重其租」，「使軍市無得私輸糧者」，「重關市之賦」，「以商之口數使商，令之廝輿徒重者必當名」。（皆見商君書墾草令篇）等，其對付商人的手段，可說十分苛嚴。

秦自孝公起，歷經惠文王、武王、昭王、孝文王、莊襄王，直到始皇親政前的一百二十餘年（大致為西元前三五九—二三七年）之間，一直是極端的「重農輕商」（其實秦國對於農民所施行的是強迫農業勞動與服兵役的政策，並非真正的重農）與「重粟輕貨幣」（商君書去彊篇云：「金一兩生於竟（境）內，粟十二石死於竟外；粟十二石生於竟內，金一兩死於竟外。國好生金於竟內，則金粟兩死，倉府兩虛，國弱。國好生粟於竟內，國彊。」）

秦始皇親政後，情況似乎曾經有所改變。當時秦國烏氏縣（今甘肅平涼縣西北）有一個名叫倮的富豪，以畜牧起家。始皇「令倮比封君，以時與列臣朝」。巴蜀有一個名叫清的寡婦，世代開採丹砂，成為鉅富。始皇待以客禮，並為她建了一座「女懷清臺」，表示榮寵（均見史記貨殖列傳）。秦始皇一反百餘年來輕商的「祖法」，而對這些富豪加以優禮異數，其故安在？

秦始皇即位後十年（西元前二三七年），罷黜相國呂不韋而親政。用大梁人尉繚之策，開始以鉅金（尉繚有「不過亡三十萬（鎰）金，則諸侯可盡」之語。見史記秦始皇本紀）賄賂列國的「豪臣」，離間其內部，以加速併吞六國的大業。推想當時所花費的鉅金，其中必有出自秦國富豪獻納的。秦王對於這些慷慨捐輸的富豪當然不得不賜與一些惠而不實的「殊恩」。但這總不過是一時權宜的手段，而且受到優禮的究屬極少數，嬴秦輕商的基本國策始終無所變更。因此，六國既滅，始皇三十三年（西元前二一四年）征南越之役，仍將「賈人」視同「逋亡人」、「贅壻」等罪犯與賤民，徵發遠征。

漢興，政治大抵因襲秦代。其輕商政策，也不例外。漢高祖平定天下之初，即「令賈人不得衣絲乘車，重租稅，以困辱之」。惠帝、高后時稍寬商賈之禁，但仍限制「市井子孫不得為官吏」。到了武帝，又規定「賈人有市籍及家屬皆無得名田」。（以上均見漢書食貨志）更有進者，天漢四年（西元前九七年），武帝徵發出征朔方的所謂「七科讁」（見史記大宛傳與漢書武帝紀。所謂「七科讁」是：吏有罪、亡命、贅壻、賈人、故有市籍、父母有市籍、大父母——祖父母——有市籍）之中，本人以及三代內曾有「市籍」（賈人）的竟居其四，其對商人的折辱與打擊可說是無以復加了。

殊不知工商業的繁興是經濟發展的自然趨勢，不是徒以統治者的權威所能壓抑得住的。因此一般富商鉅賈，「轉轂廢居，冶鑄鬻鹽，財累萬金」。不但一般封君列侯有急用時都「氐（低）首仰給」，受他們的重利盤剝，甚至天子賑濟災民，都要向他們稱貸（「七國兵起時，長安中列侯行從軍旅，齎貸子錢……無鹽氏出捐千金貸，其息什之」。見史記貨殖列傳。又，「山東被水災，民多飢乏。於是天子使虛郡國倉廩以振貧。猶不足，又募豪富人相假貸」。見漢書食貨志。此「豪富人」中，必不乏商賈）。

漢武帝多事於四夷，北伐南征，所耗資財無數，以致府庫空竭。為了開闢財源，百般聚斂，無所不用其極。

百家之術，儒家力主「薄賦斂」。長於理財者，莫過於法家。本來武帝於即位之初，就曾明令禁止治法家與縱橫家的士人應舉（漢書武帝紀建元元年：「丞相（衛）綰奏：所舉賢良，或治申、商、韓非、蘇秦、張儀之言，亂國政，請皆罷。奏可」）。至此，不得已而打破呂后以來「市井子孫不得為官吏」的禁令，擢用專長於「逐利」的商賈來擔任朝中主管財政經濟的要職，執行開源、興利的使命。例如：任「大農丞、領鹽鐵事」的東郭咸陽原是齊國的「大鬻鹽」；同官的孔僅是南陽的「大冶」；以「心計（算）」的專長受知，年僅十三就充任侍中之職的桑弘羊也是「賈人之子」。他們都是「言利事析秋毫」，為武帝設計與推行了不少開闢財源的新法，諸如「算軺車」（車船稅）、「斡鹽鐵」、「榷酒酤」（鹽、鐵、酒類公賣）、「告緡」（告密逃稅者）（均見漢書食貨志）等都是。

由於武帝時，經常「除故鹽鐵家富者為吏」，從此官吏漸多出身商賈者。加之以納粟、輸金、「入羊」而買爵除吏的，因而「郎吏道雜而多端，官職耗廢」。為了整肅吏治官常，於是一面「遣博士褚大、徐偃等分行郡國，舉併兼之徒，（郡）守（國）相為利者」，一面又先後任用甯成、張湯、趙禹、義縱、楊僕、咸宣、王溫舒、尹齊、杜周等一班酷吏興獄窮治。（以上見漢書食貨志與酷吏列傳）

漢武帝之為人，「輕舉寡慮，喜怒任情」（語見呂思勉秦漢史第四章）。而這些酷吏，「專以人主意指為獄」，「好殺行威」。他們「舞文巧詆，曲法誅滅」的對象，自朝中的公卿權貴，以至民間的「富豪并兼之家」凡是落到他們手中的，很少有人逃得過家破人亡的命運。但這些酷吏自身因故攖武帝之怒，致遭殺身之禍的，也往往有之。如張湯、王溫舒、咸宣等都先後自殺身死，而義縱的下場竟是「棄市」（以上均見史記與漢書酷吏列傳）

武帝朝經濟管制與課税的苛嚴，可拿「告緡」（千錢為一「緡」，就是後世所謂「串」）之法為例。武帝鼓勵人民告發逃漏税捐的商賈。被告發的沒收他的錢財，以其半數獎賞告發的人。朝中主持其事的名叫楊可，而由出名的酷吏御史大夫杜周審理。商民只要被告發的，絕少能夠脫罪。武帝又派遣御史、廷尉的「分曹」（屬官）分行各郡國按治。「得民財物以億計，奴婢以千、萬數。田大縣數百頃，小縣百餘頃，宅亦如之。於是商賈中家以上大氐（抵）破。」（以上見漢書武帝紀與食貨志）。

漢武帝聚歛的這些財物，除用於勤遠略之外，花費在滿足一己窮奢極慾的也不在少數。他以訓練水戰為名，「大脩昆明池，列館環之。治樓船十餘丈，旗幟加其上」。又「作柏梁臺，高數十丈。宮室之脩，繇此日麗」（二事見漢書武帝紀與食貨志）。這位曠世雄主的個人權勢與享受，兩皆到達巔峰。

總之，漢初承襲秦人抑商的政策，到了武帝時，更變本加厲。既盡情地打擊商賈，又恣意地榨取他們的資財。手段的刻薄狠毒，殆又遠過於嬴秦。至於其他衍生出來的苛政，更是不一而足。若不是武帝晚年因「巫蠱之禍」而遭喪子之痛，自悔生平的狂悖，下「輪臺之詔」（此詔不載於漢書武帝本紀，原文見資治通鑑卷二十二），從此「禁苛暴，止擅賦，力本農」，終止了域外用兵與各種苛政，則漢室的命運，就難免不步秦代的後塵了。此點前人已多論及，茲不盡贅。

中國古代肉刑存廢問題的波折——從緹縈救父說起

「緹縈救父」可說是我國家喻戶曉的歷史故事。中學教科書中，一提到漢文帝的仁政，總是將「廢除肉刑」與「減免租稅」並舉。但是倘若我們真以為自從漢文帝下詔「除肉刑」以後，中國歷史上的肉刑就已絕跡，或是在刑獄方面獲得了重大的改進，那就大錯了。

殘酷的肉刑，經朝廷明詔廢除以後，竟仍有一派士大夫力主恢復，這已足令生於今日的我們感到詫異了。而那些主張恢復肉刑的一派人，其出發點竟與主張廢止肉刑的同樣是基於悲天憫人的人道主義，這不是更令我們大惑不解嗎？

儒家重教化，倡「仁政」。而仁政之中，又以「輕刑罰，薄賦歛」二者為首要。然而「五刑」之名——依尚書呂刑篇的說法，五刑是墨（又叫黥，面上刺青）、劓（割鼻）、剕（又叫刖，斬足）、宮（又叫「腐」，閹割）、大辟（斬首或腰斬）。國語魯語卻另有一種解釋：大刑用甲兵，次刑用斧鉞，中刑用刀鋸，其次用鑽笮，薄刑鞭朴以威民——卻早在儒家所盛稱的唐、虞之世就已有之（尚書虞書之中，「五刑」一辭屢見），說來多少有些矛盾。關於這一點，有兩種不同的「化解」之說。一是，五刑本非出於「中國」，而是兇殘好殺的「苗民」所創（尚書呂刑篇說：「苗民弗用靈，制以刑，惟作五虐之刑，曰「法」。殺戮無辜，爰始淫為劓、刵、椓、黥」）。但是帝舜既已「竄三苗於三危」，深惡而痛絕之，卻又採用他們所制定的酷刑，也未免說不過去。因此，後來又有人以尚書堯典「象以典刑」與皋陶謨「象刑唯明」的語句為依據，而產生了「象刑」之說（慎子云：「有虞之誅，以幪巾當墨，以草纓當劓，以菲履當刖，以艾韠當宮，布衣無領當大辟。」）說是虞舜時雖有「五刑」之名，但實際上只是象徵性的執行，並不真正施以斧鉞刀鋸。這種說法，似乎也真有相信的。漢文帝詔有「有虞時畫衣冠，異章服而民不犯」（見漢書刑法志），武帝詔有「昔在唐虞，畫象而民不犯」（見漢書武帝本紀）之語。不過這種話出現在詔命之中，到底是官樣文章，說教的成分居多。戰國時期的荀況就不信古有所謂「象刑」，他說：「象刑殆非生於治古，並起於亂今也。」意思是：在古代的治世，並沒有所謂象刑。都是當今亂世的人，造作此說。東漢的班固在漢書刑法志中也說：「所謂象刑唯明者，言象天道而作刑，安有菲屨赭衣哉！」

到底遠古之事，茫昧難以考實。自周初以至春秋，五刑以外的「肉刑」，見於典籍的，計有刵（割耳，見尚書康誥。左傳僖公二十七年的所謂「貫耳」，大致也近乎此）、髡（截髮，見周禮掌刑）、磔（又稱「膊」，分裂肢體，見周禮掌戮，左傳成公二年）、烹（見公羊傳莊公四年，左傳襄公二十六年，哀公十六年）、焚（左傳昭公二十二年）、轘（就是「車裂」，見周禮條狼氏）、絞縊（見左傳哀公二年）、斬（見周禮掌戮）、脯醢（臠切或剁成肉醬，見左傳莊公十二年、十九年）等，這些加上「五刑」，已多達十數種，真可謂洋洋大觀了。

到了戰國時代，商鞅、申不害等法家，又將死刑的項目，增加了「鑿頂」、「抽脅」兩種（顧名思義，應該是頭頂鑿洞與脅下抽筋的兩種處死方法），同時「鑊烹」也成為了一項法定的死刑（見漢書刑法志）。刑罰的慘酷，竟到達這種地步，真虧他們想得出來！

漢高祖一入咸陽，就與父老們「約法三章」——殺人者死，傷人與盜抵罪——博得了民眾的一片歡呼。其實他不過是推翻了秦代繁苛的法條而已。他不但未曾除掉前代的任何酷刑，而且更變本加厲。在他的手裡，鑊烹、腰斬、菹醢等都是家常便飯。他還創制了一種「具五刑」——凡是判處「夷三族」的，都要先遭受到黥、劓、斬左右趾，然後笞殺、梟首、菹其骨肉。犯有誹謗罪的，更要先斷舌。名為「具五刑」，其實處死的程序，要經過七、八道手續。漢高祖的開國功臣彭越、韓信等，都是這樣死的（見史記淮陰侯列傳與漢書刑法志）。這還不算，彭越被處死後，還將他的「菹醢」（肉醬）遍賜諸侯（見史記黥布傳）。真不知道那些諸侯收到這分賞賜後是怎樣的一種感受！

其後蕭何作律「九章」，總算朝廷有了一部成文的法律。但是仍舊保存了黥、劓、刖（斬左、右趾）、宮四種法定的肉刑（見後漢書崔駰傳附崔實政論）。

漢文帝本重刑名（漢書儒林傳云：「孝文本好刑名之言」）。他用以輔佐太子的晁錯、張歐等人，也都是治刑名的）。但他宅心仁厚，即位之初，就首先廢除了「收孥律」（一人有罪，並收其家室）與「相坐法」（民間編為什、伍，一人有罪，同什伍的連坐）。後來又因十四歲少女緹縈上書救父而下詔除肉刑（事在西元前一六七年。見史記孝文本紀與漢書刑法志）。

漢文帝的詔書說得非常懇切：「今法有肉刑三而姦不止，其咎安在？非朕德薄而教不明歟？吾甚自愧……夫刑至於斷肢體（刖）、刻肌膚（黥、劓）、終身不息（宮），何其痛楚而不德也，豈稱為民父母之意哉！」此詔一下，丞相張蒼，御史大夫馮敬等研議的結果，重訂刑律如次：(1)原來的黥罪，改為髡鉗城旦舂（斷髮，頸上加鐵箍、再罰充築城、舂米等勞役）；(2)原來的劓刑改為笞三百、斬左趾（足）改為笞五百；(3)原來的斬右趾（並斬雙足），以及「殺人先自告」（殺人後自首），「吏受賕枉法」（官吏貪贓枉法），「守縣官財物而即盜之」（監守自盜公有財物）等罪行，經判刑確定後再犯有笞罪以上的，本來屬於宮刑的範圍，現在一律改為「棄市」（斬首）。

自此以後，表面上肉刑是廢除了，但事實上是「外有輕刑之名，內實殺人」。原來免死的「斬右趾」與「宮刑」都改為死刑，其為加重是不消說的了。其餘所改的三百、五百的笞數，也多數是「至死而笞未畢」，「幸而不死，不可以為人（殘廢）」。因此到了景帝的時候，一方面減少笞數，將笞三百的改為二百，笞二百的改為一百（似乎笞五百的未改）。另一方面又訂立「箠令」，規定用於笞刑的「箠」（竹板），長為五尺，粗端厚一寸，末端厚半寸，削平竹節。受笞的部位限於臀部。一罪未畢，不能更換行刑人。除此之外，又下詔「死罪欲腐者許之」（這應該是指以前的腐刑因廢肉刑而改「棄市」的，並非所有的死罪都允許改為腐刑）。這些枝節的改進（均見漢書刑法志），總算保全了一些人命，但是卻又恢復了宮刑。

漢武帝先後任用酷吏張湯、杜周、義縱、王溫舒等治獄。其中義縱與王溫舒二人竟是盜罪出身（見漢書酷吏列傳）。他們這班人用刑的殘酷，自不在話下。昭帝繼立，由霍光秉政，為了鞏固權力，也以嚴刑箝制臣下。

及至宣帝即位，因他出自民間，深知吏民疾苦。又有曾為獄吏的路溫舒上書，極言當時一般酷吏的「深刻殘賊，不顧國患」。於是宣帝選用寬和仁厚的黃霸為「廷尉」。在黃霸的整飭之下，一時號稱刑獄清明。自此下及元、成、哀、平諸朝以至新莽，也屢有詔命蠲除苛法，減死輕刑，但實際成效不著。

東漢光武帝平定天下之後，於建武二十八年（西元五二年）十月下詔：「死罪繫囚，皆一切募下蠶室」（犯死罪的繫獄囚犯，全部徵求其意願，得改為宮刑）。三十一年秋又重申前令（見後漢書光武帝紀）。和帝永元年（西元九四年），陳寵為廷尉，奏定「絕鉆（鉗）鑽諸慘酷之科」（所謂鉆、鑽都是肉刑的工具）。安帝（西元一〇七—一二五年）時，陳寵之子陳忠為尚書，又奏准廢「蠶室）」（宮刑）之刑。自從漢景帝復「腐刑」（宮）以來，至此又再度廢除。

自從漢文帝詔除肉刑之後，歷代的士大夫們，迭有主張「復古」（恢復肉刑）的。尤以東漢桓、靈之際（西元一四七—一八九年）、崔寔、陳紀、仲長統等儒臣，持論最為堅決。主要的理由，都以為「肉刑之廢，輕重無品」。次於死刑的，就是髡鉗、鞭笞，缺少「中刑」以治「中罪」，在制度上已失公平。而執法的有司，又往往以為刑輕不足以懲惡，於是加重其鞭笞以致人於死的有之，「假贓貨以成罪，託疾病以諱殺」的有之。造成了「科條無所準，名實不相應」的流弊（以上略見於後漢書仲長統傳）。因而認為只有恢復往昔的肉刑，方可以挽救時病。獻帝（西元一九〇—二二〇年）時的朝臣荀彧，曹魏的相國鍾繇與御史大夫陳群，以及夏侯玄、丁謐等，都曾先後建議恢復肉刑，但都無結果。

難道除了復肉刑之外，就別無良法可以補救「輕重無品」的流弊？其實魏文帝（西元二二〇—二二六年）時司徒王朗早就有了明見。王朗一方面也不滿於肉刑廢除以後所發生的種種流弊，同時也認為恢復肉刑這種開倒車的作法萬不可行。他的構想是：「不待假斧鑿於彼肉刑，然後有罪次也……嫌其輕者，可倍其居作之歲數（見三國志本傳）」。這真是眾醉獨醒的見解。所謂「倍其居作之歲數」，就是按倍數增加其服「完刑」（徒刑）的年限。更說得具體些，王朗的建議是：將刑罰只分為「死刑」與「完刑」兩等，而完刑再按年數分級，這樣就不會再有「輕重無品」的顧慮了——這正是現代國際間通行的刑罰方式。此議一出，朝臣贊同的很多。但當時魏文帝卻說：「吳、蜀未平，且寢。」以致這項最合理可行的議案，終告胎死腹中。

司馬氏代魏以後，西晉武帝（西元二八〇—二八九年）時的廷尉劉頌，東晉元帝（西元三一七—三二二年）時的廷尉衛展，都曾上書請復肉刑。安帝（西元三九七—四一八年）時桓玄執政，也曾命百官議復肉刑。都是不了了之。

南北朝時梁武帝天監三年（西元五〇二年），建康人景慈證成其母的死罪，被認為有乖倫常而「詔流交州」（見隋書刑法志）。這是「流刑」之始。

後來北齊於河清三年（西元五六四年）制定新律十二篇，將刑罰分為死罪、流罪、耐罪、鞭罪、杖罪五類。「死罪」分斬決、絞決二等；「流罪」加笞一百，發充邊裔為兵卒；「耐罪」加髡、鉗服勞役，有保的免髡鉗；「鞭罪」使用的刑具是皮鞭，受刑的部位是背部，每五十下更換一個行刑人；「杖罪」的刑具是竹杖，受刑的部位是臀部，不更換行刑人。

隋高祖楊堅受周禪後，於開皇元年（西元五八一年）詔楊素、高熲等大臣制定新律。隋律以北齊律為藍本，分刑名為五類：一曰「死刑」（分斬、絞二等），二曰「流刑」（分二千里、一千五百里、一千里三等），三曰「徒刑」（分三年、二年半、二年、一年半、一年五等。唐書刑法志云：「徒者，奴也。蓋奴辱之」）；四曰「杖刑」（自六十至一百分五等）；五曰「笞刑」（自十至五十分五等）。由於原來的鞭刑，名為「生刑」，實際上「殘剝膚體，徹骨侵肌，酷均臠切」，因此隋文帝下詔廢除。

但是隋文帝本人個性偏急猜忌。兼之他以姦詐的手段篡奪大位，畏人不服，「因以文法自矜，明察臨下」，經常在殿庭下以鞭杖殺人，「不復準依科律」（見隋書刑法志）。

不過，隋律既定之後，表面上「輕重無品」與「科條無準」的弊病已不存在，從此也就再沒有人倡議復肉刑了。自漢文帝十三年（西元前一六七年）下詔除肉刑至此（隋開皇元年，西元五八一年），共經過了七百四十八年的漫長歲月，無數次的紛爭，肉刑的存廢問題，才算是塵埃落定。一項制度的改革，其艱難竟至於此！

隋代國祚短促，李唐代興，律令大致依準隋制（今唐律尚存）。自此直到清末採擇歐美法制定頒「新刑律」之前，均無多大變革。但仍有兩件事值得一提：

一是我國早在唐代，就曾有廢除死刑之舉——資治通鑑記在天寶六年（西元七四七年），新唐書云在元和（西元八〇六—八二〇年）中，未知孰是——將死刑犯改為「重杖流嶺南」。但實際上「有司率杖殺之」，成效既不好，也行之未久旋廢。

另一件事是大開倒車的「凌遲處死」。「凌遲」雖也名為「磔」，但是將生人臠割至死，其慘酷更過於上古的「磔」。這種酷刑大致始於宋代。遼、元都列為常刑。明、清兩代相承不改。尤其是滿清，為了壓制漢人，更為濫用，而且一直沿用到它的覆亡前夕。當年（西元一九〇五年）謀刺清廷出洋考察大臣載澤等的革命先烈吳樾，就罹此酷刑而死。

鮮卑族的發祥地

中國歷史上的五胡亂華，從晉惠帝永興元年（西元三〇四年）匈奴人劉淵在左國城（今山西離石縣東北）建國，自稱漢王算起，到漢人楊堅篡北周，建立隋朝（西元五八一年）為止。前後共歷二百七十七年之久，才算結束。在這漫長的擾攘局勢之中，立國最久而且最具立國規模，更是收「集大成」之功的，就是鮮卑族拓拔氏所建的北魏（又稱拓拔魏或元魏）。從拓拔珪於西元三八六年建號於盛樂（今內蒙和林格爾），到西元五五七年亡於北周，共經一百七十一年。在拓拔氏之外，又有興起於遼東的另一鮮卑支族慕容氏，曾建國號為燕。先後有前燕（西元三三七—三七〇年）、後燕（西元三八四—四〇九年）、西燕（西元三八五—三九四年）等，也都據地稱雄。

早在此前，東漢初年，匈奴尚盛時，遼東塞外已有鮮卑族眾與匈奴、烏桓相結，寇掠不斷。光武帝建武三十年（西元五四年），鮮卑「大人」於仇賁、滿頭等率種人詣闕朝賀，「慕義內屬」。於是始通中國。

和帝永元年間，大將軍竇憲遣校尉耿夔等擊破匈奴，北單于逃遁（事在西元九一—九三年間），鮮卑因徙據其故地。匈奴留者十餘萬「落」，都自號鮮卑。鮮卑由此漸盛，並繼北匈奴而為中國北方最大邊患。西起雁門、定襄，東至遼東，不斷受其侵掠。歷三國以至晉初，幾無寧歲。

但是這個鮮卑族，可說是既不見「首」，也不見「尾」的神龍。其消失恐怕是一部分融入了漢族或是「華族」的大鎔爐之中，一部分則混入了大漠南北後起的其他部族——如突厥等。

關於鮮卑族的起源，〈後漢書．鮮卑列傳〉有云：

> 鮮卑亦東胡之支也。別依鮮卑山（其地大致在今內蒙古科爾沁右旗），故因號焉……漢初為（匈奴）冒頓所破，遠竄遼東塞外。

至於鮮卑人自已託始於黃帝之後——〈魏書．序紀〉說：「昔黃帝有子二十五人，或內列諸華，或外分荒服。意昌少子，受封北國。有大鮮卑山，因以為號」——則世人都知道這是襲匈奴人自託於「夏后氏之苗裔」的故智，不足置信。

近世史家大都確信鮮卑人祖先的發祥地應為西伯利亞（Siberia）大平原。鮮卑之名，是「Siber」一音之轉。其後逐漸南移，方到達現代內蒙古地區。依山而居，然後山以族名。後漢書之說，其實恐怕是倒果為因之誤。

筆者偶在唐・李延壽所撰的〈北史〉中，很少有人注意的角落裏，找到了一些有關的蛛絲馬跡。〈北史・列傳〉八十二有云：

地豆干國在室韋西千餘里……烏落侯國在地豆干國北，去代都四千五百餘里。其地下濕，多霧氣而寒。入冬則穿地為室，夏則隨原阜畜牧……其國西北有完水，東北流，合於難水。其大小水皆注入於難，東入海。又西北二十日行，有于己尼大水，所謂「北海」也。太武真君四年（西元四二七年）入朝。稱其國西北有「魏先帝」舊墟石室。南北九十步，東西四十步，高七十尺。室有神靈，人多祈請。太武帝遣中書侍郎李敞告祭焉。刊祝文於石室之壁而還。

南北朝時代的「代都」，又稱平城，就是今山西省大同市。大同北距西伯利亞南邊的直線距離正好是二千二百公里左右（所謂「去代都四千五百餘里」）。從〈北史〉這段記述，可以看出這烏洛侯國國境的西北方，也就是「魏先帝」（拓跋氏的祖先）所原住之地，其地理位置正是今西伯利亞無疑。所謂「北海」，疑是今貝加爾（Baykal）湖。所不可解的則是：今日西伯利亞的大河流，如勒拉（Lena）河、葉尼塞（Yenisei）河等，都北流入北極海，未有東入於鄂霍次克（Okhotsk）海的。這要不就是烏洛侯國入朝的使臣或國君自已沒有弄得清楚；要不就是史書記述之誤。

但無論如何，鮮卑人初期是遠從西伯利亞平原，逐漸南移以至於大漠南北及遼東地區的事實，很可以確立。又，前秦苻堅（氐族）曾斥鮮卑人為「白虜」（見〈晉書・載記第十三〉），則其人種應該是屬於白種。至於那烏洛侯國究竟是留居故地的鮮卑同族人，抑是他族在鮮卑人南遷後入居其故地的？就不得而知了。

第二編

論語淺得

論語中一些訓詁與句讀方面的疑義

今本〈論語〉（大致經過漢・張禹所「更定」，篇目依魯論，亦頗參入齊論之章句。此不具論），雖然共只一萬五千七百餘字（熹平石經〈論語〉殘碑末尾記云：萬五千七百▨一字），但自漢初以來，歷經無數學者的箋注與考證，不但其中有關章旨大義的歧見仍多，即使在訓詁句讀方面的基本問題，也存在不少的疑點。

本文所述，有得之於先賢的論述，也間有出於個人一得之愚者。列舉出來，聊供讀論語的青年朋友們作為參者。

有子曰：「孝弟也者，其為仁之本與！」（學而篇）

子曰：「……觀過斯知仁矣！」（里仁篇）

宰我問曰：「仁者雖告之曰：井有仁焉，其從之也？」（雍也篇）

這三處所用的「仁」字，「孝弟仁之本」是很可以說得通的；「觀過斯知仁」就頗有語病了；至於「井有仁焉」，簡直是語無倫次，那裏像是出自一位孔門高足之口？因此，朱熹（集注）引劉「聘君」（劉勉之，號草堂先生）曰：「井有仁焉之仁，當作人。」確實，這一來，全章的意思就通暢了。

清林春溥〈四書拾遺〉引陳善〈捫蝨新話〉，以為「孝弟其為仁之本」「觀過斯知仁」「井有仁焉」三處之「仁」皆當作「人」。此說堪稱卓見。如此，除了在文義上方說得通之外，尚有兩項有力的佐證：一、〈後漢書・吳祐傳〉引〈論語〉正作「觀過斯知人」二、今本〈公羊傳〉成公十六年，釋「晉人執季孫行父，舍（捨）之於招丘」云：「執未有言舍之者。此其舍之何……『仁』之也。執未有言『仁』之者，此其言『人』之何？代公執也。」而在〈禮記表記〉篇中，鄭玄注引春秋傳（公羊）云：「執未有言舍之者。此其舍之何？『人』也。」可見漢時的〈公羊傳〉，前兩個「仁」字亦作「人」。後人改之未盡，透露出原跡的真象（參考〈公羊傳注疏〉卷十八阮元校勘記）由此可知，漢人傳經，往往「人」、「仁」通用。因為「仁」字之原義，本是「人耦」——爾我親密之詞（見〈說文〉段注），也可認為是同音「通假」。卻未可視為譌誤。

子貢曰：「貧而無諂，富而無驕，何如？」子曰：「可也。未若貧而樂，富而好禮者也。」（學而篇）

〈禮記・坊記〉有云：「子云：貧而好樂，富而好禮，眾而以寧者，天下其幾矣。」觀乎此，則今本〈論語〉可能在「樂」字上敓了一個「好」（ㄏㄠˋ）字，而「樂」當讀為「ㄩㄝˋ」。

再看〈論語〉何晏集解引孔安國云：「能貧而樂道，富而好禮者，能自切磋磨。」則應該是「古論」原作「貧而樂道，富而好禮」。如此，不論在語法上、意義上都更為完善。

子曰：「吾十五而志於學；三十而立；四十而不惑；五十而知天命；六十而耳順；七十而從心所欲，不踰矩。」（為政篇）

〈漢書・藝文志〉有云：「古之學者，耕且養，三年而通一藝……三十而五經立也。」這樣地解「三十而立」一語，顯然太過牽強附會。首先我們應當理解孔子之自稱「十五而志於學」，必定是兼進德、修業而言，決非單指學文，然則「三十而立」，安得局限於「五經立」？事實上，〈論語〉中說到「立」的，可說多數是對禮而言。如：〈泰伯〉篇的「立於禮」，〈季氏〉篇的「不學禮無以立」，〈堯曰〉篇的「不知禮無以立」等，都是點明了的。他如〈里仁〉篇的「不患無位，患所以立」，〈子罕〉篇的「可與適道，未可與立；可與立，未可與權」等，也未嘗不有「立於禮」的含義在內。因此，孔子所說的「三十而立」，與其說是「五經立」，遠不如說是「立於禮」來得正確。

再說「六十而耳順」：近人因見敦煌石室〈論語集解〉抄本，殘卷中作「六十如順」（如、而兩字古相通，見清儒王引之〈經傳釋辭〉），因有謂「耳」字為衍文者。于省吾〈論語新證〉與程石泉〈論語讀訓解故〉均主其說。但「耳順」一辭的「耳」字，顯然與下句「從心所欲」的「心」字有對舉的意思，似不當以衍文視之。尤其是孔子最重「多聞」、「聞道」。「耳順」者，正是程頤所說「所聞皆通」（朱熹〈集注〉引）的意思。朱熹又申其義云：「聲入心通，無所違逆，知之之至，不思而得。」程・朱此說，可謂深得其旨。

子曰：「攻乎異端，斯害也已。」（為政篇）

攻乎異端的「攻」字，何晏〈集解〉訓為「治」（ㄔ）朱熹〈集注〉因之。本章的大意是：攻治不合於聖人之道的雜學，是有害的。清錢大昕〈十駕齋養新錄〉引述孫奕〈示兒篇〉云：「攻，如攻人之惡之攻。已，止也。謂攻其異端，使正道明，則異端之害人者自止。」謂「前人已先有是言」。案：「也已」是〈論語〉中常用的語助詞。如：「可謂好學也已」（學而篇），「可謂仁之方也已」（雍也篇），「其餘不足觀也已」（泰伯篇），「末由也已」，「斯亦不足畏也已」（子罕篇），「其終不觀也已」（微子篇）都是。怎能獨在此章中，硬拆出一個「已」字來解釋為自動詞「止」的意思！因此，這個「攻」字，仍以訓攻治為正確。而「也已」之為語助詞，也無可置疑。

子曰：「十室之邑，必有忠信如丘者，焉不如丘之好學也。」（公冶長篇）

以前的句讀，多在「焉」字下斷句——「必有忠信如丘者焉，不如丘之好學也。」於是本章的大意成為：具忠信之美德者易得，而好學不倦者難求。但〈經典釋文〉引衛瓘云：「焉字於虔反，為下句首。」則其語意是正面的：雖十室的小邑，也一定有像我這樣的忠信之士；同樣地，當也不乏像我這樣好學的。其義似較長。蓋孔子之立言，常多富於鼓勵性與積極性的，更少自滿之辭也。

子曰：雍也，可使南面。（雍也）

漢儒包（咸）、鄭（玄）都以為「可使南面」是說任「諸侯之治」。前於此，劉向更說：「南面者，天子也。」（見〈說苑・修文〉篇）朱熹注：「南面者，人君聽治之位。」各說都以為「南面」是言人君。可疑的是：孔子最重正名、守分，怎麼會將弟子擬之於人君？還是清代的王引之說得妥當：「臨民者皆南面，非獨人君也。」（見〈經義述聞〉卷三十一）

子所慎齊戰疾。（述而篇）

此章自何晏集解引孔注以來，都讀「齊」為「齋」。以為：齋戒、戰事、疾病三件事，他人所不盡能慎，而孔子獨能慎之。

〈禮記・內則〉篇云：「在父母姑舅之所，有命應唯敬對。進退周旋慎齊（齊古音ㄓㄞ）。」鄭玄注：「齊，莊也。」可見「慎齊」是古代齊、魯一帶常用的同義複辭。又〈禮記・祭義〉篇有云：「敬齊之色，不絕於面。」「敬齊」與「慎齊」亦復同義。

這樣看來，本章是強調孔子對於「戰」與「疾」兩件危事的謹慎態度，並沒有提到齋戒。（大意依據俞樾〈茶香室經說〉卷十六）

再說：齋戒不過是祭祀的準備程序。倘若並舉三事，就應該言「祭」而不言「齋」。

互鄉難與言童子見，門人惑……（述而篇）

自漢儒以來，皆斷句為：「互鄉難與言，童子見……」以為「其鄉人言語自專，不達時宜」（〈集解〉引鄭玄注語）。也就是說：此鄉之人，素稱「難與言」。

案：皇侃〈義疏〉引「琳公」（應該是出自慧琳的〈一切經音義〉），以「互鄉難與言童子見」為一句。以為是此鄉有一「難與言」的童子（古者年十五至十九尚屬「成童」。二十而冠，方為「成人」），獲得允許晉見孔子。昔人反多認為此非「經旨」。

實則，「十室之邑，必有忠信」。安得一鄉之人都「難與言」！慧琳之說，正合情理。難與言的，只是指此一少不更事的童子而已。

三分天下有其二，以服事殷。周之德，其可謂至德也已矣。（泰伯篇）

〈論語集解〉引包（咸）氏云：「（文王時）天下歸周者三分有二。而猶以服事殷故謂之至德。」後代論者，多只著重於文王已擁有天下三分之二，而猶服事殷商之為至德。而未能瞭解孔子之贊為至德者，蓋以文王能率領原已叛殷的三分之二諸侯，仍一同服事於殷，斯之為難能可貴耳。這就是〈左傳〉襄公四年所說：「文王率殷之叛國以事殷。」

子罕言利，與命，與仁。（子罕篇）

歷來注疏，都以「與」為連結詞。因而此章的意義，解為利、命、仁三者，都是孔子之所罕言。但事實上，〈論語〉中孔子之言「仁」多得不可勝數，其言命也不鮮見。這豈非自相矛盾？於是生出了許多曲意彌縫之說來打圓場。

清・史繩祖〈學齋占畢〉於此章卻另有說法：「與，如吾『與』點、『吾不與祭』之『與』，皆所深與。」也就是說：此處的「與」，應該讀作去聲（ㄩˋ），作動詞用。由「參與」之義引伸為「認同」、「贊同」的意思。其義似較為妥當。

太宰問於子貢曰：「夫子聖者與，何其多能也！」子貢曰：「固天縱之，將（大也。義出〈尚書〉）」聖而又多能也。（子罕篇）

自古讀此章多在「將聖」的聖字下斷句。東漢應劭〈風俗通・窮通〉篇引此卻在「之」字下斷句。清・全祖望〈經史答問〉謂其句讀「語氣圓融充沛，邁過前人。」誠然。

子曰：「後生可畏，焉知來者之不如今也。四十、五十而無聞焉，斯亦不足畏也矣。」（子罕篇）

此章「無聞」一詞，歷來注疏，多解作「不以善聞」（義出〈大戴禮・曾子立事〉篇：「五十而不以善聞，則不聞矣。」）王守仁云：「四十、五十而無聞，是不聞道，非無聲聞也。」（見〈傳習錄〉上篇）蓋以孔子教人，只重「多聞」、「聞道」，而不以過求聲聞為是。（子張問曰：「士如何斯可謂達矣？」子曰：「何哉，爾所謂達者？」子張對曰：「在邦必聞，在家必聞。」子曰：「是聞也，非達也。夫達也者，質直而好義，察言而觀色，慮以下人。在邦必達，在家必達。夫聞也者，色取仁而行違，居之不疑。在邦必聞，在家必聞。」——見〈論語・顏淵〉篇）必不致勉人為此。其說極為精闢透澈。

（孔子見）「凶服者式之；式負版者。」（鄉黨篇）

〈論語集解〉引孔安國云：「負版者，持邦國之圖籍。」後世注疏多從之。但王瑬〈正義〉引翟公巽之說，依據〈儀禮・喪服〉鄭玄注「前有衰（縗），後有負板（通版）」之語，以為「負版者，非版籍之版，乃喪服之版。」（參考金其源〈論語管見〉與劉寶楠〈論語正義〉）衰（縗）是喪服胸前所綴的麻布。「負板」用的是甚麼材質，則不可知。總之，「前縗後板」的喪服，一眼就可以辨識出來。倘若所負的是「圖籍」，則孔子乘車時，馳驅而過，倉卒間怎能確認而憑軾致敬？

閔子侍側，誾誾如也；子路，行行如也；冉有、子貢，侃侃如也。子樂。若由也，不得其死然。（先進篇）

《昭明文選》班固〈幽通賦〉與崔瑗〈座右銘〉兩篇李善注引《論語》，「子樂」都作「子曰」。皇侃義疏本「若由也」之上也有「曰」字。朱熹集引洪氏亦云：「漢書引此句有曰字。或云：上文樂字即曰字之誤。」

宋孫奕云：「記者誤子曰為子悅，又轉悅為樂，乃有此。」（見所作〈示兒篇〉）其推斷似頗近理。

或問子產，曰：「惠人也。」問子西，曰：「彼哉，彼哉！」（憲問篇）

馬融云：「子西，鄭大夫。彼哉彼哉，言無足稱。」此解應該無誤：一、鄭國在子展當國時，子西與子產一同聽政。發問的人因子產而及子西，甚合情理。二、子西與子展聯合起來「殺子孔而分其室」（見左傳襄公十九年）；尉止之禍，子西「不警而出……臣妾多逃，器用多喪」（見左傳襄公十年）。從這些行徑來看，子西之為人，誠「無足稱」。難怪孔子不屑置評。

朱熹却說這子西是楚國的公子申（也字「子西」）。並說他「不能革其君（楚昭王）僭王之號；昭王欲用孔子，又沮之。其後卒召白公以致其禍。則其為人可知矣。」但史言楚子西（公子申）遜位於楚昭王而「改其政」（見左傳昭公二十六年）。雖然後來不聽葉公（子高）的勸阻而召用白公（勝），以致死於禍亂（見左傳哀公十六年），但大體上仍不失為一位賢大夫。應該不至於為孔子所不齒。況且事實上孔子未嘗至楚；楚昭王也未嘗迎孔子而欲封之（辨詳清‧崔述〈洙泗考信錄〉卷三與梁玉繩〈史記志疑〉卷二十五）。朱熹此注，竟沿〈史記‧孔子世家〉之誤，可謂不察。

子曰：「君子疾沒世而名不稱焉。」（衛靈公篇）

〈史記‧孔子世家〉以為此乃孔子之所以作〈春秋〉。並下接「吾道不行矣，吾何以自見於後世哉」之語。蓋謂「稱」（讀平聲）者，見稱於人也。相傳出孔安國舊說。後世注疏無異議。但明代的王守仁以為，「稱」字當讀去聲（ㄔㄣˋ）。孔子此言，乃是「聲聞過情，君子恥之」的意思。「實不稱名，生猶可補，沒則無及矣！」（見〈傳習錄〉上篇）這才與孔子平日訓誨門徒的宗旨正相符合（參閱前文論述〈子罕〉篇「四十、五十而而無聞焉」一節）。

再者，〈論語〉此章之前，緊接「君子病無能焉，不病人之不己知也。」；此章之後，又有「君子求諸己，小人諸人。」一章。這三章的義理，原是連貫互補的。

孔子曰：「……丘也，聞有國家者，不患寡而患不均，不患貧而患不安。」（季氏篇）

董仲舒〈春秋繁露〉斷章引孔子語作「不患貧而患不均」。依此，則上句當為「不患寡而患不安」。「寡」與「不安」針對人民而言；「貧」與「不均」針對「經濟」（財富）而言。如此，意義更為明確充實。

佛肸召，子欲往。子路曰：「昔者由也聞諸夫子曰：親於其身為不善者，君子不入也。佛肸以中牟畔，子之往也，如之何？」子曰：「然，有是言也。不曰堅乎？磨而不磷；不曰白乎？涅而不緇。吾豈匏瓜哉，焉能繫而不食？」（陽貨篇）

匏瓜也稱瓠瓜，是葫蘆瓜的一種。何晏〈論語集解〉注釋「吾豈匏瓜哉，焉能繫而不食」一語云：「匏瓜得繫一處者，不食故也。吾自食物，當東西南北，不得如不食之物繫滯一處。」朱熹〈集注〉也從其說云：「匏瓜繫於一處而不能飲食。人則不如是也。」然為糊口而奔走於四方，豈孔子之義？梁・皇侃〈論語義疏〉引一說云：「匏瓜，星名（見〈史記・天官書〉）也。言人有材智，宜佐時理務，為人所用。豈得如匏瓜（星）繫天而不可食耶！」此說以孔子「樂為世用」為言，其義似高於前者。但何以知道孔子所言非指匏瓜的實物？何況平日孔子極少對弟子言天文星象。

案：〈國語・魯語〉有云：「苦匏不材於人，共（供）濟而已。」韋昭注：「不材於人，不可食也；共濟而已，佩匏可以渡水也。」匏瓜（苦匏）是古時黃河流域常見的園藝作物——〈詩・邶風〉有云：「匏有苦葉」。〈豳風・七月〉篇亦有云：「八月斷壺（瓠）」，這「壺」也就是「匏」——但這種苦匏葉與瓜都味苦不堪食用。通常懸繫等它乾硬後切剖作容器、水杓（瓢），或是裝上竹管作成笙、竽等樂器。也可以利用其浮力繫在身上渡水。

因此，孔子這句話的意思，應該是向子路解釋：自己不願放棄可以用世行道的機會，不能夠像（苦）匏瓜一般的空懸而不可食。這樣似乎可以差得原旨。

子貢曰：「君子亦有惡（去聲，下同）乎？」子曰：「有惡……惡居下流而訕上者。」（陽貨篇）

後世所見的熹平石經殘碑〈論語〉作「居下而訕上者」；〈漢書・朱雲傳〉云：「小臣居下訕上。」；桓寬〈鹽鐵論〉云：「文學居下而訕上」。可見漢代以前此句中原無「流」字甚明。又，梁・皇侃〈論語義疏〉云：「又憎惡為人臣下而毀謗其君上者也。」則南北朝時此句應亦無「流」字。這個「流」字的衍文大概是唐以後人所妄加或誤加。

清・惠棟〈九經古義〉云：「當因〈子張〉篇有『惡居下流』，涉彼而誤。」其說極有見地。（參考錢大昕〈十駕齋養新錄〉卷二十）

子曰：「年四十而見惡焉，其終也已。」（陽貨篇）

何晏〈論語集解〉引鄭玄注云：「年在不惑，而為人所惡（ㄨˋ），終無善行。」後世注疏，迄無異說。但近世毛子水先生以為「見」字當讀為顯現的「現」（ㄒㄧㄢˋ）；「惡」字讀為邪惡的惡（ㄜˋ）。孔子之意應該是：一個人如果到了不惑之年仍出現邪惡的言行，那麼終其一生也不能望其成就德業了。（毛氏原文載民國七十七年國立編譯館通訊卷一第六期）此說似較原來的注解為深刻。這就是孔子勉吾人當律已修身以求至善，才是進德、立德的根本工夫。倘若只求其不見惡（ㄨˋ）於人，就未免流於膚淺了。

楚狂接輿歌而過孔子……孔子下，欲與之言，趨而辟（避）之，不得與之言。（微子篇）

自戰國秦漢以來，無不以「接輿」為人名——除〈論語集注〉引孔安國外，又見於〈莊子・人間世〉、〈韓非子・解老〉、〈戰國策・秦策五〉、〈韓詩外傳〉卷二、〈史記・范雎傳〉、東方朔〈非有先生論〉等處。

清・閻若璩〈四書釋地〉引王復禮之說，以為此乃言「接」孔子之乘「輿」，故後言「孔子下」。此說真獨具隻眼，足以破前人之惑。

筆者再提出兩點理由以為支持：一、此章的「過字」若不是「接孔子的乘輿而過」，那就是「過訪」。既是過訪，當孔子「下堂」（鄭玄注云：「下堂出門」）「欲與之言」時，竟又「趨而避之」，其人雖狂，也應該不至於這樣的不近人情。顯然地，楚狂之過，乃接乘輿而過。二、〈論語〉中所述當時的隱者，除〈微子〉篇中的長沮、桀溺之外，他如憲問篇之晨門〈掌早晨開啟城門者〉、荷蕢者，〈微子〉篇之荷蓧丈人等，均無名字。此一楚狂，既是道途相遇，又「不得與之言」，則未通姓名，更是情理中事。

子張曰：「執德不弘，信道不篤，焉能為有，焉能為無！」（子張篇）

〈論語集解〉引孔安國云：「言無所輕重。」梁．皇侃〈義疏〉云：「世無此人，不足為輕；世有此人，不足為重。」

〈論語〉此言，真是說此等人無足輕重嗎？顓孫師是孔門高賢，其論人不應苛責如此。吾人倘若仔細玩味，則這「有」與「無」似乎應該是針對「德」、「道」而言。換句話說：此等人既不能算是有德有道，也不能說他無德無道。這樣解釋或許較為順理成章。

〈論語〉其他各篇章中，存有異義與疑義處尚多。我們研讀時除了參考前人的注釋之外，並須細心推求。信則傳信，疑則存疑。這樣方可望探索到其中的真諦，也更能夠領會到其中深長的意味。

論語中孔子的自述

一、引言

孔子生當春秋末葉，在世時已被公認為當代最偉大的聖哲。但不幸的是：有關他的言行事蹟，到戰國時，就已遭受到不少的歪曲。例如莊子與呂氏春秋兩書中，述及孔子之處，就常有一些無稽之談，這是眾所週知的。當然，這與戰國時代流行浮詞詭辯的風氣有著很大的關係。

到了漢代，雖自武帝時起就已經罷黜百家，獨尊儒術，但有些人為了推崇孔子，反而將他刻畫得離了譜。如韓詩外傳與劉向說苑中，此等處就數見不鮮（如：韓詩外傳卷一所述，孔子命子貢去試探「佩瑱而浣」的處女；卷六，孔子和子路「和歌三終」而罷簡子之圍。說苑卷十三孔子猜中周釐王廟的火災；卷十八孔子述說「萍實」、「商羊」等怪異之事等）甚至像司馬遷那樣的曠代良史，所作孔子世家中也有很多未經考實的敘述（如：「季氏饗士，孔子要絰而往，陽虎絀之」，與「孔子適齊，為高昭子家臣，欲以通乎景公」等，都決非孔子的行事）。

東漢時，因為讖、緯之說盛行，有關孔子的傳說，又添入了更多無中生有的成分。例如：何休說「天降血書，命孔子作圖制法」（見公羊傳哀公十四年注）；鄭玄說孔子「自號素王」（見其所作六藝論。案：「素王」一詞，首見於董仲舒對策中。本來意指春秋經「王正月」語中的這個單獨的「王」字，這就是所謂「素王之文」，並非說孔子以「素王」自命）。這類的說法，是何等的荒誕悖亂！何休、鄭玄等人，都是東漢最稱博學明辯的大經師。尚且如此，當時其他的一般俗儒就更可想而知了。

宋・明兩代的理學家，其尊崇孔子是不用說的。但他們既將儒家思想添上了一層淡淡的宗教色彩，也就不免帶著幾分崇奉教主的虔誠去崇奉孔子。這種態度也未免失之過迂。

降至近世，五四運動以後，竟有少數居心叵測的人，蓄意詆毀孔子，污蔑孔子。但到底是蚍蜉撼大樹，不足以惑亂有識之士，更無損於孔子的崇高典型。正如子貢所說：「仲尼不可毀也。……人雖欲自絕，何傷乎日月？多見其不知量也。」（見論語堯曰篇）

清儒崔述說：「人之知聖人，不如聖人之自知。」（見洙泗考信錄卷之四）論語是孔門弟子與後學者所記述，最為可信。其中正有著一些孔子的自述。我們從中加以研討，自不難對孔子的德業、情操、抱負、事功等方面，獲得更明確，更深切的認識。

二、關於為學與進德的自述

子曰：「吾十有五而志於學，三十而立，四十而不惑，五十而知天命，六十而耳順，七十而從心所欲，不踰矩。」——為政篇

子曰：「吾嘗終日不食，終夜不寢，以思，無益。不如學也。」——衛靈公篇

古時貴胄子弟與民間子弟之俊秀者，到了十五歲就進入「大學」（依大戴禮保傅篇與白虎通辟雍篇的說法），教以窮理正心，修已治人的學問。孔子自此時起，就立志向學，終身不渝。而且他的德業隨年齡而俱進，漸次達於至善之境。

孔子自言他從前也犯過空想的錯誤，但隨即就覺悟過來，體會到「思而不學則殆」（見論語為政篇），求知的初階，必須從勤學入手。

子曰：「十室之邑，必有忠信如丘者。不如丘之好學也。」——公冶長篇

子曰：「我非生而知之者，好古敏以求之者也。」——述而篇

孔子謙稱自己忠信的德行並無過人之處，但好學卻非常人所及。孔子自少至老，始終是「學如不及，猶恐失之。」（見泰伯篇）以孔門賢弟子之多，而孔子只稱許顏淵好學（哀公問：「弟子孰為好學？」孔子對曰：「有顏回者好學，不遷怒，不貳過。不幸短命死矣，今也則無，未聞好學者也。」見雍也篇），由此可知孔子心目中「好學」一詞的標準之高。而且他提到顏淵的好學，同時也提到他「不遷怒，不貳過」的長處。更可見他之所謂好學，必須做到德智兼修，只是讀死書仍是不夠的。

先儒多有以「生知之聖」稱譽孔子的（加朱熹四書集注論語為政篇引程子曰：「孔子，生而知之者也。」）其實孔子已經明白地否認自己是生而知之。他的弟子們也未曾以「生知」稱孔子。孔子誠然說過「生而知之者，上也；學而知之者，次也；困而知之者，又次也。」（見季氏篇）但這裏的「生而知之」應該是指倫理道德方面的知識而言。至於詩、書、禮、樂等學術知識，雖天生睿智，不學仍無從得知。這是毫無疑義的事。

孔子最不可及的地方是他的「學無常師」（子貢語。見子張篇），無時無地不把握求知的機會。他少時進入太廟，遇事都向人詢問（見八佾篇。被稱為「鄹人之子」，當必青年時）。魯昭公時，一個附庸之國的國君郯子來朝。孔子聽說他是太皞氏之後，就向他請教上古「以鳥名官」的制度（見左傳昭公十七年）。他又曾遠赴周廷，向博學多識的老子問禮（史記老莊申韓列傳，老子答孔子「其人與骨皆已朽」，與孔子稱「老子其猶龍」等語雖不可信，但老子既為周室「守藏之史」，必熟知古禮舊章・孔子前往問禮之事，應無可疑）。其好古敏求的精神，於此可見一斑。

子曰：「德之不修，學之不講，聞義不能徙，不善不能改，是吾憂也。」——述而篇

孔子一生在進德修業方面始終不懈，如恐不及。同時也時時勸勉門徒，努力在修德、講（求）學、遷善、改過各方面下功夫・他常用自我檢討的方式激勵後進，這也是他最有效的教學法之一。

葉公問孔子於子路，子路不對。子曰：「女奚不曰：其為人也，發憤忘食，樂以忘憂，不知老之將至云爾。」——述而篇

按照史記孔子世家，孔子在齊景公歿後之次年，自蔡至楚國所屬的葉縣，因而與葉公會晤。這時孔子大約是六十三四歲，已經是當時名望最崇高的哲人了。給一位偉大的人物下評語，本來難於措詞。更何況子路又身為弟子呢？因而葉公此問，子路一時回答不出。孔子雖只是拿自己勤學不倦，樂道忘憂的長處為言，而且「不知老之將至」一語，還帶著幾分自嘲的意味，然而他這種自強不息的精神，當更令聞者肅然起敬。

子曰：「文莫吾猶人也。躬行君子，則吾未之有得。」——述而篇

子曰：「君子之道三，我無能焉。仁者不憂，知者不惑，勇者不懼。」——憲問篇

事實上孔子不僅是博學多文，充滿著智慧，而且集大仁、大智、大勇於一身，是一位曠世的聖哲。但他仍謙稱只在詩、書、禮、樂等文事上比得上他人。至於道德修養，還夠不上一個身體力行的君子的條件。在他的謙詞後面，我們也不難看出他策勉後生的深意。

子曰：「若聖與仁，則吾豈敢！抑為之不厭，誨人不倦，則可謂云爾矣已。」述而篇

孔子在世時已有聖人之稱。但他既自謂「躬行君子」都「未之有得」，當然更不會承當聖與仁之譽。他只說自己一直朝著這方向去做，而且以此教誨學生而已。這是何等的虛懷若谷的態度！

達巷黨人曰：「大哉孔子，博學而無所成名。」子聞之，謂弟子曰：「吾何所執，執御乎，執射乎？吾執御矣。」——子罕篇

太宰問於子貢曰：「夫子聖者與？何其多能也！」子貢曰：「固天縱之，將聖又多能也。」子聞之曰：「太宰知我乎！吾少也賤，故多能鄙事。君子多乎哉？不多也。」——子罕篇

子云：「吾不試，故藝。」——子罕篇

孔子年輕時曾充當過「委吏」、「乘田」等微職（見孟子萬章下篇），因為從基層做起，又兼以好學不倦，乃得在工作與學習兩者之中陶冶成多方面的學識與才能。但孔子之最偉大處，還在於他的道全德

備，「多能」猶其餘事。孔子說「君子不多（能）」，當然也是自謙的話。事實上君子固不患多能。他所最崇拜的周公，就是一個「多材多藝」的先哲。

三、關於處世待人的自述

子曰：「巧言令色，足恭，左丘明恥之，丘亦恥之。匿怨而友其人，左丘明恥之，丘亦恥之。」（公冶長篇）

「巧言令色，足恭」的必是佞人；「匿怨而友其人」的必是姦人。孔子此言，也是告訴我們自己在待人接物上萬不可有此行徑。同時，對於這兩種人必須提高警覺。一則是慎其所染，二則也是為了遠禍避害。

子曰：「吾於人也，誰毀誰譽？如有所譽者，必有所試矣。」（衛靈公篇）

言人之惡而失真，是件有傷恕道的事，這是孔子所絕不為的。但有時為了獎掖鼓勵他人的緣故，對於別人的善行與長處稱揚稍過的事卻偶有之。然而，也得先有事實證明才行。否則就成了虛譽或阿諛，這種作法是孔子所深惡的。

子曰：「出則事公卿，入則事父兄，喪事不敢不勉，不為酒困，何有於我哉！」（子罕篇）

在朝以忠勤服事公卿，在家以孝悌服事父兄，喪事盡禮盡哀，飲酒適可而止。這四者說來都是所謂「庸德之行」，孔子平日所做到的何止於此！他之所以如此說，顯然是為了勸勉他人。這也是孔子循循善誘的地方。

四、關於授業傳道的自述

子曰：「自行束脩以上，吾未嘗無誨焉。」（述而篇）

孔子「有教無類」，只要盡禮而來，表示求教的誠意的，他都無不接納。因此他的門徒廣及魯、衛、宋、齊、陳、晉、秦、楚、吳諸國，號稱三千之眾。身通六藝的高材生也達七十餘人（見史記仲尼弟子列傳）。

子曰：「二三子以我為隱乎？吾無隱乎爾。吾無行而不與二三子者，是丘也。」（述而篇）

子曰：「吾有知乎哉？無知也。有鄙夫問於我，空空如也。我叩其兩端而竭焉。」（子罕篇）

大概是孔子的弟子之中，有人見他的德業莫測高深，又聽孔子說過「吾欲無言」（見論語陽貨篇）的話，因而懷疑他的教學對弟子有所保留。孔子曉諭他們，極言自己絲毫無隱，他對弟子們，無處不存善與人同的胸懷。其實孔子的「無言」，也正是他的一種身教方式。不過弟子們沒有察覺到而已。

孔子的道德學問雖無比的崇高，但教人時深入淺出，循序漸進。善學者自然受益無窮。這一點以顏回體會最為深刻。他說：「仰之彌高，鑽之彌堅；瞻之在前，忽焉在後。夫子循循然善誘人，博我以文，約我以禮，欲罷不能。」（見子罕篇）

更難得的是，孔子平易近人，從不以智慧自高。向他求教的即使是一個村野鄙夫，他也總是竭誠相告，言無不盡。這是一般博學之士所難以做到的。

子曰：「參乎，吾道一以貫之。」……曾子曰：「夫子之道，忠、恕而已矣。」（里仁篇）

子曰：「賜也，女以予為多學而識之者與？」對曰：「然，非與？」曰：「非也，予一以貫之。」（衛靈公篇）

忠、恕之德，本來不足以言「大道」，但卻是進入大道的梯階。禮記中庸篇說：「忠、恕違道不遠」，就是這個意思。孔子曾經告訴子貢說：「夫仁者，己欲立而立人；己欲達而達人。」（見雍也篇）「己立」、「己達」就是忠，「立人」、「達人」就是恕。遵此而行，就可以入於至善的大道。

當時的人多只知孔子的博學多能，而未能領會到他一貫的大道。孔子未嘗不以「多學而識之」為重。他常勉勵學生「多聞」、「多見」，又自言「默而識之」。但是他認為一切「知」最後必須付諸「行」。禮記中庸篇說：「博學之，審問之，慎思之，明辨之，篤行之。」最後這個「篤行」就是「一以貫之」的功夫。由「博」而歸於「約」，由「知」而歸於「行」——力行忠、恕之道。這才是為學的最後目標。

五、關於著述的自述

子曰：「述而不作，信而好古，竊比於我老彭。」（述而篇）

子曰：「夏禮吾能言之，杞不足徵也；殷禮吾能言之，宋不足徵也。文獻不足故也。足則吾能徵之矣。」（八佾篇）

子曰：「周監乎二代，郁郁乎文哉！吾從周。」（八佾篇）

孔子之述而不作，推其主要原因有二：其一是：古者「議禮」、「制度」、「考文」都是天子之事。不在其位者，雖有其德，也不得制作（見禮記中庸篇）。孔子謹守禮法，不敢僭越，因此述而不作。其二是：春秋之時，禮崩樂壞，書廢詩亡。孔子有感於斯文將喪，乃以艱鉅自任，整理先代文化，集其大成，授之於門徒，使其得以延續於後世。這在當時是比創作更急切、更重要的事業。

孔子好古而實事求是。言必有徵，無徵不信。對於夏、殷兩代的傳說，得不到證實的，寧肯抱著存疑的態度。周代的禮文，是繼承夏、殷兩代而加以損益改進的，相當完美。因而孔子講學時以周代的禮制為準則。

子曰：「蓋有不知而作者，我無是也。多聞擇其善者而從之，多見而識之，知之次也。」（述而篇）

臆斷妄說，強不知以為知，是著書立說的大患。一己的錯誤，其為害還小。若是散播於世間，流傳於後代，那就會遺害無窮。我們從孔子的話裏，可以見到春秋時代已開始有了穿鑿作偽的風氣。此風下到戰國，承其敝而愈演愈烈。以致拿杜撰的神話當作史實的有之，拿無根的遊詞當作真理的有之。戰國的學術思想固極為發達，為吾人所盛稱，但這些地方卻不無微缺。

孔子說：「知之為知之，不知為不知，是知也。」（見論語為政篇）又說：「多聞闕疑，慎言其餘，則寡尤；多見闕殆，慎行其餘，則寡悔。」（見同上）這也是說：首先我們對於不知的事物不可強作解人。再進一步，僅是多見，多聞還是不夠，更得要善用理智去加以判斷，加以抉擇。孔子雖說這是「知之次」，其實也只有這樣才能求得真知。

子曰：「吾自衛返魯，然後樂正。雅頌各得其所。」（子罕篇）

孔子說：「興於詩，立於禮，成於樂。」（見泰伯篇）好的音樂，對個人言，可以培養情操，提昇氣質，對社會言，更可以改良風氣，促進和諧。樂之為用是自古就受到重視的。

孔子最重視音樂，也酷愛音樂。他「與人歌而善，必使反之，而後和之。」（見述而篇）又稱讚魯國樂官師摯演奏「關雎」之詩「洋洋乎盈耳」（見泰伯篇）。他最為讚賞虞舜時代流傳下來的「韶」樂，說它「盡善盡美」（見八佾篇），因而他「在齊聞韶，三月不知肉味」（見述而篇）。他最痛惡「鄭聲之亂雅樂」（見陽貨篇），說「鄭聲淫」（見衛靈公篇）。

孔子在周遊衛、陳、宋、楚等國十四年之後，於魯哀公十一年自衛返魯（據錢穆先生秦諸子繫年考辨附錄通表一，孔子以魯定公十三年去魯適衛。後又至陳、宋與楚國的葉縣，哀公六年復返於衛，哀公十一年自衛返魯。）鑑於其時的朝廷郊廟之樂，已經開始隨著民間的風謠變質。因而加以訂正，使其合乎雅樂的標準（昔人有謂「稱雅、頌，則國風可知」，以為孔子之正樂，兼有風、雅、頌三部分。其實國風是流行於民間各地的「里巷歌謠」，那些樂曲恐怕是孔子所不能統一訂正的。）我們可以想見，孔子之正樂，主要的目的是為了有助於推行教化。

六、關於行道的自述

子路曰：「願聞子之志。」曰：「老者安之，朋友信之，少者懷之。」（公冶長篇）

孔子所說的這幾句話，不僅是說明他個人的志願，同時也可以說是他治國、平天下的理想與對大同之世的憧憬。禮記禮運篇大同章（自「大道之行也」至「是謂大同」一段），就是孔子對此一崇高理想的詳細闡述。孔子見到當時「大道既隱，天下為家。各親其親，各子其子。貨力為己……以功為己。故謀用是作，而兵由此起。」（亦見於禮運大同章）因而一心想有機會推行這種天下為公的理想政治，締造一個「老安、友信、少懷」的和諧康樂的社會。他在與弟子們閑談之間，也流露出這種意念。

子謂顏淵曰：「用之則行，舍之則藏，唯我與爾有是乎！」（述而篇）

子貢曰：「有美玉於斯，韞匵而藏諸，求善賈而沽諸？」子曰：「沽之哉，沽之哉！我待賈者也。」（子罕篇）

子曰：「苟有用我者，期月而已可也，三年有成。」（子路篇）

孔子之道，最終目的在於治國、平天下。因此並不以隱逸鳴高，而視出仕為當然的途徑。孔子說：「不降其志，不辱其身，伯夷、叔齊與。（謂）柳下惠、少連，降志辱身矣。言中倫，行中慮，其斯而已矣。（謂）虞仲、夷逸，隱居放言，身中清，廢中權。我則異於是，無可無不可。」（見論語微子篇）就是說明他的旨趣，異於隱逸之士的地方。

子貢說：「夫子之得邦家者，所謂立之斯立，道之斯行，綏之斯來，動之斯和。」（見子張篇）當時若有賢君能重用孔子，使他得以發展抱負，無疑地必將成就輝煌的治績。他在魯國，自中都宰擢昇為司寇，得以預聞國政，為時不過三月（公羊傳定公十二年云：「孔子行乎季孫，三月不違」），就將魯國治理得井然有序。內則「塗不拾遺」。外則與齊國的夾谷之會，獲得外交上的全勝，並且促使齊國歸還鄆、讙、龜陰等三邑失地（均見春秋經與左傳定公十年）。可見孔子所說「期月已可」與「三年有成」，決非虛語。可惜當時列國之君，都眼光淺短，見不及此。

七、關於明志的自述

子曰：「富（依史記伯夷列傳所引，此處「富貴」連文）而可求也，雖執鞭之士，吾亦為之。如不可求，從吾所好。」（述而篇）

子曰：「飯疏食，飲水，曲肱而枕之，樂在其中矣。不義而富且貴，於我如浮雲。」（述而篇）

孔子雖然周遊列國，思得賢君以行其道，但是他絕對不罔道以求取富貴。孟子說，孔子有「見行可之仕」、「際可之仕」、「公養之仕」（見孟子萬章下篇）。這是說，孔子出仕，有三種情形。最理想的是可以行道，其次是國君以崇隆的禮遇相待，再次是國君不失養賢之義。若非如此，他寧肯過著安貧樂道的清苦生活，也不去干求祿位。孔子又說：「富與貴，是人之所欲也。不以其道得之，不處也。貧與賤，是人之所惡也。不以其道得之，不去也。」（見論語里仁篇）也是強調我們在去就取捨之間，所應堅守的原則。

子畏於匡。曰：「文王既沒，文不在茲乎？天之將喪斯文也，後死者不得與於斯文也；天之未喪斯文也，匡人其如予何！」（子罕篇）

一個人處在危難的境地中，若是自己既無力可以抒解，又沒有外援，這時也就只好聽天由命了。但孔子當此時，仍不失其向道的信心與衛道的決心，這是何等的大無畏精神！

子曰：「莫我知也夫！」子貢曰：「何為其莫知子也？」子曰：「不怨天，不尤人，下學而上達。知我者其天乎？」（憲問）

孔子到老不為世用，苦心孤詣。不為人知。雖遭遇如此，但仍然無怨無尤，只是不斷地勵學修德。子貢是最瞭解孔子的弟子，因而他才偶然向子貢說出他內心的感慨。自古許多先知先覺的聖哲，在世時往往如此寂寞，豈不可歎！

子曰：「道不行，乘桴浮於海。從我者其由與！」（公冶長篇）

子欲居九夷。或曰：「陋，如之何？」子曰：「君子居之，何陋之有！」（子罕篇）

孔子既不得志於時，不能行其道於中夏，便想退而求其次，找一個風俗質樸的東夷地區，去推行教化於海外。這樣的念頭是很有可能的。應該不是戲言。昔人說：孔子打算浮海而去的「九夷」就是指當時的朝鮮（漢書地理志云：「殷道衰，箕子去朝鮮，教其民以禮義田蠶織作。……是以其民終不相盜，無門戶之閉。婦人貞信不淫辟。……故孔子悼道不行，設浮於海，欲居九夷，有以也。」）也很有可能。

子曰：「甚矣，吾衰也。久矣，吾不復夢見周公。」（述而篇）

孔子之崇拜周公，主要的在於周公制禮作樂，垂典範於後世。更由於周公既有其德，又得其位（輔成王，並攝行天子之事），因而能夠行大道於天下，推想孔子之心，未嘗不在崇拜之餘，更帶著幾分羨慕之意。孔子盛年時，行道之心切，因而念茲在茲，寤寐不忘。到了晚年，道既不行，周公也不復入夢。代之而起的，就只有「乘桴浮海」之一念了。

八、結語

從以上所引述一些片斷的孔子自述中，我們可以見到：孔子早從少年時代起，就立志向學，至老不衰，因而成就其淵博的學問。同時，他修德好道，淡泊名利。雖志在治國、平天下，但絕不以一己的窮通榮辱為念。

他在傳道授業方面，有教無類。只要是誠心前來求教的，無不收列門牆。

他不但不語「怪、力、亂、神」，就是一些涉及私利與玄虛的理論也少言及（論語子罕篇云：「子罕言利與命與仁」案：孔子罕言「利」與「命」則確有之。但關於「仁」卻談得很多。如里仁篇前面七章都是講「仁」的道理。顏淵篇有顏淵、仲弓、司馬等弟子問仁各章，孔子都分別作殊途同歸的解釋。其他各篇中談到仁的也不勝枚舉。）。他通常不作陳義過高的講述，而只是教人從切身的孝、悌、忠、信等德行做起，行有餘力時，再教以詩、書、禮、樂等學術。

孔子所秉持的忠、恕之道，就是：先成己而後成物（禮記中庸篇云：「誠者非自成而已也，所以成物也。」）先立己而後立人。孔子之道將個人修養的功夫與經世濟民的術業連貫成一氣。首先從正心、誠意、修身做起，最後達到治國、平天下的至善之境。這種哲學思想，所表現的是何等闊大的胸襟，何等崇高的理想！

總之，孔子不但是中國古代儒家思想的集大成者，他更為後世中華文化的發展，奠定了穩如磐石的基礎。孔子之道，可以推之於四海而皆準，行之於百世而不移，這是古今中外之所公認的。今日由於科學技術的快速發展與物質文明的急遽增進，因而產生物質與精神的失調現象。令我們不禁感受到世界倫理道德日隳的敗象，因而對人類的前途深抱隱憂。當此之時，我們深信發揚孔子之道，仍是挽回頹風，重整世道的唯一途徑。

論語「子張學干祿」解

論語為政篇云：

子張學（史記仲尼弟子列傳「學」字作「問」）干祿。子曰：多聞闕疑，慎言其餘，則寡尤；多見闕疑，慎行其餘，則寡悔。言寡尤，行寡悔，祿在其中矣。

本章「干祿」一辭，後漢鄭玄釋云：「干，求也。祿，祿位也」（注一）歷代注家，如南朝梁皇侃（注二）、宋朱熹（注三）、清劉寶楠（注四）等，都相沿無異說。

筆者早年讀論語至此，頗滋疑惑，以為其理難通者約有以下數端。

子張（顓孫師），子夏（卜商），子游（言偃）三人，同為孔門後進弟子中之矯矯者。孟子稱其「皆有聖人之一體」（注五）。觀乎子張平日的言論，如「士見危致命，見得思義」與，「執德不宏，信道不篤，焉能為有，焉能為亡」（注六），以及他向孔子發問的事項，如「問政」、「問崇德、辨惑」（注七）、

「問善人之道」(注八)、「問士如何謂之達」(注九)、「問十世」(注十)等，所表現的是何等的器局宏大，志向高遠。豈有絲毫像個熱中於富貴，急切干求祿位的人？此不可解者一也。

孔子生平雖未嘗自絕於仕途，但卻從來不汲汲於富貴(注一一)。因此他說：「富與貴，是人之所欲也。不以其道得之，不處也。」(注一二)他又說：「不義而富且貴，於我如浮雲。」(注一三)同時，他也最贊賞志學向道而淡於仕宦的人。他說：「三年學，不至於穀，不易得也。」(注一四)孔子叫漆雕開出仕，漆雕開謙辭道：「吾斯之未能信」，孔子聽到就很高興(注一五)。子路使「質美而未學」的子羔（高柴）為費宰，孔子毫不客氣的說這是「賊夫人之子」(注一六)。從這些方面我們不難看出，孔子對於弟子們的「出處」，是抱持著怎樣的態度。倘若子張捨本逐末，向孔子請教「登龍」之術，孔子不痛刮他一頓才怪！此不可解者二也。

孔子平日對於弟子們的發問，總是針對問題的重心，用簡明扼要的言辭答覆。若是提出問題與要求不當或是不切實際，他就直截了當的駁回，絕不以「遁詞」搪塞。例如：樊遲「請學稼」、「學圃」，他就回答說，「吾不如老農」，「吾不如老圃」(注一七)。子路問「事鬼神」，他就回答說：「未能事人，焉能事鬼！」。問「死」，他就說：「未知生，焉知死！」(注一八)本章孔子所回子張的話，全是一些有關進德業的功夫。倘若子張所問真是干求祿位，那孔子豈不是答非所問！此不可解者三也。

然則「干祿」一辭，究竟應該作何解釋？

在此處「干」之為求(注一九)，應無疑義。但「祿」是否言祿位、爵祿，就值得重新檢討了。

首先我們必須注意到的是，祿的本義就是「福」。爾雅釋詁下篇列舉祿、祉、祓、禧、禠、祜等字都釋為「福」。說文解字（第一篇）也說：「祿，福也」。詩三百篇中也是福、祿同義。清儒段玉裁說：「詩言福祿多不別。商頌五篇，兩言福（注二〇），三言祿（注二一），大旨不殊。釋詁、毛詩皆曰，祿，福也。此古義也。」（注二二）除了段氏所舉之外，小雅正月篇的「念我無祿」，大雅假樂篇的「受祿於天」，既醉篇的「天被爾祿」等句中的祿，也無不是福的同義字。

詩經裡又常見「福祿」二字連用，結合為同義複辭的。如大雅鳧鷖篇的「福祿來成」、「福祿來為」、「福祿來下」、「福祿來崇」，小雅瞻彼洛矣的「福祿如茨」、「福祿既同」等，都是現成的例子。「干祿」一辭的連用，在現存的古文獻中，最早也見於詩三百篇。大雅旱麓有「干祿豈弟（愷悌）」，假樂篇有「干祿百福」之句，都顯然是向上帝祈福之辭。大雅之詩，原是西周時代所作的「朝廷郊廟樂歌之詞」。爵祿出於朝廷所頒授。詩中的干祿，若解釋為朝廷（王者）向上帝祈求祿位，那還成何話說！

在此我們可以得到一個結論：子張所問（或所「學」）的「干祿」，是向孔子請教：如何而後可以「自求多福」（注二三）。孔子首先說明一個人要怎樣方能做到「言寡尤」、「行寡悔」。然告訴他：福祿只在「寡尤」、「寡悔」中求得之。此章子張之所問與夫子之所答，顯然正是「溫柔敦厚」的「詩教」。

有人反駁說：論語衛靈篇的「學也，祿在其中矣」與季氏篇的「祿之去公室五世矣」的「祿」，難道也不是說祿位？筆者的答覆是：論語這兩處的「祿」誠然是言祿位或爵祿。但若執此以斷定春秋時已有此義，恐怕就有問題。今行世的論語後十篇（自先進以至堯曰），宋代的朱熹已疑其「多闕誤」（注二四）。清儒崔述，更認定自季氏以下五篇，是出於「戰國時人之所偽撰，非門弟子所記」（注二五）。近人胡志奎君，又進一步從論語的編定體例，內容及其記言思想等方面，考定「下論」（論語後十篇）之編集時期，當在孟子成書之後（注二六）。衛靈・季氏兩篇，正是屬於「下論」的部分。那麼，篇中的遺詞用字，就不見得符合孔子的時代了。

即使是戰國時代孟子之言「祿」，多指俸祿（注二七），但他所說「經德不回，非以干祿也」（注二八），其中「干祿」一詞，依據本章上下文義與章旨（注二九），仍應該是言「求福」而非「求祿位」。

綜上所述，我們應該可以確定：自西周以至戰國時代，「干祿」一詞，完全與求福同義。其用作「求官」，無疑是降至秦漢以後的事。

又有人反駁說：大戴禮記有「子張問入官於孔子」（注三〇）一篇。劉向新序也有「子張」見哀公，七日而哀公不禮」（注三一）的記述。這難道不足以證明子張之熱中於求官？筆者的答覆是：大小二戴所師事的后蒼，是漢宣帝時的博士。據此，則大戴禮記之成書，當不早於宣帝時。漢儒所作的傳・記與緯書，其內容之出於傅會者多矣。「子張問入官」一篇，焉知非后蒼或戴德誤解論語「子張問干祿」一章而敷衍成文的？我們只要看大戴禮本篇孔子所回答的「安身取譽為難」等語，辭冗意卑，何嘗像是聖人之言？鄭玄箋注毛詩，但他卻在論語注中，拋開「干祿豈弟」與「干祿百福」等現成的詩義，而以干祿為干求祿位。恐怕正是他惑於大戴禮記的「子張問入官」的說法吧！後代讀論語的，又都不敢「背先儒之訓故」，以致一直錯到如今，豈不可歎！至於劉向的新序・說苑等書，本來都是摭拾戰國以來的雜說而成，那就更不足據以論定論語的文義了。

【注釋】

注一、論語何晏集解引。
注二、論語義疏。
注三、論語集注。
注四、論語正義。
注五、見孟子公孫丑上篇。
注六、均見論語子張篇。
注七、均見論語顏淵篇。
注八、見論語先進篇。
注九、見論語顏淵篇。
注一〇、見論語為政篇。
注一一、孟子滕文公下篇所謂「孔子三月無君，則皇皇如也」的說法，絕不可信。
注十二、見論語里仁篇。
注十三、見論語述而篇。
注十四、見論語泰伯篇。
注十五、見論語公冶長篇。
注十六、見論語先進篇。

注十七、見論語子路篇。
注十八、見論語先進篇。
注十九、爾雅釋言：「干、流，求也」。
注二〇、筆者案：當指烈祖篇的「降福無疆」與殷武篇的「封建厥福」。
注二一、當指玄鳥篇的「百祿是何（荷）」，長發篇的「百祿是遒」、「百祿是總」。
注二二、見說文解字第一篇段注。
注二三、語出詩經大雅文王篇。
注二四、見論語季氏篇「齊景公有馬千駟」章集注。
注二五、見洙泗考信錄卷之二。
注二六、見「論語編撰源流考徵」，原載孔孟學報十二期。
注二七、如：「仕者世祿」（見孟子梁惠王下）、「夫世祿，滕固行之矣」（見滕文公上）、「穀祿不平」（同上）、「祿之以天下，弗顧也」（見萬章上）、「祿足以代其耕也」（見萬章下）等都是。
注二八、見孟子盡心下篇。
注二九、孟子於此章舉堯舜禹湯為例，申說君子之行，在於「行性」、「復性」，以達於聖人之境。而且必須出於自然，而非有意為之（參照朱熹集注大意）。
注三〇、見大戴禮記卷八。
注三一、見新序卷五。

論語「管氏有三歸」的釋義

論語八佾篇，孔子云：「管氏有三歸，官事不攝，焉得儉！」「官事不攝」是指管仲的多置家臣（禮記禮運篇云：「大夫具官……非禮也。」其意是，大夫的家臣，應當一人兼司數事，不能如國君之設官分職。）其義較為顯明。但「三歸」一辭，卻有不同的說法。

東漢包咸說（何晏論語集解引）：「三歸，娶三姓女。婦人謂嫁曰歸。」宋儒朱熹集注則云：「三歸，臺名。事見說苑。」唐顏師古因包氏之說以注漢書。漢書地理志有云：「桓公用管仲，設輕重以富國，合諸侯，成伯（霸）功。身在陪臣而取三歸。」師古注：「三歸，三姓之女。」其實「取」字雖古與「娶」通，但漢書在此處卻未嘗非「取得」之義，不見得是指娶妻。清乾、嘉中俞正燮於此亦就「娶三姓女」之義而加以引伸（見所著癸巳類稿卷三「管氏三歸義」條）。

管仲縱有「一娶三女」的事，以大夫之身，一妻二妾，應未踰禮（桓寬鹽鐵論散不足篇云：「古者夫婦之道，一男一女以成室。及後，士一妾，大夫二，諸侯有姪娣九人而已。」）。況且，多妻也只能責其好色、好「內」，焉得謂為「不儉」？再以字義而論，男「娶」，女「歸」，不該稱為「三歸」。

可見包氏之說，牽強難通。朱熹集注本於劉向說苑善說篇：「管仲築三歸之臺，以自傷於民」之語，頗為近之，但仍未得其要領。直到晚清郭嵩燾出，方探求到這一辭語的根源。郭氏在所著史記札記（卷五上管晏列傳）「有三歸、返坫」條中，指出「三歸」一辭，實際上就是管子山至數篇所說的「則民之三有歸於上矣」之語。另在管子輕重乙篇也有「與民量其輕重，計其贏，民得其十，君得其三。」這些都是所謂「三歸」。

管仲所制定的富國之法，主要在於「權穀與幣之輕重」。大致是：每年春、夏時由官府計其時價以穀類貸借與民，責其秋收後以錢幣償還。倘若屆期負債人拿不出錢來，就須按照秋收後的穀價，折成實物輸穀。由於春、夏穀貴而秋收後穀賤，出入之間，官府可獲三成利潤。這就是所謂「民之三有歸於上」，簡稱為「三歸」。他如「斷山木、鼓山鐵（伐山與採冶鐵鑛等山澤之利）等營利事業，都開放民營。其產物民得其七，君得其三」，這也稱為「三歸」。換言之，當時齊國之所謂三歸，就是除田租以外各種賦入的總稱。管仲私人之取得三歸，則出於齊桓公之酬庸。晏子春秋（內篇雜下）說：「昔吾先君有管仲，恤勞齊國。身老，賞之以三歸，澤及子孫。」說苑（尊賢篇）也說：「齊桓公使管仲治國……賜之齊國市租一年。」但照韓非子（外儲說左下篇）的說法：「管仲相齊，曰：臣貴矣，然而臣貧。桓公曰：使子有三歸之家。」卻是出於管仲的要求。二說未知孰是。大約管仲得了這些錢財，就築臺以為藏富之所，這就是所謂「三歸之臺」——當時在齊國已有所謂「棧臺之錢」與「鹿臺之布」，亦見管子山至數篇。

列子楊朱篇云：「管仲之相齊也，君淫亦淫，君奢亦奢，言從志合，道行國霸。死之後，管仲而已。田氏之相齊也，君盈則已降，君斂則已施，民皆歸之，因有齊國。」這與說苑「自傷於民的說法相符。以為管仲之出此，是為了表明自已只圖安享富貴，並無收攬民心的企圖，以免除齊桓公的疑忌。戰國策東周策卻說：「齊桓公宮中七市，女閭七百，國人非之。管仲故為三歸之家，以掩桓公，非自傷於民也。」一依此，則管仲聚財的主要用意，是為了掩齊桓公之非而分其謗。

從以上各種文獻來推敲分析，郭嵩燾之解釋「三歸」一辭，確是至當不移。可以說自從東漢以來訓詁家所未能解答的難題，直到郭氏之說出，才得以豁然開朗。可見吾人研讀經史，雖不得不藉助於昔人的注疏，但對於注疏卻不可囫圇舌棗，輕信盲從。

論語「南人有言」章的釋義

〈論語・子路篇〉：

子曰：南人有言曰：「人而無恆，不可以作巫醫。」善夫！「不恆其德，或承其羞」。子曰：不占而已矣。

這一章的章旨大意，是說人不可以無恆，至為顯明。但若仔細推尋全章的文義，則不難發現歷來的注家，多有未盡妥貼之處。

首先是「人而無恆，不可以作巫醫」這句古諺。何晏〈集解〉引鄭玄注云：「言巫醫不能治無恆之人。」這解釋實在太離譜。原文孔子引述「南人」之言，分明是說無恆之人不能「充當」（作）巫醫，何嘗有「巫醫不能治無恆之人」的意思？

朱熹強調無恆不可以作巫醫之語是說「雖賤役猶不可以無常」（見〈論語集注〉），恐怕也大有問題。他錯在以後世的社會情況與觀念去理解古代的「南人」。

春秋時代所謂的「南人」，無疑地是指楚、吳、越一帶的人。〈漢書・地理志〉云：「楚地……信巫鬼淫祀。」又云：「吳粵（越）與楚接比，數相併兼，故民俗相同。」其實「南人」是「信巫」、「重巫」的。

再看〈國語・楚語〉中觀射父回答昭王的一段話：

> 古者民神不雜。民之精爽不攜貳，而又能齊肅衷正，世智能上下必義，其聖能光遠宣朗，其明能光照之，其聰能聽徹之，如是則神明降之。在男曰覡，在女曰巫。

觀射父在當時是楚國有學問的賢大夫，他的話最具代表性與權威性。他口中的巫覡既須具有這麼多聖智聰明的優越條件，則在一般「南人」的心目中，其身價該是何等的高尚？豈有視為「賤役」之理！

再者，昔人有將此所說的「巫醫」視作兩種職業的，也有未妥。〈說文〉引〈世本〉云：「古者巫彭作醫」。蓋溯其源，醫術本出於巫術，「巫醫」原是一體。只有巫師方能替人治病的風俗，直到今日不但可見於少數殘存的原始部族中。即使在文明社會，也仍保存著這類的「民俗療法」。因此，「南人」所謂的：「巫醫」，殊不必分別視之。

總之，南人之言，是說職司「通神」、「治病」的巫醫，至為重要，不可以讓無恆的人來擔任。

接著，孔子又引述〈周易〉恆卦的爻辭「不恆其德、或承之羞」之語來加以強調。最後再補充了一句「不占而已矣」。

從前的注家，對於「不占而已矣」一語，多數含糊其辭。

何晏「集解」引鄭玄注云：「易所以占吉凶。無恆之人，易所不占。」朱熹對此注顯然並不滿意，但自已又不得其解，因此他老老實實地說：「其義未詳」。並勉強引述了一位楊氏的解說「君子於易苟玩其占，則知無常之取羞矣。其為無常也，蓋亦不占而已矣。」朱熹以為「意亦略通」（見〈論語集註〉）。

筆者以為要得到這句話的正確解釋，首先必須著重在「而已矣」這個語詞的語氣上。〈論語〉中這類例句甚多：

〈里仁〉：夫子之道，忠恕而已矣。

〈雍也〉：其餘則日月至焉而已矣。

〈子路〉：君子於其言，無所苟而已矣。

〈憲問〉：斯已而已矣。

〈衛靈〉：夫何言哉！恭己正南面而已矣。

〈陽貨〉：古之愚者直，今之愚者詐而已矣。

〈微子〉：言中倫，行中慮，其斯而已矣。

凡此，可知「而已矣」這個語詞，正等於「就是了」、「就行了」、「罷了」等現代口語。「不占而已矣」語譯過來，等於說「只要不占筮就是了！」

孔子當時為甚麼要加上這句話？推想其故，大概是由於他向來不贊成藉卜筮以占吉凶，定禍福的行為。但他認為〈周易〉（卦・爻辭）裡面確有不少的格言，可作吾人修身，治事的準則，值得吾人研讀、取法。因此，最後他又交代弟子們說（末句前面所加的「子曰」，是表示孔子說過前面一段言語之後，略作停頓，然後轉過話頭，而作一番交代的意思。此在他章也有其例。）：「只要不用它來占筮就是了」

古籍中用語簡略，文字又多訛奪，像這樣費解的地方頗不鮮見。

〈荀子・大略篇〉有云：「善為易者不占。」這句話應該就是秉承孔子的明訓而來。

論語「女為周南召南矣乎」章旨的新探

論語陽貨篇：「子謂伯魚曰：女為周南、召南矣乎？人而不為周南、召南，其猶正牆面而立也。」詩三百篇的周南、召南，何以如此重要？

論語何晏集解引馬（融）曰：「周南、召南，國風之始。樂得淑女以配君子，三綱之首，王教之端。故人而不為，如面牆而立。」朱熹集注云：「周南、召南，所言皆修身齊家之事。」用語與馬融雖有不同，而實際出於一轍。其他各家對於論語這一章的解釋，也大都是同樣的論調。

馬融之說，不用說是本於〈詩序〉。〈詩序〉云：「關雎，后妃之德也……關雎麟趾之化，王者之風也，故繫之周公……鵲巢，騶虞，諸侯之風也，故繫之召公。周南、召南，正始之道，王化之基。是以關雎樂得淑女，以配君子。」（注一）關雎所詠，誠然是「君子樂得淑女」，但詩中何嘗有片語隻字提到「后妃之德」？再說，周公、召公，同為王室輔弼，身分相同。功業縱有高下，怎能一則繫以「王者之風」，一則繫以「諸侯之風」？這種說法，豈非太離譜！

到了朱熹的「詩集傳」，承襲舊說，而更加以具體化：「武王崩，成王立。制禮作樂。乃采文王之世，風化所及民俗之詩，被之管絃，以為房中之樂。而又推之及於鄉黨邦國。所以著明先王風俗之盛，而使後世修身，齊家、治國、平天下者，皆得以取法焉。」〈毛序〉之多不可信，至今已成定論。朱熹是繼歐陽修之後，抨擊〈毛序〉最痛切的學者之一。他卻仍然深信「二南」是稱頌「先王風化民俗」之詩，足為後世「治國平天下」之所「取法」。這未嘗不是由於他雖然掙脫了前人的圈套，卻仍不免拿道學的眼光來看詩三百篇之故。

只要我們略讀「二南」各篇，就不難發現其大部分內容，不過是些歌詠貴族的婚禮（如關雎、葛覃、螽斯、桃夭、鵲巢等篇）、生活（如芣苢、采蘩、采蘋、騶虞等篇）以及男女相慕相悅（如漢廣、行露、摽有梅、江有、野有死麕等篇）（注二）的詩篇。尤其是「野有死麕」、其吐辭之香豔，雖比之於鄭、衛兩風的「淫詩」，都只有過之而無不及。即以其他各篇來看，其所表現的「風化」、「民俗」精神，也遠難與豳風七月等篇相比擬。更不要說有甚麼「治國平天下」的大義了。

依筆者的淺見，可能是〈毛序〉的作者，（注三），看到孔子有推重「二南」的話，因而費盡了九牛二虎之力，牽強附會地作了這一番詩義。殊不知孔子對於關雎的佳評，只止於說它是「樂而不淫，哀而不傷」（注四）而已。首篇如此，二南其他各篇也不難推想而知。孔子何嘗稱許過他當得起「三綱之首，王教之端」，會是可以為「治國平天下者取法」！

但是，話又說回來，既然這樣，孔子為甚麼又說「不為周南、召南，其猶正牆面而立」的話呢？這確實是一個值得探討的問題。

「詩、書、執禮」是孔門的三個主要學科。三者之中，尤以詩「可以興，可以觀，可以羣，可以怨；邇之事父，遠之事君；多識於鳥獸草木之名」（注五）。而且，「不學詩，無以言」（注六）。至於想要從政或是出使專對，更非得先受過「誦詩三百」（注七）的教育不可。總之，在春秋時代，「詩」是一切社會、自然科學以及文化修養的主要教科書。因此，論語中屢見孔子與門弟子言「詩」。詩三百篇的篇次，以周南、召南居首（注八），學詩的當然也自周南、召南開始。孔子問伯魚有沒有學周南、召南，等於是問他們有沒有開始學「詩」。

更有進者，我們應該特別注意：此處孔子提到周南、召南，既不說「學」，也不說「誦」，而是說「為」。（注九）「為」就是「為樂」。「樂以詩為本」，在春秋時代，詩與樂原是一體的。作為一個有修養的士君子，不但要能「誦詩」，也要能「為樂」。孔子的音樂造詣之深，就連魯國的「太師」都要向他承教。（注一〇）然而他在齊國聽到了「盡善盡美」的「韶樂」，竟至於「學之」（注一一）三月不知肉味。他感嘆說：「不圖為樂之至於斯也。」孔子自己「為樂」如此精勤，對於子弟的音樂教育當然也不會忽視。

按照周代的制度，具有基層貴族身分的「士」，到了成年（二十歲）加冠之後，就可以入仕任職，同時也有了資格參加一些鄉黨閭上流社會的典禮。這些典禮主要的是「鄉飲酒禮」和「鄉射禮」。層次較高則是「燕禮」。鄉飲酒禮是寓意於「尊賢養老」與「明長幼之序」的典禮，由鄉大夫作主人，「飲賓於庠序」。射禮是「觀德取士」之禮，有「鄉射」與「大射」之分：鄉射行之於鄉，大射行之於國或王畿。燕禮是「君臣宴飲」之禮，表示「上下相尊」之義。（注一二）在這些典禮中都要奏樂。（注十三）。三者之中，以鄉飲酒禮與燕禮最為隆重，奏樂的程序分為四個階段：首先是「升歌」（樂工唱詩，鼓瑟伴奏），其次是「笙」（吹笙，擊磬為節），再次是「間歌」（一歌一笙相間），最後是「合樂」（歌樂與「眾聲齊作」）鄉射禮中的奏樂較為簡省，只有「合樂」而不歌不笙不間。升歌、笙與間歌所用的樂章都取材於「小雅」（鹿鳴、四牡、皇皇者華、南陔、白華、華黍、魚麗、由庚、南有嘉魚、崇丘、南山有臺、由儀等篇）。合樂所采用的卻是「周南」的關雎、葛覃、卷耳與「召南」的鵲巢、采蘩、采蘋各篇（注一四）。

「合樂」是典禮樂中最重要的階段，也是高潮之所在。揆諸情理，當「眾聲齊作」之際，除了樂工們的齊奏、齊唱之外，堂上的賓主們想必也免不了相和而歌。在這種場合中，倘有人對於二南的詩樂毫無所知，無疑地一定會噤口難開，舉止失措。因此，孔子囑咐年少的伯魚，叫他在行將進入社會，參與活動之前，一定要先學好周南、召南的詩樂。以免一遇到大場面，就侷促一隅，無所措手足。更會被譏為粗野無文，缺少教養。恐怕這才是孔子的原義。同時，這也就是孔子所說「興於詩，立於禮，成於樂」（注一五）的一端。然乎？否乎？

【注釋】

注一、可能漢初言「詩」的，都同此一說，也未可知。只是魯、齊、韓三家久已亡佚，無可印證了。

注二、各篇大意，略依屈萬里「詩經釋義」之說。

注三、毛序的作者究竟是何人，不在本文討論範圍。

注四、見論語八佾篇。

注五、見論語陽貨篇。

注六、見論語季氏篇。

注七、見論語子路篇。

注八、今傳世的毛詩，分為風、雅、頌三大部分。十五國風的順序與左傳襄公二十九年（西元前五四四年。其時孔子八歲）吳季札觀周樂，自周南、召南以至邶、鄘、衛、王、鄭、齊等國的次序全同，只有齊以下各國相異。因此我們可以斷定，在孔子的時候，詩三百篇也該是以周南、召南為始。

注九、論語陽貨篇朱熹集注云：「為，猶學也」，嫌有未當。在古籍中「為」字用作動詞，只有「作」與「治」二義。

注一〇、論語八佾篇云：「子語大師樂曰：樂，其可知也。始作，翕如也。從之，純如也，皦如也，繹如也，以成。」

注一一、今本論語述而篇，在「三月」之上無「學之」二字，茲依史記孔子世家添入。這樣似乎意義更為明確。

注一二、詳見儀禮鄉飲酒禮、鄉射禮、燕禮以及禮記鄉飲酒義、射義、燕義各篇。

注一三、士冠禮、士昏禮、士相見禮等均不舉樂。

注一四、以上依據〈儀禮〉相關各篇。
注一五、見論語泰伯篇。

論語章旨疑義拾零

論語雖然並不算是一部難讀的古書，但是由於文句簡略，各章所蘊含的深旨大義，雖經過二千餘年以來無數經師學者的注疏研討，至今仍存在不少的懸疑與歧見，未曾解決。

筆者除了曾就其章旨較為繁複的撰寫數篇專文討論外，茲再滙集一些較為零星的問題，分別析述如次。

子禽問於子貢曰：「夫子至於是邦也，必聞其政。求之與，抑與之與？」子貢曰：「夫子溫、良、恭、儉、讓以得之。夫子之求之也，其諸異乎人之求之與！」（學而篇）

本章「夫子溫良恭儉以得之」一語，鄭玄注云：「言夫子行此五德以得之。」朱熹注云：「五者，夫子之盛德光輝，接於人者也。」兩家的解釋，都不免流於囫圇吞棗。此章子禽問孔子之「聞政」，究竟是求之（於邦君）而得，抑是（邦君）自動與之。因而可見子貢所說的這「五德」，應該是專指孔子平日對邦君的德容而言。否則，孔子平日待人接物的盛德高風，豈只限於這五項「柔德」而已。

孔子謂：「季氏八佾舞於庭。是可忍也，孰不可忍也！」（八佾篇）

這是孔子之深疾季氏僭禮的行徑，自不待言。但是自東漢的馬融（見〈論語集解〉引），以至南宋的朱熹（見〈四書集注〉），各注家都未提到當時較詳細的事實背景，以致我們仍難以確實體會到孔子說這話時深惡痛絕的心境。

〈左傳〉昭公二十五年云：「將禘（言「將」，大概是預習）於（魯）襄公，萬（舞）者二人。其衆萬於季氏。」姑不論魯君之用八佾是否果為周成王所賜。季氏身為卿大夫，只以二人獻舞於薨逝的國君，卻自用天子的八佾舞以自娛。豈止是目無國君，更何嘗把天子放在眼中！這是孔子之所以如此沈痛地譴責之故。

或問禘之說。子曰：「不知也。知其說者之於天下也，其如示諸斯乎！」指其掌。（八佾篇）

這一章，歷來的學者，多以為孔子非真不知，而是由於禘祀是天子之禮，今魯僭用。孔子為魯諱，故託言不知。

其實，孔子之施教「無隱」，斷無「言及之而不言」之理。況人問「禘之說」，只須告之以禘祀的「祭義」即可，儘可不必牽涉到魯室僭禮的問題。

蓋因禘祀原是殷人祭天之禮（相當於周代的「郊」）。到周代纔漸變為「報祖」的宗廟祭祀。這過程在近世發現殷墟甲骨以前，是無從得知其端倪的（詳拙文〈禘祀的探討〉。載在〈大陸雜志〉第八十九卷第三期）。孔子之不知其詳，自是意中事。

孔子自已也說過：夏、殷之禮，文獻不足，他能「言之」而不能「徵之」（見〈論語・雍也〉篇）。只因歷代儒者，以為聖人應無所不知，因而曲為之說，殊不足為訓。

子貢欲去告朔之餼羊。子曰：「賜也，爾愛其羊，我愛其禮。」（八佾篇）

何晏〈論語集解〉略云：「魯自文公起始不視朔。子貢見其禮廢，故欲去羊」（以上鄭玄注）。孔子以為「羊存，猶以識其禮。羊亡，禮遂廢」（以上包咸注）。故孔子主張仍保留「餼羊」。後世注家，都從此義。

殊不知，倘若禮已先廢，只存其羊何益於識其禮？這是說不通的。

案：左傳文公十六年「夏五月，公四不視朔。」雖魯文公屢不視朔，未見得「告朔」之禮從此就廢而不行。揆諸情理，應該是其時禮猶未廢（「告朔」是每月舉行的常禮，史所不書）。只是子貢以為不必供羊，可以省費。但孔子認為自昔告朔之禮都用餼羊告廟。無此就禮文不夠完備，不夠隆重。故有此語。

哀公問社於宰我。宰我對曰：「夏后氏以松，殷人以柏，周人以栗。」曰：「使民戰栗。」子聞之曰：「成事不說，遂事不諫，既往不咎。」（八佾篇）

本章自何晏〈集解〉引孔安國以至朱熹〈集注〉，都以為「使民戰栗」是宰我解釋之語。實則，「使民戰栗」這句話的上面既有一個「曰」字起頭，分明是對話的另一方發言。如，〈顏淵〉篇：哀公問於有若曰：「年飢用不足，如之何？」有若對曰：「盍徹乎？」曰：「二，吾猶不足，如之何其徹也！」二者的文法正相同。

哀公何以會迸出「使民戰栗」這句話呢？這是由於他以魯國公室衰微，政出「三家」，他不甘做個傀儡國君，有力謀振作的意圖，（他曾問孔子「何為則民服」，也是這個意思。）因而有此借題發揮的「補充語」。

但是孔子深知魯國之「祿去公室，政逮大夫」已非一日。今日哀公一心要想「張公室」，倘操之過急，不但難望成功，甚至反足以速禍。當時宰我未能及時婉言進諫，孔子也只好不再說了。恐怕這才是孔子「成事不說」等語之所由發（大意依據清．俞樾〈茶香室經說〉卷十六。宋．洪邁〈容齋五筆〉卷十已先有此意。）

子曰：「朝聞道，夕死可矣！」（里仁篇）

程（頤）、朱（熹）以為：「言人不可不知道。苟得聞道，雖死可也。」表面上看，這樣解釋似乎沒有問題。但是，孔子素重實踐。只「聞道」而未能「行道」，豈能無憾？

何晏〈論語集解〉云：「言將至死不聞世之有道。」梁・皇侃〈論語義疏〉亦承其說。推想孔子的原意，應該是慨歎不聞「天下有道」與「邦有道」。

子曰：「不有祝鮀之佞，而有宋朝之美，難免乎今之世矣。」（雍也篇）

何晏〈論語集解〉引孔安國云：「言當如祝鮀之佞，而反如宋朝之美，難乎免於今之世害也。」換句話說，就是：孔子慼歎今世的人，倘沒有好的口才，則縱然貌美，仍難免於受害。朱熹〈四書集注〉卻是另一種說法：「衰世好諛悅色，非此難免。」也就是說：在今日這樣的衰世，倘使沒有好的口才與漂亮的外表，就難為人所喜。

事實上，這兩種說法都難令人愜意。

清人林春溥〈四書拾遺〉引〈意原〉（作者不詳）之說云：「此言專為衛靈公而發。」大意是：衛靈公無道。倘沒有祝鮀的口才替他折衝於列國之間，而只是迷惑於宋公子朝的美色，則他難免身受其禍。此說確有獨到的見解。

衛大夫祝鮀，字子魚，賢良而有口才，曾在「加陵之會」，說動晉卿范獻子，為衛侯爭得較高（先於蔡侯）的位次。（見〈左傳〉定公四年）宋公子朝是衛靈公身邊的嬖人。與靈公夫人南子私通。（見〈左傳〉定公十四年）

這樣看來，此章原是說：衛靈公雖荒淫無道，但卻頗能選賢任能，故得以免於禍亂。只因記言者疏略，漏掉了一個主詞「衛靈公」——也可能是早期（戰國、秦、漢間）傳寫敓去——以致留此疑團。

我們還可以在〈論語〉中找到另一項佐證，作為有力的支撐。〈憲問〉篇有一章：

子言衛靈公之無道也。（季）康子曰：「夫如是，奚而不喪？」孔子曰：「仲叔圉治賓客；祝鮀治宗廟；王孫賈治軍旅。夫如是，奚其喪？」

冉有曰：「夫子為衛君乎？」子貢曰：「諾，吾將問之。」入曰：「伯夷、叔齊，何人也？」曰：「古之賢人也。」曰：「怨乎？」曰：「求仁而得仁，又何怨！」出曰：「夫子不為也。」（述而篇）

衛靈公逐太子蒯聵。靈公薨，國人立孫輒（蒯聵之子）。晉納蒯聵，而輒拒之。事見〈左傳〉定公四年與哀公二、三年。

〈論語〉鄭玄注云：「父子爭國惡行。孔子以伯夷、叔齊為賢且仁，故知不助衛君（輒）。」朱熹注云：「伯夷以父命為尊，叔齊以天倫為重。其遜國也，皆求合乎天理之正，而即乎人心之安……若衛輒之拒父而唯恐失之，不可同年而語矣。」朱注較鄭注用語更多而頗嫌辭費。倒是宋儒洪邁兩句話說得最為簡單明瞭：「孔子既以兄弟相讓為賢，則必不以父子相爭為是。」（見〈容齋隨筆〉卷三）

孔子與魯國的季氏

一、引言

春秋時代的魯國，自宣公（西元前六〇八—五九一年）時起，逐漸形成了「祿去公室，政逮三桓（注一）」的局勢。三桓之中，尤以季氏最為強盛。孔子的一生，除了周遊在外的歲月，其居魯之日，無論在朝在野，當然都難與季氏絕緣。本文的目的，在於將孔子一生的立言行事之與季氏有關的，作一個簡明的敘述。

二、魯昭公討季氏之失敗與孔子之適齊

周敬王三年（西元前五一七年），魯昭公介入於季氏與另一世臣臧氏的私鬥，又久忿於季氏的跋扈專擅，因而親率人眾討伐季氏。不料反為三桓聯手擊敗，奔往齊國。

此後，魯昭公連年奔走於齊、晉兩大國之間，要求幫助他復位，都未能如願。他先後避居在鄆邑（齊國為他取得的魯地）與乾侯（晉國的邊邑），過著流亡的「寓公」生活（注二）。這期間，季氏更加肆無忌憚，竟至僭用天子禮樂，在中庭舉行「八佾」的樂舞。孔子忿然說：「是可忍也，孰不可忍！」（注三）此時孔子既未任職於朝，也無力挽救這種亂象。於是只得離魯赴齊（事在西元前五一七年）。

孔子在齊，雖頗受齊景公的禮遇，卻也受到一些大夫的排擠。因而兩年之後（西元前五一五年），重返於魯（注四）。

在這種局勢之下，孔子居魯，當然無意於從政，只是致力於授徒講學。孔門較年長的「先進」弟子如曾皙（曾參之父）、顏無繇（顏回之父）、仲由、閔損等，大致此時已列夫子門牆。

三、陽虎之亂

魯昭公失國七年之後，死於乾侯（時為周敬王十年，西元前五一〇年），其弟定公即位。到了定公五年（西元前五〇五年），魯國又發生了一次不小的政變。

原來魯國在五代國君（宣、成、襄、昭、定五公）大政落於三桓的過程中，三桓的家臣也隨著壯大起來。尤其是季平子的晚年，實際執掌大權的是其家臣陽虎（注五）。

陽虎的野心大得很，他早就想取代季氏。他企圖拉攏孔子，除了餽贈「蒸豚」示好之外，還在路上攔住孔子，對他說：「懷其寶而迷其邦，可謂仁乎……日月逝矣，時不我與！」（注六）想用激將法促孔子出山。孔子當然不會「入彀」，並且私下感歎說：「祿之去公室，五世矣；政逮於大夫，四世矣。故三桓之子孫微矣。」（注七）

等到季平子一死（周敬王一五年，西元前五〇五年），陽虎竟立刻將嗣位的季桓子囚禁起來，並打算盡殺三桓。結果是三桓聯合起來擊敗陽虎。陽虎奔齊，繼奔晉，依於趙氏（簡子）。這場叛變，方告敉平。時為周敬王十九年（西元前五〇一年）。

四、孔子為魯司寇與「墮三都」

陽虎之亂平定後，三桓的氣燄也暫時收斂了些。於是魯定公任命孔子為中都（今山東汶縣西）宰。未久又擢升為司寇，掌管司法與治安。同時，子路也充當季氏的宰臣，頗受信任。一時看來，師徒們似乎可以得君行道，一展抱負了。

接著在周定王二十年（西元前五〇〇年），魯定公與齊景公會盟於夾谷（在今山東省萊蕪縣）。孔子擔任定公的相（儐价）。由於孔子執禮與應變的才能，使得弱勢的魯定公能在會中始終與齊君保持分庭抗禮，並獲得歸還了鄆、讙、龜陰三邑的領土（注八）。可說是魯國在外交上的空前勝利。

孔子所主持的另一件大事是「隳三都」。三桓各有一個大「都」作封邑。孟孫氏的封邑是「成」，叔孫氏的封邑是「郈」，季孫氏的封邑是「費」。三邑的城垣都很堅固。三桓的大宗嗣子本身既是國卿，當然必須「居朝」（在國都曲阜）。至於封邑，就只得委由家臣或族子治理。這樣一來，倘遇到不忠的邑宰，那堅固的城池就反而成了家臣盤踞稱叛的根據地。

陽虎之叛就是一例。無獨有偶地同一年又發生了叔孫氏家臣侯犯據郈稱叛的事件（注九）。三桓有鑒於此，大家達成協議，一齊拆毀三邑的城垣，以免後患——此舉可能是出於子路的建議。身為公朝司寇的孔子，認為依禮「家（大夫）不藏甲，邑無百雉之城」，因此也贊同此舉。卻不料郈、費二邑隳城之後（注一〇），孟孫氏卻反悔，不肯從命。魯定公派兵圍逼，也徒勞無功（注一一）。

孔子之去魯適衛，就在隳三都事件之後不久。依據〈論語〉的記載，是由於魯君受齊人女樂（注一二）而引起。但揆諸事理，當時的情況，恐並非如此單純。

季桓子本是一個顢頇庸儒的貴胄。只看他為家臣陽虎所制，而且一再被拘執，就可想見。其為人既無能又無德，大概看到孔子大義凜然的行事風格，早就不自在。初時雖與叔孫氏自願「隳都」，事後卻又心不自甘，而遷怒於孔子師徒。在這種情形之下，即使沒有「齊人歸女樂」的事，孔子也不會再留下來。

衛靈公雖非賢君，但立朝的蘧瑗、史鰌等都是當代的名賢，這個魯國的兄弟之邦，政局並未大壞。靈公待孔子也非常禮遇。未久，衛靈公死（周敬王二十七年，西元前四九三年），衛國發生蒯聵父子爭位(注一三)的事件。孔子為了避免捲入這場有傷人倫大義的政爭而離衛，往來於陳、蔡之間，並曾往負函(今河南信陽)會晤楚國的重臣葉公。這樣栖栖遑遑地過了三個年頭，又重返於衛。直到敬王三十六年(西元前四八四年)，方受召回到魯國。

大致在衛出公(輒)即位(西元前四九二年)後，原來隨孔子居衛的子貢、冉有二人先後返魯任職。子貢長於辭令，又富於財，常「結駟連騎」，往來於諸侯間。至於冉有，除了長於理財，為季氏所重外，又曾領軍擊退齊師(注一四)，立下大功。因此，季康子聽從冉有的建言，恭迎孔子歸國。至此，孔子去魯已歷首尾十四年，而且是六十八歲的高齡了。

五、孔子晚年居魯與季氏的關係

孔子晚年歸魯後，對於現實的政治，已不寄與太大的希望。他所專注的，是學術與道統的薪傳。因此，又教授了一些「後進」的弟子。其中如子夏、子游、子張、曾參等，對於儒學日後的傳承，貢獻最大。

當然，此時魯國君(哀公)臣對於這樣的一位國之大老，其尊崇與禮遇自不用說。尤其是執政的季康子，常向孔子請教為政之道。孔子總是要言不繁地有問必答。例如：

季康子問：「使民敬忠以勸，如之何？」子曰：「臨之以莊則敬；孝慈則忠；舉善而教不能則勸。」（注一五）

季康子問：「仲由可使從政也與？」子曰：「由也果，於從政乎何有！」曰：「賜也，可使從政也與？」曰：「賜也達，於從政乎何有！」曰：「求也，可使從政也與？」曰：「求也藝，於從政乎何有！」（注一六）

季康子問政於孔子。孔子對曰：「政者，正也。子帥以正，孰敢不正！」（注一七）

季康子患盜，問於孔子。孔子對曰：「苟子之不欲，雖賞之不竊！」（注一八）

季康子問政於孔子曰：「如殺無道以就有道，何如？」孔子對曰：「子為政焉用殺？子欲善而民善矣。君子之德風，小人之德草。草上之風必偃。」（注一九）

當然，諸如此類，季康子未見得能夠一一遵行。例如：

季孫欲以田賦（注二〇），使冉有訪諸仲尼。仲尼曰：「丘不識也……季孫若欲行而法，則有周公典在，若欲苟而行之，又何訪焉！」（注二一）

即使孔子反對，季康子仍在翌年施行了「田賦」之制。

孔子對於三桓之僭禮，毫無假借地與以批評。例如：

三家者以雍徹。子曰：「相維辟公，天子穆穆，奚取於三家之堂！」（注二二）

季氏旅於泰山……子曰：「嗚呼！曾謂泰山不如林放乎！」（注二三）

冉有雖是孔子的得意門生，但他對於冉有之為季氏聚斂財富，仍毫不留情地譴責：

季氏富於周公，而求也為之聚斂而附益之。子曰：「非吾徒也。小子鳴鼓而攻之可也。」（注二四）

陳成子弒齊簡公的消息傳到了魯國。孔子沐浴而朝，告請魯哀公出師討伐。結果阻於三桓，只得作罷。孔子無奈地說：「以吾從諸大夫之後，不敢不告也。」（注二五）三桓之擅魯，亦猶陳（田）氏之擅齊，原是一丘之貉。這點孔子豈有不知，明知出師的建言說了等於白說，但大義之所在，豈容緘默！同時孔子這樣做也是為了向三桓示警。這另一層的深意，我們應該體會得到。

【註釋】

注一、魯桓公（西元前七一〇—六九四年）四子，除嗣位的嫡長子莊公外，其庶兄慶父之後為仲孫氏（當時習稱為孟孫氏），弟叔牙之後為叔孫氏，季友之後為季孫氏。均世為魯卿，號為「三桓」。

注二、以上參閱史記魯世家與左傳昭公二十五年至三十二年。

注三、見論語八佾篇與左傳昭公二十五年。

注四、參閱史記孔子世家。本文有關史事的年曆，凡春秋經傳無考的，概以錢穆先秦諸子繫年為準。

注五、即陽貨。說詳先秦諸子繫年考辨七。

注六、見論語陽貨篇。

注七、見論語季氏篇。

注八、見左傳定公十年。

注九、同前注。

注一〇、墮郈最為順利。墮費卻引起了公山不狃與公孫輒的反抗，終由孔子派兵討平。事見左傳定公十二年。

注十一、見左傳定公十二年。

注十二、見論語微子篇。

注十三、見左傳哀公元年。

注十四、見左傳哀公十二年。

注十五、見論語為政篇。

注十六、見論語雍也篇。
注十七、見論語顏淵篇。
注十八、同前注。
注十九、同注一七。
注二十、古者，「賦」是用於軍備的徵發。應該「按口率出泉（錢）」（見周禮・大司馬與太宰各篇鄭玄注）。稅（租）則按田徵收。今軍賦亦按田徵收，則加重農耕者的負擔。
注二一、見左傳哀公十一年。
注二二、見論語八佾篇。
注二三、同前注。
注二四、見論語先進篇。
注二五、見論語憲問篇。

孔子對於魯大夫臧文仲的貶辭

春秋時代，出自周室宗姓的鄭、衛、魯三國，其君臣大致「猶秉周禮」。也就是說：這三國的貴族們，在政治、社會各方面，仍頗能固守其以宗法制度為基礎的倫理道德規範。職是之故，這三國也確實產生了一些賢士大夫。其中尤以鄭國的公孫僑（子產）、衛國的蘧瑗（伯玉）、魯國的臧孫辰（文仲）等最為突出。

三人之中，以臧文仲的年代為最早。其生年無考，而事蹟則始見於史記十二諸侯年表魯莊公十一年（西元前六八三年）。其卒於魯文公十年（西元前六一七年），見於〈左傳〉。次為公孫僑。其事蹟始見於左傳魯襄公八年（西元前五六四年），卒於魯定公十四年（西元四九六年）。蘧伯玉則年世較晚，大致略長於孔子。其事蹟始見於左傳魯襄公十四年（西元前五五八年）。卒年無考。

在論語中，我們可以看到孔子對於這三位賢者的評語。

鄭子產是春秋時代少數傑出政治家之一。其德行與事功可說是完美無缺。孔子對他讚美不置（註一），自不待言。蘧伯玉以私德高尚見重於世。不但後代的儒書中多所稱道（註二），即使是道家之流，也對他對極為推崇（註三）。他與孔子相知頗深（註四）。但孔子對他的讚譽（註五），絕對沒有摻雜任何私誼的成分。孔子對於鄭子產與蘧伯玉兩人都是有褒無貶，但對於素有賢卿之譽的魯國臧孫辰卻有貶無褒，未免令人不解。

我們先看孔子對於臧孫辰有那些評語。〈論語公冶長篇〉云：

子曰：臧文仲居蔡，山梲藻節，如何其知（智）也？

〈衛靈公〉篇云：

臧文仲其竊位者與！知柳下惠之賢而不與立也。

除此之外，又見於〈左傳・文公二年〉云：

仲尼曰：臧文仲其不仁者三，不知者三。下展禽，廢六關，妾織蒲，三不仁也；作虛器，縱逆祀，祀爰居，三不知也。

〈禮記禮器篇〉云：

孔子曰：臧文仲安知禮！夏父弗綦逆祀，而弗止也。燔柴於奧（註六）——夫奧者，老婦（註七）之祭也。盛於盆，尊於瓶。

這數種文獻所記孔子之言臧文仲的缺失，詳略互見。大致可以歸納為以下數項：1.不能重用賢士展禽（柳下惠）。2.廢除六處關隘——古之設關，在於稽查姦宄——為了博取寬大之譽而不計其影響治安。3.命姬妾織蓆販賣，與小民爭利。4.私藏大龜（註八），又僭用天子的廟飾——山梲藻節。5.不能匡正公室違禮的祀典。6.妄以棲止於東門的海鳥「爰居」為神，而命國人祭祀。7.祭祀竈神而用燔柴的大禮——「先炊之神」甚卑，本只可盛食於盆，盛酒於瓶以祭。

孔子對臧文仲的總評是：不仁、不智、不知禮。可說是一無是處。貶抑他到了這種地步，是甚麼緣故？

我們不妨先瞭解一下臧文仲生平的重要事蹟。

〈史記魯世家〉中沒有一語提到這位歷事三朝（魯國的莊、僖、文三公）的重臣。只在〈十二諸侯年表〉中，魯莊公十一年〈周莊王十四年，西元前六八三年〉欄有「臧文仲弔宋大水」的記載。〈春秋〉經傳（左傳）所記述有關臧文仲的重要事蹟如次：

一、魯莊公二十八年（西元前六六六年），魯飢。臧孫辰告糴於齊。

二、魯僖公二十年（西元前六四〇年），宋襄公欲「令」諸侯（稱霸），臧文仲聞之，曰：「以欲從人則可，以人從欲鮮濟。」

三、魯僖公二十一年（西元前六三九年），魯旱。僖公欲焚巫尫（註九）。臧文仲說：「非旱備也。修城郭、貶食用、務穡、勸分，此其務也。巫尫何為？天欲殺之，其如勿生。若能為旱，焚之滋甚。」僖公從之。

四、魯僖公二十二年（西元前六三八年），邾人出師伐魯。僖公輕敵，「不設備而禦之」。臧文仲說：「國無小，不可易也。無備，雖眾不可恃也。」僖公不聽，結果大敗，自已穿戴的甲冑也成了邾人的戰利品。

五、魯僖公二十六年（西元前六三四年），齊孝公伐魯，臧文仲赴楚乞師。

六、魯僖公二十八年（西元前六三二年），晉文公欲殺衛侯，臧文仲言於僖公救衛侯，事後且「不受衛侯之賂」。

七、魯僖公三十一年（西元前六二九年），晉文公削曹地以分與諸侯。臧文仲聽從重（地名）「館人」的建議，捷足先往，為魯多分得了土地。

八、魯僖公三十三年（西元前六二七年），勸僖公朝齊。他說：「服於有禮，國之福也。」

九、魯文公五年（西元前六二二年），臧文仲聞「六」與「蓼」兩小國為楚所滅，感歎說：「皋陶、庭堅（註一〇），不祀忽諸。德之不建，民之無援，哀哉！」

十、魯文公十年（西元前六一七年）「臧孫辰卒」。（註一一）

臧文仲的生年無考。假設他奉派前往宋國弔問水災時（西元前六八三年）年二十，則他享壽八十六歲。綜其一生，歷仕莊、僖、文三朝，雖然未建赫赫的功勳，但表面看來，其為人倒也老成持重，言行中矩。不但未失大臣之體，也可說頗有仁者之風。何以孔子對他竟有貶無褒？

孔子最不滿意臧文仲的地方是「知柳下惠之賢而不與立」。

魯國的賢士展禽（注一二），屢向臧文仲建言，臧文仲深為敬服，曾說：「季子之言，不可不法」（注一三）。後世也無不以展禽為道德的楷模。孟子對於春秋時代的人物，所最崇敬的除了孔子之外，就要數到展禽了。他稱之為「聖之和者」，並說：「聞柳下惠之風者，鄙夫寬，薄夫敦。」（注一四）可見展禽的德行，不僅止於獨善其身，而且足以感化群眾。

柳下惠在事功方面也有足可稱述的：

魯僖公二十六年，齊孝公舉兵伐魯。執政的臧文仲急得沒法，親赴楚國求救。另一方面，由展禽之弟展喜，「受命於展禽」，趕往邊境犒齊師，並以不亢不卑的辭令說退了齊師（註一五）。於此等處，也可以略見柳下惠很有處理軍國大事，應付危機的卓越能力。然而像這樣的一位才德兼備的賢士，竟始終未得到臧文仲的舉薦與拔擢，而久居於一個「士師」（註一六）的微職。這樣看來，臧文仲不但是不能夠「選賢任能」，更顯然是「妒賢忌能」了。

除此之外，臧文仲之奢侈僭越而貪小利，昧於禮法而諂事鬼神，可說都是確鑿有據的「慚德」。這樣看來，孔子以責備賢者的「春秋大義」指責他「不仁、不智、不知禮」，一點也不為苛刻。

我們倘若更進一層去探討，則不難發現孔子之深責臧文仲，恐怕還有出於「言外」者。

春秋時代，魯國自僖公十六年（西元前六四四年）公子季友、公孫茲相繼歿後，即由臧文仲、公子遂、公孫敖三人共同柄政。但遂、敖兩人備位而已，實際執政的祇是臧文仲一人。直到魯文公十年（西元前六一七年）臧氏卒為止，在這近三十年期間，臧氏倘能如鄭國的公孫僑一樣地革新內政，發展外交，拔擢賢能，則魯國必能有所振作。但事實上，他長期竊居高位，無所作為。以致形成了魯國「公室卑，三桓強」（註一七）的局面。此當為孔子所最痛惜的事。然而孔子竟無一語提及，這恐怕是由於當時「三桓」的「威權勢力」，正如日中天。孔子為了明哲保身，就不得不「為尊者諱」了。

【註釋】

注一、見論語公冶長、憲問等各篇。
注二、見於禮記檀弓篇、韓詩外傳卷七等。
注三、見於莊子則陽、人間世、呂氏春秋召類篇等。
注四、孔子赴衛，兩「主」（住）蘧伯玉家。孔子返魯，蘧伯玉「使人於孔子」。見史記孔子世家與論語憲問篇。
注五、見論語憲問、衛靈公等篇。
注六、鄭玄注云：「奧」當為「爨」字之誤。或作「竈」。
注七、鄭玄注：老婦，「先炊者」（竈神）也。
注八、「蔡」是大龜之名。古者，天子、諸侯始得藏龜（禮記禮器篇云：「家（大夫）不藏龜」）。
注九、「巫尪」是指祈雨的女巫。一說：尪是「瘠病之人」，其面向上。上天憐憫他，為恐雨水灌入其鼻孔，因而不雨。
注一〇、相傳「六」國是皋陶之後；「蓼」國是庭堅之後。皋陶是唐堯之臣；庭堅是高陽氏之子，「八凱」之一。一說：皋陶就是庭堅。
注一一、本文中所列一、五、六、七等項史事，國語魯語中亦有之。
注一二、太平御覽四百二引鄭玄注略云：魯士師展禽，其邑名柳下，謚惠。淮南子說林篇高誘注云：名獲，字禽。亦有云「柳下」為稱號的。
注一三、見國語魯語。「季子」指展禽。
注一四、見孟子萬章下篇。

注一五、見左傳僖公二十六年。

注一六、士師是司寇的屬官。

注一七、「三桓」之僭權，形成於魯文公卒，宣公立之際（西元前六〇八年頃）。見史記魯世家。

孔子之教勇與孔門之勇士

一、孔子之教勇

一般人談到孔子之道，多只偏重在忠恕仁愛諸德目上，而很少提到「勇」的。其實孔子非常重視勇之為德，常以此訓誨門徒，並垂教於後世。

孔子說：「知（智）、仁、勇三者，天下之達德也。……知斯三者，則知所以修身；知所以修身，則知所以治人；知所以治人，則知所以治天下國家矣。」（禮記中庸篇）所謂「達德」，就是天下古今共通的美德。孔子以勇與智、仁並論，認為同是修己治人，治國平天下的必須條件。從這一點上，我們就不難體會他是如何地重視勇了。

孔子指出，勇之為德，有賴於漸進地存養磨練。而其存養之基，首須從知恥入手。蓋知恥足以起懦，因而激發奮揚自勵之心，更進而產生勇氣。因此他說：「知恥近乎勇。」（中庸篇）

孔子以為，作為一個勇者，視死如歸的大無畏精神當然是不可或缺的。他說：「勇者不懼。」（論語子罕、憲問等篇）又說：「勇士不忘喪其元。」（孟子滕文公下）但同時他也最反對缺乏理性而盲目衝動的血氣之勇、匹夫之勇。他訓誡子路說：「暴虎馮河，死而無悔者，吾不與也。必也臨事而懼，好謀而成者也。」（論語述而篇）他也特別強調勇的行為必須以真理和正義為出發點。他告訴曾子說：「自反而不縮，雖褐寬博吾不惴焉。自反而縮，雖千萬人吾往矣。」（孟子公孫丑上）子路問：「君子尚勇乎？」他回答說：「君子義以為尚。君子有勇而無義則為亂，小人有勇而無義則為盜。」（論語陽貨篇）又說：「見義不為，非勇也。」（論語為政篇）這些話頭，都是申明這個道理的。

孔子生平無論在立身、行事、講學各方面，一向重視「禮」。尤其是鑑於勇者最易流於暴亂，因此他更主張以禮來節制勇。他說：「勇而無禮則亂。」（論語泰伯篇）又說：「君子惡勇而無禮者。」（論語陽貨篇）孔子又認為勇者如果缺乏「安貧」與「好學」的精神，也足以造成逆亂之源。他說：「好勇疾貧，亂也。」（同上）又說：「好勇而不好學，其蔽也亂。」（同上）

一切倫理道德的最終歸屬是「仁」。士君子修己治人的最高理想是知仁、行仁。一個人的精神修養到了仁的境界時，勇也不求而自至。故孔子說：「仁者必有勇，勇者不必有仁。」（論語憲問篇）

二、孔子之勇

孔子自從青年時代起，就以博學知禮名聞當世。但直到為魯司寇時，一般人還甚少知其有大勇存乎心胸的。魯定公十年，齊魯兩國會盟於夾谷，孔子擔任相禮之職。齊人以為孔子「知禮而無勇」，初則企圖以武力劫持魯君，繼則要求魯國以兵車從齊征伐。殊不料孔子大義凜然，威武不屈。不但將齊人的陰謀與要挾一一粉碎，而且終使齊人讓步，歸還了以前侵占魯國的「汶陽之田」。當時齊魯強弱懸殊，若不是以孔子的大無畏精神，兼之以當機立斷的魄力，怎能獲得這次外交上的大勝利！

魯哀公十四年，齊大夫陳恆弒齊簡公。這時孔子在魯已告老致仕，身無官責職守。但仍齋戒沐浴，朝於魯君，說：「陳恆弒其君，請討之。」其建議雖沮於魯國的「三家」強臣而未被採納，然孔子見義勇為的精神，也可說是老而彌堅了。

三、孔門之勇士

孔門弟子，平日秉承夫子之言教與身教，其義勇之行著於經史者，約有子路、冉有、樊遲、有若、顏涿聚、公良孺等人。茲略述其事蹟於後：

子路

七十子之中，以子路最稱剛勇明斷，有將帥之才。但一生運蹇，在魯國只做過季氏的家臣與蒲邑宰等微職，其後又仕於衛國，為孔氏的邑宰。魯哀公十五年，衛太子蒯聵作亂，劫持執政孔悝，逼使逐衛侯輒而立己為君。此時城門已閉，子路仍設法入城赴孔氏之難。蒯聵嗾使手下的兩個黨徒攻擊他，他被敵人的戈擊中，帽纓也被割斷了。子路說：「君子死，冠不免。」於是從容結纓而死。

冉有、樊遲

冉有多才多藝，在「十哲」之中，與子路同列政事之科。他充當魯國季氏的宰臣，為期頗長，甚見倚重。他不僅在施政上長於理財，而且臨陣時也是一員勇將。魯哀公十一年，齊伐魯，魯國出兵抵禦，在叫作「郎」的地方展開戰鬬。魯國孟武伯指揮孟孫、叔孫二氏所聯合組成的「右軍」。冉有率領季孫氏甲兵七千人所編成的「左師」，並以武城邑的精壯三百人為前鋒。在戰事進行中，孟武伯接戰挫敗，為齊兵追擊，情勢危急。此時冉有自已手持長矛突陣，部卒跟進，終於殺得齊兵潰不成軍，扭轉了戰局，贏得勝利。

此役冉有的同學樊遲擔任「車右」（又叫驂乘），他也身先士卒，帥眾越過壕溝，衝入齊軍，斬獲「甲首」八十，使敵人破膽。也是此戰的功臣。

有若

有若在孔門雖屬後進，但其言行、德業、氣度，頗似聖人。因此孔子歿後，其同輩子夏、子游、子張諸人，曾欲以所事孔子者事之。尤為難能可貴的是，他同時還是一個敢於冒險犯難的勇士。魯哀公八年，吳伐魯。魯大夫微虎，從他的「私徒屬」七百人之中，選拔了三百人，組成一支敢死隊。此時纔二十歲出頭的有若也在其內。他們準備在夜間偷襲吳王的行營，已經行及稷門（側城門）之內，有人勸季孫氏說：「不足以害吳，而多死國士，不如已也。」因而季孫氏止住了他們。但吳王聽到了這消息，竟嚇得一夕三遷，終於罷兵言和。這次突擊行動雖然半途而止，但有若他們的忠肝赤膽，視死如歸的精神，也可說是氣壯山河了。

顏涿聚

顏涿聚（亦作顏濁鄒，名庚）本為梁父地方的大盜。後來折節受學於孔子。仕齊為大夫，戰死於晉荀瑤伐齊之役。

公良孺

公良孺之為人，賢而有勇，以私車五乘從孔子周遊。孔子去陳過蒲時，蒲人阻止孔子。公良孺與蒲人鬬甚疾，彼等大懼，乃聽任孔子帶著一行門徒去而適衛。

四、結語

孔門忠勇慷慨之士，當不止於以上數人。但一則因「春秋無義戰」，縱有勇者，也缺少表現的機會。二則史闕有間，失記者必多。雖然，只就以上數子觀之，已可見一斑了。

本文參考資料

論語

禮記（中庸篇）
左傳
孟子
史記（孔子世家、仲尼弟子列傳）
呂氏春秋（尊師篇）
漢書（古今人表）

孔子與隱士

《論語》書中，除了大都是孔門師生論道講學的嘉言之外，也記述了一些「門牆」以外的言論。有些是社會各階層人士對孔子的「善頌」。如：「大哉孔子！博學而無所成名。」「夫子聖者與，何其多能也！」（注一）「二三子何患於喪乎……天將以夫子為木鐸。」（注二）等等。這些言辭，對孔子來說，都確實當之無愧。至於極少數的腐敗貴族，如叔孫武叔之流，對孔子的惡意毀謗，則只是「多見其不知量」（注三），根本不值得一提。

倒是當時有一些「草萊之士」，他們對孔子的批評，非譽非毀。雖也未曾對孔子的行止出處發生任何的影響，但卻曾令他感歎不已。

追溯我國上古時期國家形態的摶成，主要地是由於我先民進入農耕生活之後，逐漸由定居與聚居的部落組織，發展而成國家的雛型——這就是所謂「以農立國」。

一般而論，古代由農業生產而形成的國家，其本質特性異於由武力、宗教或貿易等因素所促成的國家之處，在於前者的生活步調較為紓緩，政治統治較為溫和，社會組織較為鬆弛，因而民性也傾向於清靜無為。他們不問世事。只知道躬耕而食，吃飽了就心滿意足地「鼓腹而歌」。後世所盛稱的「無懷氏之民」、「葛天氏之民」，大概就是如此。

相傳唐堯時有所謂「擊壤者之歌」云：「日出而作，日入而息，鑿井而飲，耕田而食。堯何等力？」（注四）雖然不見得實有其人其歌，但上古時人民之普遍存有這種心態，是不難理解的。也就是說：當農業技術仍停留在幼稚階段，政治統治仍處於蔽固的封建制度之下時，這種「躬耕而食」、「自隱無名」的避世思想，甚至可以說是「清虛自守，卑弱自持」的道家思想，必定早已經在民間萌芽（注五）。

春秋之季，封建制度尚未崩潰，庶民參與政治活動的機會極微。他們除了躬耕畎畝之外，實在別無其他生涯規畫之可言。因此一些布衣賢士，對於世務只有普遍抱著消極的態度。其甚者更不免流入於玩世不恭。

孔子卻不能與這些「草萊之士」相比。他是宋國公室之後。若追溯得再遠一些，也可說是殷商王室的苗裔。他的曾祖父孔防叔與祖父伯夏，都仍保有基層貴族「士」的身分。他的父親叔梁紇，更是一位「臨民」的下大夫——郰邑大夫（注六）。孔子自幼好學。及長雖只是在魯卿季氏的門下充當委吏，乘田之類的微職，但卻早以博學知禮而見重於孟僖子等貴卿。這些因素，都決定了他一生無法自絕於仕途，同時也堅定了他行道濟世的使命感。但他栖栖遑遑地游仕於魯、齊、衛、宋之間，看在那些避世逸民的眼中，卻是大不以為然。

即使是齒高德尊的前輩，也有人懷疑到孔子是藉游說為「干祿」的手段：

微生畝謂孔子曰：「丘何為是其栖栖者與？無乃為佞乎？」（注七）

也有隱者，藉孔子「問津」為由，明白地譏刺他迷途不返，不知進退：

長沮、桀溺耦而耕。孔子過之，使子路問津焉……長沮曰：「是魯孔丘與……是知津矣！」（注八）

也有諷勸孔子知難而退，避世歸隱的：

子路……問於桀溺。桀溺曰：「是魯孔丘之徒與……滔滔者天下皆是也……與其從避人之士，豈若從避世之士哉！」（注九）

楚狂接輿歌而過孔子曰：「鳳兮鳳兮，何德之衰！往者不可諫，來者猶可追。已而已而，今之從政者殆而！」（注一〇）

甚至還有勸他不要抱持過高的理想，不如與世浮沈的：

子擊磬於衛。有荷蕢而過孔子者，曰：「有心哉，擊磬乎！」既而曰：「鄙哉，硜硜乎！莫己知也。斯而已矣：深則厲，淺則揭。」（注一一）

孔子未嘗不尊崇那些避世的高士。他說過：「賢者避世，其次避地，其次避色，其次避言」（注一二）。但他自已卻另有一種胸襟。他說：

鳥獸不可與同群，吾非斯人之徒與而誰與？天下有道，丘不與易也。（注一三）

孔子以濟世救民為職志，而不以獨善其身為已足。倘若天下有道，自已還可以韜光養晦。愈是天下未臻於治平，他愈要出來力挽狂瀾。

孔子也曾經非止一次地試圖與那些「絕人逃世」的隱士們溝通，或者是表達自已的意志，但他們根本不要聽：

楚狂接輿歌而過孔子……孔子下，欲與之言。趨而避之，不得與之言（注一四）
子路從而後，遇丈人以杖荷蓧。子路問曰：「子見夫子乎？」丈人曰：「四體不勤，五穀不分，孰為夫子！」植其杖而芸。子路拱而立。止子路宿，殺雞為黍而食之。見其二子焉。明日，子路行，以告，子曰：「隱者也。」使子路反見之，至則行矣。（注一五）

對於一般世俗之士的批評，或者還不足介意。連這些遁世的高賢竟也不能暸解他的苦心孤詣，這就不得不令他黯然了。他感歎說：

莫我知也夫……知我者其天乎！（注一六）

即使是得君行道的希望已成泡影，但孔子仍以「行義」為目標而出仕。他對子路說：

君臣之義，如之何其廢之！欲潔其身，而廢大倫。

君子之仕也，行其義也。道之不行，已知之矣（注一七）

「知其不可為而為之」，不僅是孔子對「行道」的堅持，同時也是他對「行義」的執著。然而，「自古聖賢多寂寞」，我們緬懷先哲，能不慨然！

【注釋】

注一、俱見《論語》〈子罕〉篇。

注二、見〈八佾〉篇。

注三、見〈子張〉篇。

注四、見王充《論衡》〈藝增〉篇。

注五、往昔學者多認為儒學為百家之先。自清季以來，主張道先於儒的頗不乏人。如：江瑔〈讀子卮言〉謂「道家為百家之所自出」，章炳麟〈諸子略說〉以為「道家為儒家之先導」等說都是。但章氏所持的主要理由——「孔子問禮老聃，卒以刪定六藝，而儒學亦自此萌芽」——卻頗值得商榷。因為孔子問禮於老聃的傳說，經過近代許多學者的考證，其可靠性早已動搖了。

注六、關於孔子的家世，《孔子家語》〈本姓解〉所記述，較《史記》〈孔子世家〉為詳。

注七、見《論語》〈憲問〉篇。

注八、見〈微子〉篇。

注九、同注八。

注一〇、同注八。

注一一、同注七。

注一二、同注七。

注一三、同注八。

注一四、同注八。

注一五、同注八。

注一六、同注七。

注一七、見〈微子〉篇。今本《論語》，本章結尾的一段話，前有「子路曰」三字。但推其文義，此段殊不似子路之言。宋時有抄本，「子路」之下，有「反、子」二字。則自「不仕無義」以下，應該都是子路未再見到「荷蓧丈人」之後，孔子告子路之語。如此，於義為順。（略見於朱熹《四書集注》）

論語中一些歷久彌新的政治倫理

宋太祖的佐命功臣趙普，長於吏事而不學無文。他當了宰相之後，宋太祖勸他讀書。他於是每天公畢回家，閉門啟篋，取書勤讀。讀畢仍放入篋內加鎖。他歿後家人啟篋視之，原來其書是一部論語（註一）。又相傳他曾對人說：「半部論語可以治天下」。

趙普將論語視為政治教科書，未免將其用看得太偏狹。說它半部可以治天下，也有些過甚其詞。不過〈論語〉中孔子師生所強調的一些政治倫理，確是歷久彌新的至理名言，而且與現代的民主政治並不相衝突，值得我們深切地體會與省思。茲摘要淺說於次：

子曰：為政以德，譬如北辰，居其所，而眾星拱之。（為政篇）

〈集解〉引包氏（咸）云：「德者無為，猶北辰之不移。」包氏說「德者無為」，帶有很重的道家色彩，極為不妥。事實上儒家之義，「德者」不能「無為」，「為政」更不能「無為」。孔子之所以稱舜是「無為而治」，蓋因其「紹堯之後，不見有為之跡」的緣故（見論語衛靈公篇與朱熹集注），他所說的為政以德，實際上就是後來孟子對戰國諸侯所呼籲的「施仁政」（註二）。孔子之意是：主政者並毋須事必躬親。只要秉持施仁政的宗旨，然後選賢任能去推行，就自然會政通人和，達到民生利樂的境地。

子曰：道（導，下同）之以政、齊之以刑，民免而無恥。道之以德，齊之以禮，有恥且格。（同前篇）

健全的立法、司法與高效率的行政措施，固足以導正社會秩序與維繫社會安全。但只能消極地使民眾免陷於犯法干紀而未足以使其知恥革心。要能徹底地提昇社會風氣，必須從加強國民道德與行為規範的教育著手。不但要推行於學校，更要推行於社會、家庭。這才是社會心理建設的根本。

哀公問：何為則民服？孔子對曰：舉直錯諸枉，則民服；舉枉錯諸直，則民不服。（同前篇）

作為一個政治領袖，最重要的是要具有大公無私的胸襟。大公無私的精神之表現於行事的，首為用人。操用人之柄者，必須摒除個人的好惡而只以才德為取向。二者之中，德尤重於才。舉用正直的人而廢棄邪枉的人，民眾自然信服。反之則否。我們甚至可以說：政府建立公信力的基礎，首在於擇人。

子曰：能以禮讓為國乎，何有！不能以禮讓為國，如禮何！（里仁篇）

從表面上看，禮讓無爭（註三）的傳統美德，似乎與現代競爭激烈的自由社會與民主政治背道而馳。但事實上，「君子之爭」與禮讓只是一體的兩面，此理古今無異。真誠地提出自已的政見與承諾訴求於選民，而不以不正當的手段欺騙選民或是以利收買選民。選舉結果揭曉之後，勝者不驕，戒慎地接受選民的付託；敗者也應該有承受失敗的雅量，虛心地自反與自省。以為亡羊補牢之計，或作改弦更張的打算。能如是，則正所謂是「君子之爭」的良好風範。同時，「禮讓」的精神也就涵容於其中了。如果大多數的競選者都能做到這一地步，那麼，流風所及，禮讓祥和的社會風氣，也就於焉形成了。

季康子問：仲由可使為政也與？子曰：由也果，於從政乎何有：曰：賜也可使從政也與？賜也達，於從政乎何有；曰：求也可使從政也與？求也藝，於從政乎何有！（雍也篇）

「果」是果斷，勇於負責，遇事當機立斷，「達」是通達：易言之，是通情達理，明辨是非，擴而充之，更是具有高瞻遠矚的眼光與宏觀的器識。「藝」是才藝，具有足以致用的學識技能。此三者也可以說：「果」是「任事」的能力，「達」是「明事」的能力，「藝」是「治事」的能力。本來三者都是從政者必須具備的條件，缺一不可。但世人各有所長，各有所短，勢難求備於一人。因此，只要有其一端，都不失為有用之材，總在用之適所而已。例如：專業人員重「藝」。擔負決策者則重「果」。至於高層的領導統馭者則重「達」。若是一個政府機構中的成員，人人都能適材適所，何患乎政治之不上軌道！

子貢曰：如有博施於民。而能濟眾，何如？可謂仁乎？子曰：何事於仁，必也聖乎！堯舜其猶病諸。夫仁者，己欲立而立人，己欲達而達人。能近取譬，可謂仁之方也已。（雍也篇）

說文云：「仁，親也。」（註四）又云：「聖，通也。」（註五）我們拿現代語詞來解釋這兩個字的本義，「仁」就是「親愛」的意思，「聖」則是「通德」——一種至高無上的人格特質。作為一個政治領袖，民胞物與的情操必不可缺。但要充分表現於事功。做到「仁」的功夫，卻非容易。至於「博施濟眾」，則更是〈禮記，禮運〉篇所闡述的「大同之治」。此種理想境地，至今仍是可望不可及。從政者不必陳義過高。與其空言無補，倒不如腳踏實地，先從近處做起以謀全民的福祉。說文以「仁」訓「恕」（註六），可見恕道就是行仁。「推己及人」，乃是最切實際的行仁之道。

子謂顏淵曰：用之則行，舍之則藏，唯我與爾有是夫！（述而篇）

一個知識分子用世從政的動機，必須出於強烈的使命感。所謂「見用」，並非指個人的學識才能之見用。更重要的是個人的政治理想與抱負能夠見用。否則，寧可「獨善其身」而「修身見於世」（註七）。那些徒以貪圖權勢財富而徵逐於宦途之輩，怎能免於「祿蠹」之譏！

子貢問政：子曰：足食、足兵，民信之矣。子貢曰：必不得已而去，於斯三者何先？曰：去兵。子貢曰：必不得已而去，於斯二者何先？曰：去食。自古皆有死，民無信不立。（顏淵篇）

孔子在此所提出的為政三大要點，拿現在的詞語來說，就是經濟建設、國防建設與心理建設。這三者都是立國的根本，原是難分軒輊。倘若一定要分出個輕重，則不能不以心理建設為先。蓋民心士氣實在是國家精神力量之所寄。只因其無形而為人所忽。孔子之言，實足發人深省。

子張問政。子曰：居之無倦，行之以忠。（顏淵篇）

子路問政。子曰：先之、勞之。請益。曰：無倦。（子路篇）

唐・元行沖《孝經疏》引《說文》云：「盡心曰忠。」（註八）從政者居官任職，應懍於所受付託之重，夙夜匪懈，盡心竭力以赴事功。能如是，則必有所貢獻，必有所成。

季康子問政於孔子。孔子對曰：政者，正也。子帥以正，孰敢不正！（顏淵篇）

子曰：苟正其身矣，於從政乎何有！不能正其身，如正人何！（子路篇）

政治人物最受公眾注目，其一言一行，除了直接影響於其本身的職務之外，對於社會所產生的效應也不可忽視。凡身為政府官吏或民意代表者，應以身為社會表率，樹立清正廉能的良好風範。如此，則風行草偃，社會風氣也可望賴以導正。

【註釋】

注一、見《宋史趙普列傳》。
注二、見《孟子・梁惠王上》。
注三、孔子說：「君子無所爭。必也射乎。揖讓而升，下而飲。其爭也君子。」見《論語・八佾》篇。
注四、見《說文解字》第八篇上。
注五、見《說文解字》第十二篇上。
注六、見《說文解字》第十篇下。
注七、見《孟子・盡心篇上》。
注八、今本《說文》多無此。只段玉裁說文解字注據以補入正文。

從論語中看孔子的情操

「情操」（Sentiment）在今日是一個習見常用的心理學名詞。但這個名詞的界說，在各種中、英文字典辭書中卻頗不一致。如取其大同，略其小異，約可舉出下列各項定義：

一、高貴的、優美的或藝術的感情，或對此種感情的感受性。
二、對於人、事、物與觀念的心理態度或反應——此種態度或反應乃基於感情而非理智的。
三、由於精神作用而產生的複雜感情。
四、尊重真、善、美的感情。
五、個人對於環境中人、事、物的好惡。

我們倘要對這個抽象名詞獲得一個具體、確定而周延的概念，還得從以上這些定義中仔細體察，融會貫通纔行。如果不求甚解，就很容易將它與倫理道德相混淆。二者最大的不同是：道德是基於理智的，而情操是基於感情的。前者的表現是出於一種自律的行為；而後者卻是出於自然流露，並無任何約束。由此我們不難瞭解：情操的培養，更有賴於深厚的涵育功夫。

歷來闡揚孔子之道的，多祇側重於倫理道德方面，而忽略了孔子在情操方面的表現與垂範。其實在論語中，這方面的記述並不少。茲略述一得之愚如次。

一、精神重於物質的信念

一個人倘若過於重視物質享受，終必流於心為形役，妨害了精神境界的提升。孔子說：「士志於道，而恥惡衣惡食者，未足與議也。」（里仁篇）就是這個意思。況且，財富與位勢必須求之於身外，非可必得。唯有個人內在的充實，只須求之於己，求則得之。因此孔子又說：「富而可求，雖執鞭之士（或作「事」），吾亦為之。如不可求，從吾所好。」（述而篇）——孔子之所好者何？約略言之，就是「志於道，據於德，依於仁，游於藝。」（述而篇）

二、存心無私無我

有一次，孔子在聽過了顏淵、子路兩人各言其志後，又應他們的請求，說出自已的心願：「老者安之，朋友信之，少者懷之。」（公冶長篇）這三者全是為社會上各年齡層的人設想，無一是為自已打算。而且他是在日常閒話的場合，自然流露出來，並沒有絲毫的說教意味。

三、胸襟開闊，虛懷若谷

孔子說：「君子坦蕩蕩，小人長戚戚。」（述而篇）他在閒暇無事的時候，總是「申申如也，夭夭如也」（述而篇），保持著意態舒展，神情愉悅，一片「中和之氣」（程伊川云：「唯聖便自有中和之氣」）。這可說是種近乎宗教家的心境。

孔子平日即使對待弟子們也絕沒有盛氣凌人，疾言厲色的態度。他唯恐弟子們在他面前畏縮，不敢表達自已的意見，他說：「以吾一日長乎爾，無吾以也。」（先進篇）他從不自以為學富德高，而謙遜地說：「若聖與仁，則吾豈敢！抑為之不厭，誨人不倦，則可謂云爾。」（述而篇）像這種親切，謙和，而且充滿著感性的語氣，最足以令弟子們如沐春風，在德業上受到潛移默化的效果。

有位「太宰」稱讚孔子是「多能」的「聖者」。他聽到了卻說：「吾少也賤，故多能鄙事。君子多乎哉？不多也。」（子罕篇）他又曾說：「吾有知乎哉？無知也。有鄙夫問於我，我扣其兩端而竭焉。」（子罕篇）

凡此，都可見孔子之謙遜，純出於自然。

四、富幽默感與自嘲的藝術

當有人讚揚孔子之「博學」而惜其「無所成名」時，他對弟子們說：「吾何所執？執御乎？執射乎？吾執御矣！」（子罕篇）

他這種亦莊亦諧的口氣，並不正面地駁斥外界對他不甚恰當的批評。相信聽到的人不僅是莞爾而已，同時也應該自有其會心處。

子貢見孔子「有道不仕」，想用隱語激他一激，因問道：「有美玉於斯，韞匵而藏諸？求善賈（價）而沽諸？」孔子回答說：「沽之哉，沽之哉！我待賈（價）者也。」（子罕篇）師生的一問一答之間，何等地蘊藉，何等的令人解頤！

五、面臨挫折時的自我排遣

自古賢哲，在個人的得失進退方面真正能夠做到「用之則行，舍之則藏」的其實不多。孔子本人在這方面的修養是不用說的了。門弟子之中，也只有一個顏淵能夠得到他的認同（述而篇）。孔子生時，雖然舉世的賢人君子都知其為聖哲，但始終不能見用於時君。這要是在他人，總難免有幾分懷才不遇的不平之憾。然而孔子卻最多不過是對弟子們慨歎「莫我知也夫」（憲問篇），或是說說「道不行，乘桴浮於海」（公冶長篇），「欲居九夷」（子罕篇）一類的戲言而已。

六、愛好自然

孔子常帶領弟子們遊於「舞雩」（祭天祈雨的廣場，中有壇臺，四週種植林木），作戶外活動。主要的是從自然環境中去領略生活情趣，調劑身心。有一次，弟子們在孔子前各言其志。在他人一一的發表了個人的雄心壯志之後，那位年齡較長的曾點，卻說出他最嚮往於「浴乎沂，風乎舞雩，詠而歸」的樂趣。孔子對他這種超然物外的情懷，極為讚賞，說：「吾與點也。」（先進篇）

七、音樂的陶冶

音樂之為用，在古代主要是配合行禮。至於它淨化人心，美化人心的功能。則以孔子對此瞭解得最為深切，因而特別「好樂」。

他告訴魯國的太師說：「樂其可知也。始作，翕如也。從之，純如也，皦如也，繹如也，以成。」（八佾篇）他這是說：奏樂最重要的是必須使五音六律達到諧合純和的境地。

孔子最不滿於當時鄭國所流行的靡靡之音。他「惡鄭聲之亂雅樂」不下於「惡利口之覆邦家」（陽貨篇）。他最為讚賞〈關雎〉的「樂而不淫，哀而不傷」（八佾篇），認為這是「詩樂」中最優美的抒情音樂。他在齊國初次聽到盡善盡美的「韶樂」，竟至於「三月不知肉味」（述而篇）。由此可見孔子對於高品質的音樂，是如何的全神灌注，全心投入。孔子「與人歌而善，必使反之，而後和之。」（述而篇）從這寥寥數語的記述中，我們不難看出孔子即使是在非正式的場合聆聽聲樂，仍是如何的心領神會，如何的對歌者表達其讚賞與肯定的誠意。

魯哀公十一年（公元前四八四年），孔子自衛反魯，於教學之餘，並致力於「正樂」的工作。經過他的一番審訂，纔使得殘缺失次的詩樂重歸於雅正，各得其所（子罕篇）。這也是他晚年對於文化的一大貢獻。漢武帝時，河間獻王入朝，曾獻雅樂（見漢書景十三王傳）。可能就是經過孔子訂正的詩樂。

以上所述，可見孔子人格的偉大處，除了他在倫理道德與學術思想上的崇高成就之外，他那超絕的情操，也是亙古通今之所未有。另一方面，也可見一個人情操的修「養」功夫，較之倫理道德的修「持」，其境界更高，也更為難能可貴。

從「天命」一詞談到孔子「五十而知天命」

「天命」一詞，早就屢見於〈書經〉與〈詩經〉兩部經籍中。例如：「天命不易」（注一）、「天命不又」（祐）（注二）、「天命不僭」（注三）、「天命不徹」（注四）、「天命靡常」（注五）、「天命匪解（懈）」（注六）、「格知天命」（注七）、「有夏服天命」「有殷受天命」（注八），以及「今天其命哲，命吉凶，命歷年」，「祈天永命」（注九）等。都是針對君主而言；而且幾乎就是國祚、國運的同義語。

「天命」有時也略稱為「命」。如：「命之不易」（注一〇）、「時周之命」（注一一）等都是。

〈詩經〉中也間有臣民言「命」的，其意義與現代俗語無異，就是「命運」。如〈詩・召南・小星〉有「實命不同」、「實命不猶」之句，是一位官吏自歎勞苦，命不如人之作（注一二）。

從西周以至春秋時代，凡是提到「天命」，主要地仍是指君主（包含天子與諸侯）的國祚與國運而言。我們來看左傳中的記載：

宣公三年：「周德雖衰，天命未改。」

昭公元年：（秦國的醫和診視晉平公的病後，說：）「良臣將死，天命不祐。」

昭公二十七年：（魯大夫子家子言長期在齊國作「寓公」的魯昭公：）「天命不慆久矣。」

哀公十七年：（楚大夫子高言楚必滅陳：）「天命不諂。」

現在，我們再來看〈論語〉中孔子所言的「天命」：

子曰：「吾：五十而知天命（注一三）。」

子曰：「君子有三畏。畏天命……小人不知天命而不畏也……（注一四）」

有時也只用一個單詞「命」字，仍與「天命」同義：

「賜不受命而貨殖，億則屢中。」（注一五）

「道之將行也與，命也；道之將廢也與，命也」（注一六）

「不知命無以為君子也。」（注一七）

我們仔細尋繹〈論語〉中孔子之言「天命」（命），顯然其含義已非狹義的國祚、國運的範圍，而且普遍用之於士庶人身上。這種改變，我們不必認定是出於孔子的倡始。我們可以理解到的是：語言文字的形式與內容，常是循著一種近乎約定俗成的方式而隨著時代潮流與社會嬗替不斷變更的。

漢代的經師孔安國解釋「知天命」一語，說是「知天命之終始。」（注一八）唐代韓愈批駁說：「天命深微至賾，非原始要終一端而已。孔十五十學易，窮理盡性，以至於命。故曰知天命。」（注一九）孔子「五十而學易」的問題歷來頗有爭議，在此姑不置論。但孔注之不足以詮釋孔子所說的「天命」，則顯而易見。

〈韓詩外傳〉（卷六）有云：

子曰：「不知命無以為君子。」言天之所生，皆有仁義禮知（智）順善之心。不知天之所以命生，則無仁義禮知順善之心，謂之小人。

這樣的說法，似乎較為明確。但天之所以「命生」，豈只限於倫理道德方面的「順善之心」？故其說仍未免失之一偏。

到了宋代的朱熹，他對此所下的定義是：「天命即天道之流行而賦於物者。乃事物所以當然之故。」（注二〇）此說固屬極為周延，但卻未免失之過於空泛。我們且看〈禮記・中庸〉篇開宗明義的三句話頭：

天命之謂性；率性之謂道；修道之謂教。

這裏「天命」、「性」、「道」、「教」四者層遞而出，最後的歸結是「教」──「教化」或「教育」。顯然「天命」是指人所秉受於天者而言，並不「賦於物」。說它是「事物所以當然之故」也不恰當。

綜上所述，可見〈論語〉中孔子所說的「天命」，也應該是指人的先天秉賦，以及一切非人力所能掌控的，上自國家社會的興亡、盛衰，下至於個人的禍福、窮通、壽夭等機遇而言。

清儒劉寶楠將天命分為「德命」與「祿命」二者(注二一)可說極為中肯。前面〈韓詩〉所說的「仁義禮知順善之心」就是所謂「德命」；子夏所說的「生死有命，富貴在天」(注二二)則是指「祿命」而言。

在〈論語〉中，言及「德命」的，有：

子畏於匡。曰：文王既沒，文不在茲乎！天之將喪斯文也，後死者不得與於斯文也。天之未喪斯文也，匡人其於予何！(注二三)

(宋國的桓魋欲害孔子)子曰：天生德於予，桓魋其於予何！(注二四)

由於孔子以行道淑世自任。自知「德命」在身，故雖處於艱難險巇的境地，仍能秉持大無畏的精神，安之若素。

大約是在魯定公九年到十三年之間，孔子為魯司寇，萌現了一絲得君行道的希望。此時，子路也頗見重於權卿季孫氏。師徒同心，朝政頗有一番改革氣象。不料卻有一個叫作公伯寮的，在季孫氏跟前進讒，以致季孫對子路的信任開始動搖。這對孔子的處境，當然是一大打擊。魯大夫子服何看不過去，說要誅戮公伯寮。孔子制止他。並說：「道之將行也與，命也；道之將廢也與，命也。公伯寮其如命何！」（注二五）孔子之行事，光明磊落，大公無私。故以大道之行與廢，歸之於天命，而不去和小人計較。

有時世事的吉凶、禍福，尤其是個人的遭遇，常有非人力所能掌握的。於此我們就只能聽憑「祿命」的安排了——這也可以說明天命之可「畏」。

孔門之中，以德行見稱的冉耕（伯牛），得了不治之疾。孔子探病，「自牖執其手，曰：亡之命矣夫！斯人也，而有斯疾也！斯人也，而有斯疾也！」（注二六）哀痛之情，溢於言表。安貧樂道而好學的顏淵，短命而死。孔子痛哭道：「噫，天喪予！天喪予！」（注二七）更是絕望到了無以復加。

這些都是空有「德命」而無「祿命」的例子。

孔子說過：「士志於道而「恥惡衣惡食者，未足與議也。」」（注二八）這是說：作為一個「士」，安貧樂道是其本分，也可說是出於天命。例外的是：「賜（子貢）不受命而貨殖，億則屢中。」（注二九）孔子於此也不加深責。

孔子說：「富而可求也，雖執鞭之士，吾亦為之。如不可求，從吾所好。」又說：「飯疏食飲水，曲肱而枕之，樂在其中矣。不義而富且貴，於我如浮雲。」（注三〇）從這兩段言語中，我們不難體認到：「知命」與「樂道」的精神，是一體的兩面，密不可分。

簡言之，「德命」雖由天賦，但操之在我，「求則得之，捨則失之。」「祿命」則往往有賴於機遇，不可強求。這既非迷信，也與宗教無關，而是一種足以產生力量的信念。

再者，孔子自言「五十而知天命」，我們殊不必傅會到「五十以學易」之語。蓋一般學者之進德、修業，皆有其循序漸進的歷程。到了四、五十歲的中年，學養更為豐富，世事更為通達，思想更為成熟，自然水到渠成，有所成就。以孔子的聖哲，在五十之年達到「知天命」的境界，就更不足為奇了。

【註釋】

注一、見〈周書・大誥〉、〈君奭〉。
注二、見〈詩・小雅・小宛〉。
注三、見〈周書・大誥〉。
注四、見〈詩・小雅・十月之交〉。
注五、見〈詩・大雅・文王〉。
注六、見〈詩・周頌・桓〉。
注七、見〈周書・大誥〉。
注八、見〈周書・召誥〉。
注九、同上。
注一〇、見〈詩・大雅・文王〉。
注一一、見〈詩・周頌・賚〉。
注一二、從屈萬里〈詩經釋義〉採〈韓詩〉說。
注一三、見〈論語・為政〉篇。
注一四、見〈論語・季氏〉篇。
注一五、見〈論語・先進〉篇。
注一六、見〈論語・憲問〉篇。

注一七、見〈論語・堯曰〉篇。
注一八、見何晏〈論語集解〉注引。
注一九、見韓愈〈論語筆解〉。收在〈四庫全書・經部〉。
注二〇、見〈論語・為政〉篇集注。
注二一、見〈論語正義・為政第二〉注疏。
注二二、見〈論語・顏淵〉篇。
注二三、見〈論語・子罕〉篇。
注二四、見〈論語・述而〉篇。
注二五、同（注一六）。
注二六、見〈論語・雍也〉篇。
注二七、見〈論語・先進〉篇。
注二八、見〈論語・里仁〉篇。
注二九、見〈論語・先進〉篇。
注三〇、見〈論語・述而〉篇。

第三編

史事瑣談

清初畫家惲壽平

提起惲壽平這個藝術家，至今凡是留意於國畫的人，可說是無不耳熟能詳——他的作品，故宮博物院有多幅典藏。複製品也常見於坊間——但他那一段不尋常的身世，卻不盡為人所知。

惲格（西元一六三三——一六九〇年），字壽平，號南田，江蘇武進人。自幼聰慧，八歲能詩。他的父親惲日初，字仲升，是個抗清志士。在明末福王、唐王先後敗亡，魯王投奔鄭成功，桂王（永曆帝）遠走嶺南之後，日初輔佐金壇（江蘇今縣）人王祈在建寧（福建今縣）起兵抗清。其後王祈敗死，建寧城被清軍攻陷。年僅十二歲的壽平被清兵俘擄帶往杭州，作了清將陳錦之妻的隨身奴僕。

惲日初的長子惲禎，隨父從軍，在閩、浙交界的仙霞嶺陣亡；次子惲恆於建寧城破時失蹤——應該是死在亂軍中。逃過浩劫的日初雖然後來得知幼子惲格的下落，但那個降清的明將陳錦，已官居總督，聲勢顯赫。自己卻是一個隱姓埋名的亡命者，如何救得出這個倖存的幼子！

關於惲日初的方外好友，杭州靈隱寺的住持諦暉和尚營救惲格的故事，袁枚〈隨園詩話〉中有著如下的一段記述：

靈隱寺是杭州首屈一指的名剎。諦暉又是一位名聞遐邇的有道高僧。一般高官富賈的眷屬來寺拜佛的，無不以能參拜這位「活佛」為榮。但諦暉派頭大，端坐受禮，從不答拜。

這一天，二月十九日，是觀音菩薩的「生日」。杭州的善男信女們成群結隊地前往「天竺」（杭州靈隱山下的佛寺區）各寺燒香。陳錦的夫人也帶著一大群的蒼頭奴婢，前呼後擁地來到靈隱寺。先在佛前拈香，然後到禪堂去參拜這位高僧。

諦暉已探知陳夫人的奴僕中，那個瘦長文弱的少年就是惲家小兒。這位高僧一眼望見，急忙撇開眾人，跪倒在那個小廝面前，膜拜不已，口裏連稱「罪過，罪過！」陳夫人驚問這是何故，諦暉說：「這位是地藏王菩薩，託生人間，察訪眾生善惡。夫人蓄他為奴，已是無禮之極。聽說您還鞭打過他，這罪孽就深了。」陳夫人惶恐，懇求諦暉開佛門一線慈悲。諦暉一臉無奈地說：「不只夫人有罪過，老僧也該墮地獄。地藏王菩薩降臨，我竟沒有大禮恭迎。現在只有這樣吧；您用香花佛幡重新恭送地藏王入寺，等我慢慢地替夫人誦經懺悔祈福。同時我自己也要懺悔贖罪呀！」那位陳夫人滿心歡喜。第二天不但是鼓樂喧天，香煙繚繞地用大轎　送那位「地藏王菩薩」到寺裏，同時還布施了一筆鉅額的銀子，作為供養之費。

隨園所述，當然也是出於傳聞。其中不免有些渲染的地方，我們也只好姑妄聽之了。

惲壽平在靈隱寺剃度成了小沙彌，諦暉延師教他讀書學畫。壽平穎悟過人，進步神速。數年之後，諦暉又讓他還俗。這時，他已經聲名大起了。

當時惲壽平的詩、書、畫都譽滿江南，號為「三絕」。尤其是他的「沒骨」花卉，被認為是北宋徐宗嗣（「沒骨法」的創始者）以後的第一人。

他曾有咏月的警句云：「平開圖畫含千嶺，盡掃星河占一天。」不但是自喻畫境的超絕，其氣勢磅礡的胸襟，也在字裏行間表露無遺。極為主「性靈」的袁枚所讚賞。

惲壽平的畫雖然在生前就有了極高的身價，但他個性狷介，不輕易為人執筆。又兼他拙於生計，以致終身窮困，有時甚至三餐不繼。死時無以營葬，替他料理身後的，是他的好友王翬——一位與他齊名的畫家。

（參考資料：〈清史稿．列傳〉、〈隨園詩話〉等）

畫中有詩

自唐代以來，國畫一直是以「文人畫」（也稱為「士人畫」）為主。從前的文人，可說無不能詩。作起畫來，也特別講求畫中所表現的詩意——所謂「畫中有詩」。甚至有人將畫稱為「無聲詩」（見明陳繼儒〈妮古錄〉一書）

宋徽宗雅愛書畫，在國學中設有「畫學」一門，用「太學法」召試四方畫師，全用前人詩句為題。有一年，畫題是「竹鎖橋邊賣酒家」。多數的應試者無不在「酒家」上下工夫，而以幾竿修篁為襯托。獨有一位畫家別出心裁，畫的是：一片竹林之外，長竿挑起一面迎風招展的酒旗，旗上一個大大的「酒」字。酒家與小橋流水，只是微露在竹林之外，作為配景。這樣一來，才突顯出詩句中以竹為「主詞」的命意，也巧妙地描出了一個無形的「鎖」字。試官都讚歎不已，拔為魁首。

又一次，試題是「踏花歸去馬蹄香」。大家畫的，大多數是在一幅花木扶蘇，落英滿地的畫面中，添上一個騎馬的人。卻有一個畫師，圖中並無花卉，只畫了一個士人，騎馬按轡徐行。另有幾隻彩蝶，飛逐在翹起的馬蹄後面。畫稿呈上去，果然中了首選。

昔人有拿宋代王安石的「濃綠萬枝紅一點，動人春色不須多」之句為題，測試畫師的。很多人都離不了在花木上來裝點「春色」。獨有一幅作品是：綠楊掩映之中，一座高樓。一個丰姿綽約的紅衣女郎，憑欄而立。眾人見了，都自愧不如。

以上幾則軼事，都是以詩句為畫題，揣摩詩意而作畫。在另一方面，國畫上常有題詠。題畫並不限於詩詞。其他不論是長文、短句，都無不可。尤其是著墨不多，而文字切貼，意境超脫的題詞，其效果不僅是可以詮釋畫意，甚至足以提升畫意。

清乾隆年間，有一位官居翰林院編修的張鵬翀（故宮博物院藏有他的畫作），畫了一幅桃花，枝頭棲著一隻白頭翁。他徵求僚友們題詠。翰林院中，盡是一些高才。但遇到這種取材平淡的花鳥作品，題詞實在無可施展。因而大家都只能在些春色、壽考一類的吉祥話頭上打轉。獨有一個後進的「庶吉士」（可以說是翰林院的實習生）李玉洲題云：「桃花開滿三千歲，青鳥飛來也白頭。」其構思之巧，可說是進入了化境。

（參考資料：宋葉夢得〈石林詩話〉、俞成〈螢雪叢說〉、清袁枚〈隨園詩話〉等）

滕王·滕王閣·滕王閣序

唐代的滕王李元嬰，是唐高祖李淵的幼子，太宗時封王。他曾作過兩任刺史與兩任都督，居官常有貪殘虐民的劣跡。高宗與武后主政時，由於他是叔父輩，只得曲加優容，不過是一再削減封邑示懲而已。他的品德雖欠佳，卻頗有才藝，工於畫蝴蝶。作品筆觸細緻，色彩富麗。傳到了宮廷中，常被宮人們爭相描摹，作為刺繡的花樣。這就是王建〈宮詞〉所咏的「內中數日無傳喚，搨得滕王蛺蝶圖」之句。

李元嬰任洪州都督時，於顯慶四年（西元六五九年）在豫章（當時的州治。在今江西新建縣）城的章江門上建了一座高樓，作為登臨遊宴之所，世稱滕王閣。此閣「左望大江，下臨闤闠」，譽為「西江第一樓」。與湖南岳陽的岳陽樓，湖北武昌的黃鶴樓齊名。

就如同黃鶴樓之有崔顥的「詩」，岳陽樓之有范仲淹的「記」一樣，滕王閣的出名，也未嘗不藉助於王勃的一篇「序」。

「初唐四傑」之一的王勃，字子安，絳州龍門（今山西河津縣）人，是隋代名學者「文中子」王通之孫。他年未弱冠，就曾數度「獻頌闕下」，名動長安。咸亨二年（西元六七一年），他父親王福時遠謫交趾（隋、唐的交趾縣，大致在今越南的海防、河內之間）令。王勃隨父赴任，路過洪都府，適逢重陽節。當時駐節豫章的洪州都督閻伯嶼，在新修葺完工的滕王閣上設「茱萸之會」，宴請僚友，順便也給王福畤餞行，席間冠蓋雲集。那位閻都督有心炫耀他女婿吳子章的才學，叫他先做好一篇宿構的文章準備拿出來炫耀。當天在席間陳列文房四寶，先請來賓作賦紀盛。滿座都謙讓不遑，只有那隨父與宴的王勃，少不更事，竟老實不客氣地提筆。氣得閻伯嶼離席「更衣」，但卻暗中命小吏隨時向他報告王勃的文字。當他得知起頭的「南昌故郡，洪都新府。星分翼軫，地接衡廬」等句時，還譏它平淡無奇。小吏陸續報知，他就慢慢地改容了。等到傳出了「落霞與孤鶩齊飛，秋水共長天一色」之句，不覺大為驚歎。等到終篇，閻都督出來重新見禮，盡歡而罷——這時王勃年只二十四歲。

相傳宴會的前一日，王勃纔乘船到達馬當（今江西彭澤縣東北），距南昌還有七百（華）里之遙。王勃夜宿船中，夢見水神對他說：「我送你一帆風，助你成名。」果然一夜順風，船行如箭，達旦就抵南昌，趕上了宴會，也得以寫出傳誦千古的〈滕王閣序〉——這就是日後「時來風送滕王閣」的諺語的由來。

但不幸的是，數年後王勃卻終死於「水厄」。上元二年（西元六七五年），王勃再往交趾省父。在渡瓊州海峽時船遇暴風溺水，得病而死。結束了二十八歲的短暫生命。

筆者少年時聽到過一個傳說：

王勃死後，陰魂不散，飄飄蕩蕩地到了昔日揚名之地的滕王閣畔，流連不去。每遇文士泊舟閣下，入夜後總聽到鬼魂賣弄地吟誦那一聯「落霞孤鶩」的警句，並且自個兒讚賞不已。有一天，一位高士艤舟章江門下，又聽到鬼魂的吟唱，反覆不休。這回卻惱了那位士人，他高聲地說：「子安先生！大作佳則佳矣，但何不刪去『與』、『共』兩個贅字？」片刻沉寂之後，只聽得那鬼魂痛哭而去，從此也就消聲匿跡了。

其實，六朝人為文，在四六對偶句中加上一個「虛」字（通常是連接詞或介系詞之類）的頗不罕見，此種句法，仍見於唐文中。王勃這兩句，更與南北朝庾信的「落花與芝蓋齊飛，楊柳共春旗一色」一聯如出一轍。縱令不說王勃剽竊，其套用之跡，至為顯明。何足以當「千古絕唱」的虛譽！

（參考資料：〈新唐書・列傳〉、〈江西通志〉、宋・王楙〈野客叢談〉、清・顧祖禹〈讀史方與紀要〉、清・俞正燮〈癸巳存稿〉等）

曠代名優黃幡綽

中國早在還沒有發展形成真正的戲曲或戲劇之前，「優」或「優伶」這個名詞是專指畜養於宮廷中的一種「弄臣」。他們的主要任務只是供君主或大臣們逗笑取樂。

我國古史中最早出現的兩位著名優人，一個是春秋楚莊王（西元前六一三—五九一年）跟前的「優孟」，另一個是秦始皇（西元前二四六—二一〇年）跟前的「優旃」。後者有名（旃）無姓，前者連個名字都沒有（「孟」是排行，老大的意思），他們兩人出身之卑賤，由此可知。但是，不容忽視的是：司馬遷卻給他們在〈史記〉中立傳（見於滑稽列傳），並且讚揚他們「豈不亦偉哉」。這是由於他們常敢於藉機諷諫，匡正君主的缺失之故。

常言道：「伴君如伴虎」。做臣下的，往往由於一句話不對勁而禍生不測，喪身滅族。因此，歷代即令是職責所在的「諫臣」，也難得有幾個夠得上稱作「諍臣」的。何況是那些被帝王當作犬馬般畜養的優人，就更應該只有搖尾乞憐的分了。

然而，事實上並不如此。他們之中，敢於「捋虎鬚」的卻代不乏人，殊不讓優孟、優旃專美於前。唐代的黃幡綽就是其中的佼佼者。

我們都知道，唐玄宗最愛好戲劇，甚至還時常親自粉墨登場。在他宮廷中眾多的出色演藝人員之中，最為後世所稱道的仍是一個叫作黃幡綽的「諧星」。黃幡綽為人機警伶俐，口才出眾。常在緊要關頭，用幾句戲謔的言辭，使君王醒悟，因而緩和緊張的情勢，甚至達到解紛救禍的效果，現在輯述幾則有關他的軼事如下。

唐代盛行「馬毬」的運動，唐玄宗也雅好「走馬擊毬」。他總覺得御廄裏現有的名駒還不夠好。一天，他問左右：「我想廣求駿馬。你們可知道有誰懂得馬經的？」黃幡綽奏道：「依臣所知，當今的三位丞相，都精通馬經。」玄宗詫異道：「我日常和三位丞相談論政事之餘，偶而也談到一些雜學。從來也沒有聽說過他們懂得相馬術的。」幡綽說：「我每天經過沙堤上，看到丞相們的坐騎，雖比不上皇上的御馬，卻也都堪稱良駒，因而想必他們一定懂得馬經。」玄宗聽了大笑，就用其他的話岔開了。

有一次，唐玄宗登臨內苑的北樓眺望，見有一個躺臥在渭水堤邊緣上的醉人。那個人只要一翻身就必定滾入滔滔的洪波之中。玄宗問左右：「那是個甚麼人？」左右不能回答。幡綽說：「一定是一位年資屆滿的令史（一種小吏的職位）。」玄宗問何以知之。幡綽答道：「因為他再一轉就入流了。」（在專制時代，卑微的「吏目」是沒有官階的，叫作「不入流」。倘若轉升最基層的「從九品」，就叫做「入流」）。說得君臣們全都大笑起來。

開元十三年（西元七三五年），朝廷舉行封禪泰山的大典，宰相張說為「封禪使」，主持其事。大典圓滿結束之後，朝臣都依例晉升一級。只有張說的女婿鄭鎰，由一個九品的微職超升到五品，服色也由原來的淺綠驟然變為緋袍（五品以上的服色）加身。舉行「大酺」（朝廷慶功的大會飲）的時候，唐玄宗見他官位「騰跳」，覺得奇怪，召問是何緣故。鄭鎰惶恐無辭以對。黃幡綽在一旁代奏道：「此乃泰山之力也。」——後世以「泰山」作為岳丈的別稱，出典於此。本來是譏刺之辭，竟反過來變成了恭維的代稱。

又有一次，黃幡綽惹火了玄宗。玄宗叫人把他按在池水中，過了一會兒將他提出水來，這個伶人已經是像落湯雞一般。卻不料他一出水就噗哧一笑。玄宗問他：「難道你苦還沒有吃得夠，竟還笑得出來！」幡綽回奏道：「臣在水中遇見了屈原。他對臣說了句話，想起來不覺失笑。」玄宗問他屈原說的是甚麼，他回答：「屈原對我說：我當年自溺是由於遭逢到無道的楚懷王。你為甚麼也來了？」玄宗不覺歉然，趕忙賜他一百段絲絹給他壓驚。

安史之亂起（西元七五五年），長安陷落，唐玄宗倉皇「幸」蜀。百官諸司來不及逃出，以致陷身賊中的甚眾。黃幡綽也在其內，而且頗為安祿山所喜愛，常不離左右。幡綽為威勢所脅從，也不敢違拗。後來郭子儀收復長安（西元七五七年），玄宗以「太上皇」的尊號「回鑾」。原來「從逆」的臣下，都一一被逮治。有人在玄宗跟前說：「黃幡綽忘恩負義，阿附賊黨。他曾經替安祿山圓夢。祿山夢見衣袖長得拖到階下，幡綽說這是『垂衣裳而治』。祿山夢見殿中窗槅子倒下，幡綽就說這是『革故鼎新』。諸如此類，不一而足。」玄宗將幡綽拘來質問。幡綽叩頭說：「臣既陷身賊手，當時倘不順從賊意以求苟全性命，今日豈能重見天顏？其實我給安祿山圓夢的時候，早就知道那些全是凶兆，逆賊必亡。」玄宗問：「何以知之？」幡綽解釋：「祿山夢長袖是『出手不得』，夢槅子倒下是『扶（胡）不得』。因此知其必敗。」玄宗聽了龍顏大悅，黃幡綽也就獲得了赦罪。

（本文主要參考資料：〈史記滑稽列傳〉、唐・段成式〈酉陽雜俎〉、范攄〈雲溪友議〉、李濬〈松窗雜記〉、趙璘〈因話錄〉等書）

蘇東坡在海南的暮年生涯

蘇軾（西元一〇三六—一一〇一年）在中年以後，為「新黨」所構陷，遭到兩次貶謫。第一次是宋神宗元豐二年（西元一〇七九年）以原任的「知湖州」責授黃州（今湖北黃岡縣）團練副使。第二次是哲宗紹聖元年（西元一〇九四年）從「知定州」（治今河北定縣）的職務貶為寧遠軍節度副使，「安置」惠州（治今廣東惠州市）。三年後（西元一〇九七年），朝中的當權派仍以為未足，再將他貶為瓊州（治今海南海口市）通判（又稱別駕），昌化軍（今海南儋縣）「安置」。蘇東坡貶居黃州時，仍是中原地區，平日的一些僧俗好友，往來不斷，詩酒唱酬，頗不寂寞。兩遊赤壁，留下傳誦千古的前後赤壁賦，就在此期間。

第二次的貶謫就不是這樣的輕鬆愜意了。

海南島雖早自漢武帝時起就設置郡縣，但一直被視為徼外，沒有加以積極開發。文武官員很少有樂意到其地去供職的。即使被貶謫到那裏，也都視為是「去死一間」。唐代的大臣韋執誼、李德裕等，都

部，今廢為村鎮，名為崖城）而死。此後，一直沒有人貶往這個孤懸海外的「荒島」。有之，就是蘇軾了。貶死於海南。趙宋立國以來，只有專恣害賢的大奸丁謂（西元九六二－一〇三三年）遠竄崖州（在海南島南

蘇軾貶居惠州過了三個年頭，年已六十有二。於是在城外的白鶴峰下買地建屋，打算終老於斯。不料房屋尚未竣工，就來了一個晴天霹靂，惠州太守親自送來「告身」（任職命令），朝命再貶昌化軍。他自料「垂老投荒，無復生還之望」。只得將家屬留在惠州，自己由二十六歲的幼子蘇過夫婦陪伴，渡海前往貶所。

到底不愧為曠代的文豪兼詩豪，具有過人的超脫氣質。東坡在顛沛流離之中，仍然能夠放開胸襟來欣賞大自然之美。他在渡海時有詩云：「參橫斗落轉三更，苦雨終風也解晴。雲散月明誰點綴，天容海色本澄清。空餘魯叟乘桴意，無復軒皇奏樂聲。九死南荒吾不恨，茲遊奇絕冠生平。」他想到：「乘桴浮於海」是孔子生平所嚮往而不能如願以償的，他卻有幸經歷到了，再說，世人又有幾人能有機會乘桴於「滄海月明」的仙境之中！這樣想來，即使是「九死南荒」也無遺憾了。

到了儋州之後，他也愛上了儋耳山的奇峰怪石。有詩云：「突兀隘空虛，他山總不如。君看道旁石，盡是補天餘。」

那時海南設有瓊州與昌化、萬安、朱崖三「軍」。其中只有首府瓊州較為繁榮。昌化軍原為儋州。在王安石推行新政時（西元一〇七三年）罷州改軍。地在西部沿海，下轄昌化、宜倫、感恩三縣，全州共只居民八百餘戶，其荒涼可知。

宋制凡貶官再帶「安置」某地的，實際就是放逐並限制居住。不但所授的官職徒具空銜，行動也不

能踰越「安置」的地點。蘇軾初到儋州，借住官舍，但未久就被攆了出來。只得在軍城之南的桄榔（生於亞熱帶的一種常綠喬木）林中搭蓋三間茅屋棲身，名之曰「桄榔庵」。當然，那樣的居住環境，是無法令人滿意的。他給友人的信裏說：「所居在軍城南。極湫隘、粗有竹樹、烟雨濛晦，真蜑獠塢也。」後來幸得當地的黎姓兄弟，借給他一塊空地。經「父母官」軍使張中等的贊助，又得當地居民的出力，才替他建造了一幢較為寬敞的居所，他名之為「載酒堂」。這比起以前的桄榔庵要受用得多了。他有詩誌喜云：「借我三畝地，結茅為子鄰，鴂舌儻可學，化為黎母民。」

那時的海南島，糧食與各種生活物資都極為缺乏。尤其是藥品、醬、醋等物，都依靠海舶從大陸運來。有時廣、泉等州的商船不到，東坡父子的生活就苦了。他有句云：「此船不到米如珠，醉飽蕭條半月無。」又在〈和陶淵明勸農詩〉序裏說：「海南多荒田，以貿香為業。所產秔稌，不足於食。乃以藷、芋雜米作粥以取飽。」東坡在海南所作的詩文，常提到藷、芋兩種塊莖食用植物。他如〈過黎君郊居〉云：「滿園荒草沒佳蔬，煮得占禾半是藷」〈酬劉紫桑〉云：「紅藷與紫芋，遠插牆四周」等都是。既說「紅藷」，應該就是今日所謂的「番藷」。這樣看來，舊說番藷是明萬曆年間（西元一五七三——一六二〇年）自菲律賓傳入我國的說法，就恐怕仍得存疑了。

所謂「貿香為業」，原來海南中部的五指山中，出產一種瑞香科的常綠喬木，名叫沈香木。它的黑色脂膏是一種名貴香料。那時，廣、泉商舶運來大批牛群——「百尾一舟」，向高山裏的黎人交換沈香木。「黎人得牛，用以祭鬼，無得脫者」。蘇軾奉佛，雖不茹素，卻極端反對屠牛。因而他沉痛地說：「中國人以沈香供佛燎帝求福，此皆燒牛肉也，何福之能得？哀哉！」

蘇軾初時以為自己當此垂暮之年，豈能在海外烟瘴之地久活？因此他自惠州啟程之前，寫信給友人，悲觀地說，到儋州後「當首作棺，次便作墓，死即葬於海外」。到達海南之後，才發現當地的風土氣候，並不如以前傳聞的那樣惡劣。又見當地的土著頗多長壽的——「老人百餘歲者往往皆是，八九十歲者不論也」。因而心境好得多，生活也就漸漸地適應過來了。

當地的地方官「知昌化軍」（又稱軍使）張中，在蘇軾貶來後不久到任。這位張軍使武舉出身，在功名路上也不很得意，奉派到這個荒徼來，不免滿腹牢騷。這從東坡的贈詩裏可知：「使君本學武，少誦十三篇：才智誰不如，功名歎無緣！」他與東坡父子非常相得。常和蘇過下圍棋，往往通宵達旦。後來張中罷官赴闕，在東坡之先離開儋州，去時兩袖清風，東坡的送別詩有云：「恐無再見日，笑談來生因。空吟清詩送，不救歸裝貧。」可見他們患難交情的深厚。

那時海南久無戰爭，文物也有相當的進步。東坡曾說：「自漢末以來，中原避亂之人，多家於此。今衣冠禮樂，蓋斑斑矣。」除了居於山地的「生黎」，仍過著原始生活外，「熟黎」則散居沿海，與漢人雜處，從事農耕。也不乏讀書應科考的。漢化的黎族，最初都以「黎」為姓。後來漸多姓王與姓符的——至今符氏仍為海南大族。蘇軾在儋州的交遊中，有個「安貧守靜」的老秀才符林，和半耕半讀的黎氏四兄弟，都是完全漢化的黎族，常與東坡往還。

「萬戶不禁酒，三年真識翁」，住得久了，東坡與當地的居民也十分熟稔了。一天，東坡帶著三分醉意，肩上扛著一個大瓢瓜，一邊高唱著自己所作的得意詞曲，從田間走到家門。途中遇到一個往田間給耕田的家人送飯的七十歲老太婆，迎著他同情地說：「蘇學士昔日的榮華富貴，到今天真是成了一場春夢呀！」東坡聽到了深以為然。更為驚訝的是，想不到這位老婆婆竟如此地「吐屬不凡」。他向友人談起，從此，這位「春夢婆」就在村里中聲名大噪起來。

若要數起蘇軾在海南的賞心樂事，無疑地吃荔枝要算一樁。他在惠州時，就有「日啖荔枝三百顆，不妨長作嶺南人」之句。海南也盛產荔枝。他在儋州有詩云：「荔枝幾時熟，花頭今已繁，探春先揀樹，買夏欲論園。居士常携客，參軍許扣門（自注云：周參事家多荔子）。」「包園論價」的產地大宗水果交易，現代仍有。至於在春天開花的時候就先擇定果樹，就未免太性急了些。東坡不但自己去「扣門」吃荔枝，還常「携客」前去分享。那位周參軍就算是慷慨好客，恐怕也難免不有些心痛罷！

歷來詩人多離不了杯中物。東坡雖然酒量不大，卻也愛淺嚐幾杯，享受那微醺的快意。當地黎人土法所釀造的酒，據說有毒。因此東坡常喝自釀的「天門冬」藥酒，醫家說此酒有潤肺的功效。但有時候即使是土製的「蜑酒」，他也敢喝個盡醉。甚至鄰居送來作為下酒佳肴的蛇、蛙肉，也照吃不誤。有詩為證：「蜒（疑為蜑之訛）酒蘗眾毒，酸甜如黎虀。何以侑一樽，鄰翁饋蛇蛙。亦復強取醉，歡謠雜悲嗟……」。又有詩云：「水酒生黎法，乾糟瓦盎中。芳辛知有毒，滴瀝取無窮。凍醴寒初泫，春醅暖更濃。華夷兩樽合，醉笑一歡同……」破除「華夷」畛域，「醉笑歡同」，還有什麼比酒更好的催化劑？

東坡在海南，還有一段佳話值得一提：

蘇軾離開儋州的前一年（西元一〇九九年），有一個瓊州的進士（唐、宋的所謂進士，相當於明、清的舉人。尚須通過禮部的考試，方為「及第」）叫作姜唐佐，前來從學。東坡極為嘉賞他的好學精神。姜君歎息說：「人都說中原的地脈，被海隔斷了。因此海南的讀書人，至今沒有一個登第的。」東坡聞言為了給他打氣，接過他手裏的摺扇，用那「豐腴跌宕」的書法，題上兩句詩：「滄海何曾斷地脈，白袍端合破天荒」——唐、宋的制度，未入仕的讀書人都穿白袍。及第後初任官職，就換穿綠袍。官吏最高（三品以上）的服色是紫袍，其次（五品以上）是緋袍——東坡將摺扇交還給他說：「候他日有驗，當續成篇。」後來姜唐佐赴汴京會試，路過汝陽（今河南信陽縣），帶著那柄詩扇往見蘇轍。那時蘇軾已經逝世兩年多了。蘇轍一見其兄的遺墨，不禁淚下，感慨其兄已不及完成這首詩了。於是提起筆來，前添後續，完成了一首七律。詩云：「生長茅間有異芳，風流稷下古諸姜。適從瓊莞魚龍窟，秀出羊城翰墨鄉。滄海何曾斷地脈，白袍端合破天荒。錦衣不日千人看，始信東坡眼力長。」至於那位姜君後來有沒有「破天荒」地衣錦榮歸，就不得而知了。

蘇軾貶居海南的四年中，其弟蘇轍也被貶為雷州（治今廣東海康縣）通判。東坡曾寄詩給他，強自寬解地說：「莫嫌瓊雷隔海雲，聖恩尚許遙相望」。後來一同獲赦。

宋哲宗死，徽宗即位（西元一一〇〇年），東坡已是六十五歲的高齡，這才蒙到朝廷一連三次的赦令，獲得「任便居住」的自由，並恢復了原來的「朝奉郎」官位。他高興地渡海北歸。翌年，卒於常州（今江蘇常州市）。也可以算得是「生於憂患，死於安樂」了。

（附記：本文主要參考資料——蘇東坡全集・蘇轍欒城集・宋史本傳・宋史地理志・瓊州府志）

王羲之生平的得意與失意

王羲之（西元三〇三年—三六一年）所遺留至今的詩文雖少，但他的一篇蘭亭集序，卻傳誦千古。他寫黃庭經（一作道德經）換鵝的佳話，也一直為世人所津津樂道。本文所述的一些軼事，大都取材於昔人的筆記與羲之傳世的書簡。拉雜道來，或許也有助於我們對這位「古今第一人」的書法家，加深一層認識。

王羲之幼年穎慧異常，七歲就開始顯露書法的天才。十二歲時，發現了他的父親王曠珍藏在枕頭裏的一部前代論書法的〈筆論〉。他常趁著父親不在的時候拿來竊讀。父親問他：「你為甚麼老是往我的書房裏跑？」他笑而不答。母親在一旁揭開了這秘密。父親說：「現在你還太小。等到你成年後，我再把這書給你。」羲之再拜說：「今日我正用得著這部書，倘若等到我成年，那就嫌遲了。」父親聽他口氣不小，只得將這部書給了他。在他細心的揣摩與勤加練習之下，還不到一個月，他的書法就更加大進。

當時有位著名的女書法家衛鑠，字茂猗。她是汝陰太守李矩之妻，人稱「衛夫人」。她見到了這個少年寫的字，大為贊賞，對人說：「這孩子將來的書名，必定會蓋過我！」於是收錄他為門徒，悉心教導。王羲之得到了這樣的名師，進步更為神速。

王羲之年長後，遍覽前代著名的碑帖，見到了秦代李斯的小篆，後漢曹喜的隸書，三國鍾繇的草書，以及後漢蔡邕的「三體石經」等，眼界大開，又覺得衛夫人不足學而改以眾碑為師。他的功力終於到達登峰造極的地步。

在晉代的世族社會中，除了清談的辭鋒之外，書法也是士大夫們所重視的精緻文化涵養之一；因此，與王羲之同時代的王導（羲之的叔父）、王洽（王導的第三子）父子，謝安、王廙、郗愔、庾翼、桓溫等，都無不以善書名。其中年輩與羲之最接近的庾翼，少時兩人齊名。後來羲之的聲名日進而庾翼漸遜。身為荊州刺史的庾翼大不服氣，寫信給建康的親友說：「等我還都後要當面和他較量一番！」後來他看到了羲之用「章草」寫給其兄庾亮的信，才大為歎服。他寫信給王羲之說：「我從前藏有十幅張芝（東漢名書家）的章草墨跡。當年狼狽過江，都丟掉了。我常惋惜像那樣精妙的墨寶，竟永遠絕跡。今天見到您給家兄的書信，如同重見張芝真品！」其推崇之至，於此可見。

晉成宗（西元三二六—三四四年）時，更換郊祀所用的「祝板」（古代祭祀時書寫祝辭的木板，多用梓、楸等木材）。原來的祝板是王羲之書寫的。工人削去字跡時，發現墨痕透入木中深達三分。其筆力可見一斑。這也就是「入木三分」一語的出典。

有一次，王羲之上書晉穆帝（西元三四五—三六五年）——以羲之的書法，他的奏章當然是親自書寫。穆帝戲命善於模仿他人筆跡的朝臣張翼摹寫一件，然後在摹本上批答交還羲之。羲之初看到時竟被矇混過去。等到察覺出來，原件已經被掉了包，不禁笑道：「這小子幾乎亂真！」

王羲之晚年住在蕺山（今浙江紹興縣境內）之下。有一天，遇到一個老婦人手持十多柄六角竹扇叫賣，每柄要價廿個銅錢。羲之開玩笑取筆在每柄扇面題上五個字。老婦人生氣說：「我全家的早餐都指望著這十多把扇子。現在被你塗壞，怎麼賣得出去！」羲之笑道：「你到街上，只說這是王羲之題的字，每把抬價為一百個錢，看能賣得掉否。」老婦人依言持扇入市，果然不一會就被搶購一空。等到這老婦人再拿出十多柄竹扇來請求題字時，王羲之就笑著婉拒了。

以王羲之「琅琊王氏」的家世，叔父王導與王敦，一在朝中為丞相，一在荊州為將帥，可說是晉室南渡之初的兩個支柱，羲之本人的才學與氣宇，又為時人所推重。照理說他的官運應該是飛黃騰達的了。但事實上卻不然。這主要是要歸因於，他雖然出生在一個富貴的家族中，但卻具有一副閑雲野鶴般的不羈性格。他在致友人書中說：「吾素無廟廊（志）」。又自言：「雅不喜見客，不堪煩事，此自（至）死不可化。」因此王導為丞相時，要用他為朝官，他堅不應允。後來朝中要他出任郡守，他也力辭。但朝廷不許，終任命他為會稽內史（晉代的體制，會稽是個王國。但受封為會稽王的宗室並不親政，行政權責由朝廷設置「內史」任之，其地位與太守相當）。

那時，東晉偏安江左，吳、會各郡縣稅重役繁，極為難治。而各縣的姦吏，又多藉機將重斂得來的官米，飽入私囊。羲之到任後，清查的結果，有一縣被侵吞多達十餘萬斛的。這就是一方面地方已經民力凋敝，另一方面卻仍國用空乏的癥結所在。羲之欲救此弊，原打算施展鐵腕加以整頓，只望「誅剪一人，其後便斷」。而用「重典」之舉卻受到「時意」的阻撓而作罷。郡內屬縣發生飢荒時，郡裏公倉的儲糧他也無權用來賑濟飢民。他在無法可想的時候，只得下令「斷酒」，逼使殷實之家拿出餘糧來救災。一年下來，倒也節省下百餘萬斛米糧，救了不少民命。但即使是斷酒，也得不到上峰（揚州刺史）的核准。行之未久，終被迫撤消禁令。

在這樣遇事掣肘的情況之下，他這個官做得已經夠痛苦的了。因此他在致友人（可能就是益州刺史周撫）書中感慨地說：「吾為逸民之懷久矣！」這還不算，到後來又雪上加霜，碰上一個吹毛求疵的上司——揚州刺史王述。

王述的宗族是「太原王氏」，雖然也是出身於高貴的郡望，但羲之卻素來看不起他，兩人平日是死對頭，不相往來。等到王述被徵為揚州刺史，會稽是其屬郡。王述督察會稽的刑政非常苛嚴。「內史」屬下各部門的主管，疲於奔命，有時還不免受到責罰。王羲之深以為耻，於是稱病辭官。並且在父母墓前祭告，從此誓不出仕。這是永和十一年（西元三五五年）三月九日的事。羲之時年五十三。

羲之致仕後，與「東土」人士縱情山水，以弋釣為娛。他又與道士許邁相善，往往一同入山採藥，不遠千里。這樣悠遊歲月地過了六個年頭，卒年五十九。

王羲之早年就嚮往於蜀中的風土文物。桓溫平蜀（西元三四七年）之後，鎮守蜀郡十九年的益州刺史周撫原是王羲之的莫逆之交。兩人雖是東西暌隔，但書信往還不斷。羲之在信中詢問周撫是否曾親見火井、鹽井之奇；又問蜀中前代的學人司馬相如、揚雄、譙周等都有後人否；他聞說成都尚存有漢代的講堂（案：這應該就是漢景帝時蜀守文翁所創立的郡學），講堂的牆壁上還繪有「三皇五帝以來」史事的精妙壁畫，他寫信問學堂是「漢代何帝時立於此」；他又託周撫請人臨摩那些壁畫給他。周撫還常寄些蜀中著名的「邛竹杖」（西漢時即遠銷到身毒國）之類的土產給他。又知道羲之愛種果樹，也寄給他一些「東土」所罕見的胡桃、青李、來禽（林檎）等珍果的種子。

王羲之極想趁著周撫在益州服官的時候，「一遊汶（岷）嶺，峨眉而還」。他在致周撫的信中說：「得果此緣，一段奇事也」。他又說，倘能如願，「實不朽之盛事。但言此，心以（已）馳於彼矣！」可惜他這個願望，到頭來終成泡影。恐怕這是他一生中最大的遺憾了。

（參考資料：〈晉書本傳〉、〈漢魏六朝百三家集（王右軍集）〉、〈世說新語〉、唐・張彥遠〈法書要錄〉、唐・韋續〈墨藪〉）

石曼卿軼事

北宋詩人石延年（西元九九四—一〇四一年），字曼卿，在宋仁宗天聖、寶元年間（西元一〇二三—一〇三九年），名噪一時。到如今作品散佚殆盡，他的名字已遠不及同時代的蘇軾、黃庭堅等人響亮了。這大概是由於他自恃才高，好用「硬句」、「險語」。其作品佶屈聱牙，不為後人所喜之故。幸好在他身歿之後，他的詩友歐陽修，寫了一篇〈祭石曼卿文〉，這篇祭文，收在清人吳楚材所編的〈古文觀止〉裏。而這部〈古文觀止〉，尤其是其中的唐宋文，在近代可說是家絃戶誦的，因此石曼卿得藉以留名至今。這也可說是不幸中之幸了。

宋人的筆記中，如歐陽修的歸田錄，沈括的夢溪筆談，王闢之的澠水燕談等，都記有關於石曼卿的軼事。流露詩人的性格，面目十分特別，試整理如下，以饗讀者。

石曼卿初登科那次，有落第的舉子控訴科場有弊，朝廷因而舉行覆考。結果刷掉了好些人，曼卿也在其數。當大家聚集在汴京的興國寺的時候，使者捧著聖旨來到，追回他們的「勑牒」（及格證書）與御賜的袍、靴。一般的被黜者多數都痛哭流涕，如喪考妣。只有石曼卿若無其事地當眾脫下了袍、靴，交還給欽差，自己露體跣足，戴著頭巾歸座，談笑飲食自如，終席而去。第二天，朝廷傳下皇帝的恩旨，被黜落的貢士都賞給了一個「三班借職」的小官職。這是宋代中央最低的武官，人數多達八千，有時往往被派充傳達文書、命令的走卒。於是石曼卿做了一首「歇後」的打油詩自嘲。詩云：「無才但作三班借，請俸何如錄事參（「錄事參軍」的職位也低，但其俸薪仍高於三班借職）。從此罷稱鄉貢進（士），且須走馬東西南。」

石曼卿氣貌雄偉，酒量過人。他的友人劉潛，也是一位豪邁之士，時人稱號他是石曼卿的「酒敵」。他兩人聽說京城裏新開了一家王氏酒樓，於是同往光顧。兩人終日對飲，不交一言。店主人見他們酒量驚人，於是特別優待，不斷添肴添酒，在一旁必恭必敬地侍候。他兩個傲然不加理會，只顧吃喝。一直悶聲不響地喝到日暮，才相對一揖，逕自離去，臉上竟看不出一絲醉意。第二天，京城盛傳王氏酒樓來了兩位酒仙。後來一打聽，纔知道那是石曼卿和劉潛兩個。

石曼卿作海州通判時，劉潛乘船來訪。曼卿前往船碼頭相迎。兩人不等到登岸，就在船中痛飲起來。喝到半夜，眼見得一大罈酒已經所剩不多了。正好船上有一罈醋，於是將醋和入酒中來喝。等到天明，酒、醋俱盡。

石曼卿喝酒，還有一些花招：披頭散髮，打著赤腳，頸上帶枷而坐。這樣飲酒叫做「囚飲」；在樹梢上架木而飲叫做「巢飲」；用草蓆將身體與頭頸捲起來，不時伸出頭來喝酒，喝完一盞仍將頭縮回草蓆內，這叫做「鱉飲」。他又在公署後面搭蓋一間茅屋，稱為「捫虱菴」，經常醉臥其中。像這一類的行徑，不勝枚舉。

宋仁宗愛才，對宰相說，希望石曼卿戒酒。他聞言果真斷酒不飲。可惜並未能「延年」，只活了四十八歲。

石曼卿任職集賢院校理的時候，有一次微服到花街柳巷去嫖妓，帶著酒意，與一個流氓發生爭鬥。曼卿當場被巡查的「街司」拘捕。當時「三館」（昭文館，集賢院、史館）的文學侍從之官，地位清高，本來是「街官」們所不敢為難的。曼卿卻不便表明身分，只是對主管的「廂帥」（大概相當於現代的警察分局長）說：「請你就在貴衙門發落吧！天亮後我好回『館』辦事。」這位廂帥心想：這個犯禁的醉漢大約是「三館」的書吏、衙役之流吧；就將他「薄責」了一頓板子，然後釋放。

石曼卿曾在河陽（今河南孟縣西南）地方的一次酒會中做了一首「代意寄尹師魯」的七言詩。原詩云：「十年一夢花空委，依舊山河損桃李。雁聲北去燕西歸，高棲日日春風裏。眉黛石州山對起，嬌波淚落妝如洗。汾河不斷水南流，天色無情淡如水。」師魯是尹洙的字，他是北宋早期古文運動的先驅。曼卿這首應該是代一位「中州」媛女所作，寄給尹洙的情詩，詩意淒美。曼卿身歿後數年，他的一位友人名叫關詠的，夢見石曼卿對他說：「我生平的得意之作，無過於代意寄尹師魯一首。但偏偏世人很少稱道它的。恐怕能夠使這首詩盛傳於世的，除了永言（關詠的字）兄之外，別無他人了。」關詠醒來後，就將這首詩，稍添字句，配上曲譜，改作成一首「詞」，詞牌名為「迷仙引」（也有記作「迷神引」的）。由於關詠是當代的名詞曲家，這首「迷仙引」果然很快地就流行起來，同時石曼卿的原作也就不脛而走了。

不管托夢的事是真是假，石曼卿這首香艷而兼淒清的傑作，總算流傳了下來。

宋明人筆記中的王安石

我們數起中國歷史上的偉大政治家時，倘不以成敗論英雄，無疑宋代的王安石應該高居排行榜的前茅。

他生前受盡了抨擊，受盡了挫折，成為一般守舊士大夫們的眾矢之的，這還不說。身後竟還背負著罵名長達千年之久——筆者以為主要是由於他不該與司馬光對立之故。這「司馬溫公」不但在當代是朝野間的共同偶像，就是在後世也一直被視為歷史完人，誰能得罪得起——直到民國成立以後，拜現代思潮之賜，他纔獲得昭雪，並且被譽為曠代的政治改革者。歷史的公論雖然來得遲了些，但總算可以讓他含笑九泉了。

我們不妨暫時拋開正式的史籍不談，只從一些宋、明士大夫們的筆記中，來看看王安石的側影吧！其中〈涑水記聞〉一書的作者司馬光，還正是王安石的頭號政敵哩！

(1)
王安石有氣喘病，醫師的處方中有一味「紫團山人參」，頗為名貴難得。當時有一位從河東（今山西省）回京的官員，要送幾兩給他。他固辭不受，並說：「生平沒有紫團參，也活到了今日。」

(2)
王安石面目黧黑，顯得氣色不好，他的門人深以為慮，去問醫師。醫師說：「這是汙垢（王安石不愛洗沐），不是病。」於是門人買了些「澡豆」（豆粉和藥製成，富貴人家用以洗面盥手）給他洗臉。他不肯用，說：「天生黑於予，澡豆其如予何！」

(3)
韓愈言飲酒之害的詩句，有云：「斷送一生唯有酒」；「破除萬事無過酒」。王安石也是反對喝酒的。他將這兩句詩重新組合，改為「一字題」（一種通俗歌謠的體裁）：「酒，酒！破除萬事無過，斷送一生唯有。」不增損一字，而含意與音韻都極自然。

(4)
古人有「風定花猶落」之句，都說無人能對。王安石卻對上一句「鳥鳴山更幽」。這本來是宋初王籍的詩，原詩上一句是「蟬噪林逾靜」。雖是佳句，但兩句幾乎是一樣的意境。王安石借來作成「風定花猶落，鳥鳴山更幽」一聯，上句是靜中有動，下句是動中有靜，更令人擊節歎賞。

(5)

王安石是「集句詩」的創始者。他拼合前人的詩句成篇，有多到百韻以上的。無論是語意與對仗，都天衣無縫，異常工巧。後人漸漸有繼起仿效的，遂在詩、詞的領域中，開闢了一條「別徑」。（以上五條取材於宋沈括夢溪筆談各卷中）

(6)

任職於集賢院（宋代中樞的學術機構之一）的劉攽（字原父），前往拜訪王安石。座中有一位訪客向身為宰相的王安石獻策：「把梁山泊（宋代的著名水泊，由黃河溢出的洪水匯聚而成。在今山東省壽張縣東南的梁山下。宋江等曾結砦於此。後來淤涸成為平陸）挖開，放乾積水，可以獲得良田萬餘頃。對於公糧民食，都大有幫助——只是要找個近便的地方來容受放出的水，倒是難題。」王安石認真地低頭沉思，一邊說：「這麼大量的水，放到甚麼地方去？」劉攽在一旁插嘴說：「這有甚麼難處！」王安石急問「計將安出」。劉攽慢吞吞地回答道：「在旁邊挖掘一個新的梁山泊，問題不就解決了！」王安石這纔大笑起來。（取材於宋司馬光涑水記聞）

(7)

王安石學問淵博，又高居宰輔之位，因而被當世的儒生尊奉為宗師。他著有「字解」一書，書中解釋文字的說法，往往與漢代許慎的「說文解字」大異其趣，當時的劉攽等學者很不以為然，常藉機開他的玩笑。劉攽曾經在閒談時表示：易經裏的「觀」卦應該是取象於老鸛（筆者按，他的歪理大概是：觀字從雚從見，而雚是鸛的本字）；又說，詩經裏的「大雅」、「小雅」，其實是指烏鴉（他的歪理大概是：在文字學上，從隹等於是從鳥）。王安石聽說欣然，接著纔察覺到是調侃他的。

(8)

王安石問蘇軾：「鳩字何以從九」？東坡回答說：「詩經『鳲鳩在桑，其子七兮』（見曹風鳲鳩篇），連爺帶娘，恰好是九個。」王安石聽了大笑。王安石又曾對蘇東坡說「波者水之皮」。坡公應聲說：「照這樣說，滑就是水之骨了。」王安石無言以對（以上兩條取材於明楊慎楊升菴集）。

(9)

有一天劉攽對王安石說：「字有三牛為犇（奔），三鹿為麤（粗）。事實上牛粗重而行動遲緩，鹿體瘦而善於奔跑。這兩個字非得互換不可。」王安石聽了也只得尷尬地笑笑（取材於宋王闢之澠水燕談）

以上的這幾則記述，有的不免帶著幾分「小說家言」的意味，未必全是事實。但綜合起來看，卻可以反映出：「王荊公」不但是儒雅多才，而且也頗有他平易近人與富幽默感的一面。史家一談到他政治改革的失敗，總不免歸咎於他剛愎自用和狷急少容的個性。這固然是沒得說的。但當時蘇洵痛罵他是「不近人情」的「大姦慝」（見其所作「辨姦論」一文），卻顯然太過火。縱使不說他是惡意中傷，也斷非持平之論。

蔣山廟的歷史與神話

戰國時代楚國的金陵邑，到秦始皇時改為秣陵縣，隸屬丹陽郡。兩漢一仍其舊。孫權定都秣陵，改名建康（西元二一二年）。並在縣西依「石頭山」的山勢修建了一道外城以作屏障，這就是「石頭城」名稱的由來。從此，建康成為了「六朝」的政治中心。

東漢末年，有個名叫蔣子文的廣陵（今江蘇揚州市）人，充當秣陵縣的「尉」（職司查捕盜賊的小吏）。有一天，他追捕盜匪到鍾山之麓，被盜匪殺傷頭額。他解下身上的印綬裹傷，未久死去。世亂官卑，朝廷的恩恤恐怕是輪不到他頭上的。

當孫權徙治建康之初，相傳有一個蔣子文的舊部，在路上遇見了這位老長官，騎著白馬，手執白羽扇。那個舊部一見遇鬼，大駭而奔。子文追上他，告訴他說：「我將要做此地的神祇，造福一方的老百姓。你去告訴大家，替我建廟立像。否則一定降禍。」聞者初時並不在意。結果這年夏天建康發生大瘟疫，死亡相繼。百姓恐慌起來，頗有私下建祠供奉的。蔣子文的神靈又附身巫祝說：「快叫孫將軍（這時孫權還沒有稱王，官爵是「車騎將軍」）替我立祠，我會大大地保佑孫氏。否則，我將散布一種小蟲鑽入人們的耳朵為害。」接著，建康果然出現無數像「塵虻」一樣細小的飛蟲，一入人耳，其人必死，無可救藥。孫權仍不理會。蔣子文的神靈又透過巫祝傳話：「再不聽我的話，我要叫你們發生大火災！」這一年，建康到處失火。一日之中，多到數十起。即使是孫權的「將軍府」也不能倖免。群臣商議的結果，都認為「鬼有所歸，乃不為厲」，應該要加以安撫。孫權不得已，只好派遣使者追封子文為「中都侯」，替他在鍾山之陽建立廟堂。又因為「鍾」字犯了孫氏的祖諱，將鍾山改名為「蔣山」。從此「蔣侯廟」的香火就鼎盛起來，各地也有「分」廟出現了。

關於蔣侯顯靈的傳說，晉人干寶（？）所作的「搜神記」，另外還記述了下列四則：

有一個叫劉赤父的士人，夢見蔣侯徵召他做「主簿」（秘書長或主任秘書）。他急忙到廟裏去陳情：「我母老子幼，放不下仰事俯蓄的責任。會稽郡有個叫魏過的，多材多藝，又善事鬼神，請您徵用他吧！」他一面情詞懇切地祝禱，一面叩頭流血。但是神靈透過廟祝代答道：「我要借重的是你本人。魏過是什麼人，怎能代替你！」劉赤父固請不已，仍不見允。過了幾天，他終於死了。

晉武帝咸寧（西元二七五—二七九）年間，有三個青年，一個是太常卿韓伯的兒子，一個是會稽內史王蘊的兒子，一個是光祿大夫劉耽的兒子。三人同遊蔣侯廟。廟裏有三尊妙齡女郎的塑像，栩栩如生，而且美艷動人。這三個青年帶著幾分醉意，肆無忌憚地互相指著塑像開玩笑：這個配給誰，那個配給誰。就在這天晚上，三人同時夢見蔣侯召見，對他們說：「三位公子不嫌舍妹等醜陋，我深以為榮，很樂意招你們為妹婿。」並指定日期，要迎接三人到府中成親。翌晨三個青年互相印證之下，所夢相同。於是大懼，備好三牲大祭禮，一同前往廟裏乞哀求免。晚上又都夢到蔣侯親自降臨，責備他們說：

「諸君既已親口與舍妹定情，剋期快到，豈容反悔！難道全不顧到舍妹的名節！」到期這三人果然一齊無疾而終。

會稽郡鄮縣（今浙江鄞縣）東鄉有個女子，叫吳望子。年方十六歲，姿容出眾。一天，她前往離家數里的鎮上去看「賽神」。沿著河堤前行，在半路上看到河中一艘官船，船上端坐著一位貴人，問她到那裏去。望子回答說到鎮上去。那個貴人和顏悅色地說：「正巧我也去那裏，你就搭我的船吧！」望子有點怕官威，不敢接受邀請。就婉謝了，仍舊獨自步行。到了鎮上，前往蔣侯廟拜神。抬頭一看，神座上坐著的，不正是剛才遇到船上的貴人麼！似乎還對著自己微笑哩！回到家裏，心裏有點發毛。從此每當她獨處時，蔣侯就會在她眼前現形。她想要什麼東西，只要起念，想要的東西就會從空而降。而且蔣侯經常透過她顯現神蹟，替人消災治病，全縣的人，都虔敬地事奉她。像這樣地經過三年，望子自忖：與一個神靈結好，太不正常，也不是個了局。此念一生，從此蔣侯的神靈便與她斷絕了往來。

某甲平日信奉蔣侯非常虔誠，有一天，他的妻子被猛虎銜走，他拔長刀隨後大叫追趕，並且高呼蔣侯的神號求救。恍惚中有一個黑衣人在前面引導，把他帶領到一座山邊，發現了虎穴。幾隻幼虎聞聲出穴，他將它們一一殺了，然後隱躲在一株大樹後面。隔了好一會兒，那隻母虎才到來。它將銜在口中的婦人拋在地上，倒拖著進洞。那人趁老虎半身露在洞外之際，急忙將它當腰砍斷，救下了妻子。幸喜她只受了一點皮肉之傷。這晚他夢見一個人對他說：「蔣侯幫助了你，知道嗎？」

按說這個「蔣侯」依靠作祟與憑藉巫覡而封神建廟，「出身」已不十分正派。從上面這些「神蹟」來看，更夠不上「神，聰明正直而壹者也」（春秋時代虢國史嚚的話）的標準。然而卻從孫權時立祠開始，一直受著眾人的敬奉，香火不絕。這還不算，更有可笑的，「六朝」時代，竟還有幾個執政者與君王，將卻敵救亡的希望，寄託在這位神靈的身上哩！

東晉隆安五年（西元四〇一年），流寇孫恩犯建康。這時，朝廷裏，安帝是個傀儡，執政的會稽王司馬道子束手無策，只有每天到蔣侯廟裏去禱告。後來幸得譙王司馬尚之與「北府兵」大將劉裕（後來的宋武帝）入援，才得以解除危機。

宋武帝劉裕篡晉（西元四二〇年）以後，下令取締「淫祀」，蔣侯廟也在其列。但這項禁令似乎並未能徹底執行，民間仍照舊事奉「蔣侯」。到了宋武帝的孫子劉劭，弒父（文帝劉義隆）自立（西元四五三年）。武陵王劉駿起義軍討伐，迫近建康。劉劭惶恐無計，用御輦迎蔣侯神像置於宮中，叩頭乞恩。並進封蔣子文為「大司馬、鍾山王」。結果，雖然劉劭仍為義軍所殺，未曾受到保佑，但從此「蔣侯」卻一躍而成為了「蔣王」。

齊東昏侯蕭寶卷（西元四九九—五〇一年）無道，大將崔慧景奉江夏王蕭寶元圍攻建康（西元五〇〇年）。東昏侯也向蔣子文的神靈求救，加了他一大串的官銜。除了原來的王爵之外，又拜為「假黃鉞、使持節、相國、太宰、大將軍、錄尚書、揚州牧」。這些已經是位極人臣，無以復加了。未久，崔慧景等敗死。東昏侯深喜鍾山王顯靈，對他更信奉得死心塌地。翌年，雍州刺史蕭衍又兵臨建康。東昏侯再迎「蔣王」的神像到後堂，更進一步尊奉他為「靈帝」，命巫覡祈禱求佑。但這回卻不靈，東昏侯被替敵人作內應的近侍所殺。蕭衍入城，作了梁朝的開國之君——梁武帝。

在「南朝」之中，大約以蕭齊對蔣子文的祀典最為隆盛。這從當代大文豪沈約所作的一篇「賽蔣山廟文」（賽神的祝文。沈約歷事宋、齊、梁三朝，但文中有「唯大王年踰二百，世兼四代」之語，可知作於齊代）看得出來。祝文中說：「秦、梁、楚、趙之巫，把瓊茅而延佇。」遠從河北、陝西、兩湖等地前來的巫祝，都排班等候頂禮、占問。其盛況可以想見，其聲名之遠播也可以想見！

由於梁武帝篤信佛教，因此終梁之世，朝廷對於已被前朝晉位為「帝」的蔣子文，可說是退了燒。陳武帝陳霸先（西元五五七—五五九年）雖如同梁武帝一樣地虔信佛教，但他卻仍在即位的那一年，臨幸鍾山，祠祀「蔣帝廟」。這大約是由於未能免俗吧！

隋文帝楊堅平陳（西元五八九年）以後，下詔將建康的城邑宮室，徹底蕩平，墾為耕地。另在石頭城置蔣州（因蔣山得名）。從此「建康」就成了歷史地理名詞。當然，「蔣山廟」或「蔣帝廟」的身價也跟著低落下去了。

以後在南唐（西元九三七—九七五年）與明代洪武（西元一三六八—一三九八年）年間，由於建都金陵的緣故，蔣山廟也曾由朝廷加謚、賜匾，風光過一時，但極為短暫。

蔣山廟清代尚存，今日恐怕已經無跡可尋。自古「吳楚多淫祀」（語出新唐書狄仁傑傳），禁也禁不了。但近世江南民智開發得早，京滬一帶的「區域性」神廟已大見減少。自從民國十六年北伐成功，奠都南京之後，南京的居民，就很少知道有所謂的「蔣山廟」的了。倘若你到南京去，能夠找到一位熟悉當地鄉土掌故的老前輩——像臺灣碩果僅存的林衡道老先生一樣——或者還可以獲得一鱗半爪的消息。但是，這樣的機會只怕太渺茫了。

隋煬帝的詩才

通常我們一提起隋煬帝之名，總是會立刻想到他的狂妄自大、驕奢淫佚、窮兵黷武等劣跡與罪行，以及開運河、遊江都、征高麗等事蹟，卻少有人會措意於他的文學才華。這不免令人有點替他抱屈。以隋代不足三十一個年頭（西元五八九—六一九年）的國祚來說，它在中國文學史上所占的地位，恐怕只能算是南北朝時代的「附庸」。但若說到隋煬帝楊廣個人在文學上所放出的光彩，那卻又非比尋常了。

隋煬帝曾經自豪地對臣下說：「設令朕與士大夫高選，亦當為天子！」他的自高自傲，目無餘子，於此可見。但這也許是出於他自己的大言不慚，未可遽信。

隋書經籍志集部中著錄當代的詩家，名詩人薛道衡集三十卷，王胄集十卷，而隋煬帝集卻多達五十五卷（原集早已佚失，今殘存的「樂府」與詩共四十餘篇，收在明人張溥所輯的漢魏六朝百三名家集中）。隋書文學傳序說，煬帝有些作品，「並存雅體，歸於典制，當時綴文之士，依而取正」。唐太宗看過隋煬帝集之後，也讚歎它「文辭奧博」。凡此，都可以斷定隋煬帝確具有管領風騷的實學與文采，並非徒藉其帝王的權威而浪得虛名。

隋煬帝自少「性敏慧，好學，善屬文」，聲名冠於諸王。隋文帝平陳後，江南婺、越、蘇、饒、溫、杭諸州仍然叛亂紛起。於是文帝派大臣楊素率領大將史萬歲等討平群寇，然後以晉王楊廣亦即日後的煬帝代秦王楊俊（文帝第三子）為「揚州總管」，駐守廣陵（今江蘇揚州市）。楊廣在駐廣陵的七年（西元五九〇—五九六年）之中，除了掌握江南四十四州的軍政大權之外，也頗能稽古右文。他在晉王府設置「王府學士」多達百人，網羅江南名士，專門講學著述。此項措施除了使六朝以來的江南藝文得以維繫不墜之外，大約隋煬帝本人的詩才，也未嘗不得力於此。

隋煬帝在廣陵，拜廬山高僧智顗為師，受菩薩戒。照理既已皈依佛法，身為「菩薩戒弟子」，不用說是排斥道教的了。但事實不然，日後他又尊奉天台山（在浙江天台縣北）道士徐則，恭迎他到揚州，準備要拜受道法。卻不料徐則到達揚州後未旬日就奄然物化。隋煬帝還相信他是「屍解」，成了「地仙」，遣人禮送其遺骸回天台山安葬。煬帝作過兩首「步虛詞」（道教中歌頌神仙的樂府），詩中有云：

> 南巢息雲馬，東海戲桑田。回旗遊八極，飛輪入九玄。高蹈虛無外，天地乃齊年……總轡行無極，相推凌太虛。翠霞乘鳳輦，碧霧翼龍輿……

從詩中不難看出，他對那些憑虛御風，駕龍乘鳳的神仙是如何的憧憬。

隋煬帝矯飾作偽的功夫非常高明，史籍中記述得很多。當他身為藩王時，處處表現的「仁孝恭儉」無比。騙得上自隋文帝、獨孤后（隋文后），下至閹宦、宮婢，無不以為才德堪繼大統的，應非晉王莫屬。他即使在「奪宗」成功，立為太子之後，仍然是裝佯得很到家。獨孤后死，他當著文帝和宮人的面前，「哀慟絕氣」，擺出一副快要暈倒的樣子。但一回到自己的宮裏，馬上又飲食言笑作樂如常。

隋煬帝的私生活雖是荒淫糜爛，但在正式的場合中，卻仍是合規中矩，「法相」莊嚴。史稱，「帝臨朝凝重，發言降詔，詞義可觀」。其實不但是在詔、敕等文告中，就是他的詩賦，也多數是措詞冠冕堂皇的。例如，他的「冬至乾陽殿受朝」一詩，其中「至德慙日用，治道愧時康……元首乏明德，股肱貴惟良」之句，所表現的是何等謙冲戒慎，十足賢君的口氣！又如，他在大業三年（西元六〇七年），率領文武群臣出塞巡邊，經榆林（在今內蒙古鄂爾多斯左翼，黃河北岸）進入突厥境。並徵發丁壯百餘萬，修築西起榆林，東至紫河（在今內蒙古清水河縣境內）的一段長城。他擬作了一首「飲馬長城窟」的樂府詩以紀其盛。其詩前段云：

> 肅肅秋風起，悠悠萬里行。萬里何所行？橫漠築長城。豈台小子智？先聖之所營。樹茲萬世策，安此億兆生。詎敢憚焦思，高枕於上京！

這些詩句如果不是隋煬帝「自道」，那末像這樣一位為了萬世長治久安的大計，一心要置億兆生民於衽席的賢君，該是何等地令人肅然起敬！

大業八年（西元六一二年），他調集大軍一百一十三萬三千八百人，親征高麗。一開始在遼水東岸的序幕戰大破高麗兵（其實在以後的攻城戰中無一役不失利）。他在得意之餘，作了兩首題為「紀遼東」的雜言詩。第二首云：

秉旄仗節定遼東，俘馘變夷風。清歌凱捷九都水，師宴洛陽宮。策功行賞不淹留，全軍藉智謀。詎似南宮複道上，先封雍齒侯。

詩中說此戰凱旋後，決定要儘快地「策功行賞」，不會像漢高祖那樣，成功後只先將雍齒封侯，作為安撫功臣的手段。但事實上正相反。史言煬帝「性吝官賞」，對於立功的將士，不但「勳格」訂得很輕，而且還常常食言，「由是將士無不憤怨」。照這樣看來，隋煬帝之輕賞重刑，恐怕也是招致眾叛親離的主因之一。

昔人說隋煬帝「雖意在驕淫，而詞無浮蕩」（見隋書文學傳序）。大概這樣的人，古來並不罕見。這也就是孔子之所以說「君子不以言舉人，不以人廢言」的緣故吧！

隋煬帝一生最風光的時刻，恐怕莫過於大業三年（西元六〇七年）北巡榆林，接受突厥啟民可汗朝宴的那一次了。在他駕臨可汗牙帳之前，啟民親自趴在地上芟除庭草。接著又上表請求「率部落變改衣服，一如華夏」（當然不會批准。否則那得賞賜多少匹布料）。御駕到了，自啟民以下的西北部族王侯都跪伏朝拜，然後「袒割（袒肩割烤羊肉）於帳前，莫敢仰視」。隋煬帝乘輿即席寫下了一首題為「受突厥主朝宴席賦」的詩篇：

鹿塞鴻旗駐，龍庭翠輦回。氊帷望風舉，穹廬向日開。呼韓頓顙至，屠耆接踵來。索辮擎羶肉，韋韝獻酒杯。如何漢天子，空上單于臺！

他在享盡了不可一世的尊榮，志得意滿之餘，心目中那裏還有漢武帝這個老前輩！他又那裏會想到，日後會在江都死於宇文化及那個不起眼的小豎子手下呢！

隋煬帝雖在長安、洛陽兩都享受著無比奢靡的生活，但仍一直對江南的旖旎風光與六朝以來積累的金粉豪華難以忘懷。因此一即位就迫不及待地要遊幸江都。他徵集數以百萬計的民夫，開掘溝通河、洛、江、淮、浙五大水的運河；自長安至江都建離宮四十餘所；又建造龍舟、鳳舸、朱鳥、蒼螭、白虎、玄武等名目的大小船舶數千艘。這些鉅大工程所耗費的人力與財力，早已弄得民窮財盡，天下騷然。再加上他遊幸江南三次（分別在西元六〇五、六一〇、六一六年）的豪侈揮霍，民不堪命已經到了非起叛亂不可的地步了。

大約是在大業六年（西元六一〇年）那一次，他自東都洛陽動身前往江都之前，哄騙那些留守的宮女們說是要到涿郡（河北今縣。當時征遼的大本營，一切的兵員物資都集結於此）去指揮征遼軍事。宮女們涕泣道：「遼東不過是個小國，皇帝派個大將去討伐就是了，何必御駕親征！」煬帝為了安慰那些不能夠隨行的可憐宮女，用「飛白書」（可見他的書法也不差）題了一首五言絕句賜給她們：

我夢江都好，征遼亦偶然。但存顏色在，相別只經年。

他坦白地自承，夢寐不忘的只是遊幸江都一事。征遼不過出於偶然的一念而已。說是「偶然」，一點也不錯。大業三年煬帝臨幸啟民可汗牙帳時，正好高麗也派使臣到了突厥。啟民不得不領著高麗使臣來朝見煬帝。煬帝交代高麗使臣說：「我明年要到涿郡去。你們國王若是也像啟民一樣的誠心歸服，就叫他到時候前來涿郡朝見我。否則我就發兵征討！」高麗王（名元）心裏雖然害怕，卻並沒有遵旨入朝。因此隋煬帝一怒而有征遼之舉。卻不料兵連禍結，引起了國內嚴重的民變（如王薄、竇建德等）與「官變」（如楊玄感、李密以至於李淵等），終於斷送了大好江山。最後一次的下江都，竟成了與東都宮女的「永別」！

隋煬帝巡幸江都所乘坐的龍舟，長二十丈，高四十五尺，分作四層。上層有正殿，內殿和東、西朝堂；中間兩層有一百二十間艙房，都以金玉為飾；底層則是內侍們所居。蕭后所乘的叫作「鳳舸」，又稱為「翔螭舟」。規制較龍舟略小，而裝飾無異。龍舟與鳳舸除了岸上的拉縴夫外，船上又有一班手持「雕版鏤金楫」的妙齡女郎蕩槳，稱為「殿腳女」。殿腳女之中有一個名叫吳絳仙的，美貌出眾，格外受煬帝的垂青。煬帝「每倚簾視絳仙，移時不去」。他吟了一首「持楫篇」賜給她：

舊曲歌桃葉，新妝豔落梅。將身倚輕檝，知是渡江來。

隋煬帝雖然風流成性，但卻相當懼內。有時遇到蕭后大發醋勁，他竟也不得不屈服。在江都時有一個最受寵愛的宮嬪，叫作韓俊娥。為蕭后所忌，將她斥退。煬帝思念不已，寫下「憶韓俊娥」兩首：

黯黯愁侵骨，綿綿病欲成。須知潘岳鬢，強半為多情。
不信長相憶，絲從鬢裏生。閑來倚樓立，相望幾含情。

煬帝又曾經調戲一個名叫羅羅的宮婢。羅羅畏懼蕭后，不敢承迎。煬帝寫了一首七言絕句嘲笑她：

個人無賴是橫波，黛染隆顱簇小蛾。幸好留儂半成夢，不留儂住意如何？

他的一些風流韻事雖藉著這些情詩而傳，但以文學的眼光來看，它們的文字卻並不十分出色。倘若要在隋煬帝傳世的詩篇中，找出幾首代表作，那末他的兩首「春江花月夜」樂府，無疑是可以入選的。原詩云：

暮江平不動，春花滿正開。流波將月去，潮水帶星來。

夜露含花氣，春潭漾月暉。漢水逢遊女，湘川值兩妃。

雖然是擬作陳後主的「艷體」，但屬辭頗為含蓄，可說是「樂而不淫」。通首音調和諧，對仗工穩，就技巧而論，也不愧是個中高手。還有一首「月夜觀星」：

團團素月淨，翛翛夕陽清；谷泉驚暗石，松風動夜聲。披衣出荊戶，躡屐步山楹。欣觀明堂亮，喜見泰階平。觜參猶可識，牛女尚分明。更移斗柄轉，夜久天河平。徘徊不能寐，參差幾種情。

這樣清新沈靜的作品，那裏像是出自一個經常沈醉於聲色犬馬中的風流天子之手呢？談到意境超脫之作，煬帝還有一首「謁方山靈寺」：

梵宮既隱隱，靈岫亦沈沈。平郊送晚日，高峰落遠陰。迴旛飛曙嶺，疎鐘響晝林；蟬鳴秋氣近，泉吐石溪深。抗跡禪枝地，發念菩提心。

這首詩可說是通篇不食人間烟火。也許是由於他究竟皈依過佛教，潛意識中真的種下了些「佛性」吧！

所謂諸葛亮的「隆中對」

漢獻帝十二年（西元二〇七年）十一月，諸葛亮出山前對劉備的一席話，見於陳壽〈三國志・諸葛亮本傳〉，這就是有名的「隆中對」（早年曾編入中學國文教材）。諸葛亮分析當時的情勢，向劉備建言，認為不但曹操難與爭鋒，就連孫權也不可圖。只有謀取荊、益兩州，以成鼎足三分之業。歷來史家，都認為這是明達時務、洞徹先機的卓越見解。但今日看來，這一篇談話的真實性，却令人不能無疑。

首先是，諸葛亮說據有益州的「劉璋闇弱，智能之士，思得明君」。但張松之東使謁見曹操，是在曹操初下荊州時。張松還蜀，乃推薦法正銜命往結劉備。那已是赤壁之戰之後的事了。在此之前，劉璋手下的張松、法正等都未東來，「躬耕」南陽的諸葛，何從知道這班蜀中人士已有棄暗投明之意？

隆中對最令人難以相信的地方還不在此。〈本傳〉中諸葛接著又說：「若跨有荊、益：天下有變，則命一上將，將荊州之軍，以向宛、洛；將軍身率益州之眾，以出秦川。百姓孰敢不簞食壺漿，以迎將軍者乎！」讀史的人多以為此數語就是劉備取漢中，關羽攻襄陽、樊城的張本。

同時發動於建安二十四年（西元二一九年）而成敗各異的這兩役，表面上看來，真好像是早在諸葛亮未出茅廬之前，就已預先計畫好的戰略指導原則。事實上却未必如此。

諸葛亮初見劉備時，若果真談到十餘年後的遠程作戰計畫，也應該是：在取得荊、益二州——既說是「利盡南海，東連吳會」，那是指目標在取得荊州的全部。非如關羽之與孫吳以湘水為界，中分荊州的局勢——之後，以從荊州北向宛、洛為主攻，直擣曹魏控制下的心臟地區。而另遣別將自益州出秦川以為聲援，才是正道。依常理而言，自巴蜀北進，棧道紆廻險阻，不宜於大規模的軍事行動。遠不如用兵荊襄地區的有利。難道諸葛亮見不及此！

再則，建安二十四年關羽之北進襄、樊，徵之史料的記載與當時的相關情勢，並非出於劉備與諸葛亮的策畫。可以下列各點為證：

一、〈三國志〉與裴松之註等史料中，都不見關羽受命或表請出師的記述。

二、自始至終，劉備並沒有從巴蜀或漢中等處派出援兵接應——劉備命劉封、孟達取房陵上庸是為了鞏固漢中的情勢，對於關羽的進兵，並無助力。

三、劉備新得漢中，事實上需要相當的時日來完成安撫與整頓的工作。此時無力也不宜再作攻略「中州」地區之想。

四、其實在許昌還有一個傀儡漢獻帝在。劉備未見得樂意去接這個「燙手的山芋」。因此更不會在此時熱中於進攻宛、洛。

揆諸情理，此役完全是出於關羽的單獨行動。主要的動機是：他看到黃忠新近以破斬夏侯淵的功勞，封為「後將軍」，與自己同列（關羽為「前將軍」）。心裏萬分不高興，發怒道：「大丈夫終不與老兵同列！」（見資治通鑑卷六十八）。一心只想獨建大功，超越同儕的其他大將。此時，曹魏剛平定了漢廷大醫令吉本在許昌的起事與魏將侯音的叛變，可說是多事之秋。曹操本人又正領軍在漢中擊劉備，不能抽身。因而認為機不可失，急速發動這次軍事行動。却未曾料到東吳窺伺在後，結果是軍敗身亡。

總之，隆中對裏面好些話頭，都難免不是出自陳壽的生花之筆。

孟子說的好：「盡信書，不如無書。」太凡一般史籍中所載的「記言」（指口頭的對話），常有傳聞失實，或是出於載筆者的粉飾浮誇，甚至難免不有杜撰的地方。我們讀史的人，不可不加辨識。

最後要提到的是：在〈資治通鑑〉（〈漢紀〉卷五十七）中，當時諸葛亮的談話，就沒有「命一上將，將荊州之軍，以向宛、洛」等語。司馬光與劉攽（〈通鑑〉中漢紀部份為劉攽所執筆）等對於史料采擇態度之謹嚴，於此可見一斑。

金縷衣史話

民國七十九年五月二十三日臺北某報論壇發表某國立大學林姓副教授的一篇評論。文中大意說：在最近的「佳樂小姐」選美會上，主持人鬧笑話，將佳麗們所穿金光閃閃的服飾稱作金縷衣。不知金縷衣實際上是「死人穿的葬服」。林君舉大陸上出土漢代中山靖王墓中的「金鏤玉衣」為證。又說：唐代杜秋娘所唱的金縷衣也是指葬服而言。林君並且慨歎：今日我們的社會「太缺乏文化知識」，又呼籲要「提昇大家的文化素養，以免再鬧笑話」云云。筆者因作此文，糾其謬誤，刊載於中央日報副刊「長河」版。

漢代的桓寬在鹽鐵論（散不足篇）中，批評當時社會風氣的奢靡，有云：「古者鹿裘皮帽……今富者鼲鼯狐白，中者罽衣金縷」。可見早在西漢時代，就有了金縷這種華貴的衣料（這些「罽衣金縷」，可能是進口貨。後漢書西域傳說，大秦國有「織成、金縷罽」）。用這種金色名貴衣料裁製成的衣服，男女裝都有。

「金縷衣」一詞，舊籍中最早見於晉代史學家習鑿齒的「襄陽耆舊傳」。書中記述：三國時魏國尚書令桓階的次子桓嘉，是位駙馬。他的妻子（叫作「升遷亭公主」）想穿「金縷衣」出門去會見一位王姓的親眷。桓嘉勸阻她，說他們王家的家風儉樸，不要身穿華服前往（原文云：「（桓）階之子嘉尚魏主，欲金縷衣見王式婦……」）。非常明顯，這位公主想穿出門去「擺濶」的艷服，絕不會是「葬服」！

至於昔人在詩詞中吟唱的「金縷」與「金縷衣」，更不鮮見。南北朝（梁）時以艷體詩馳名的劉孝威，有「青鋪綠鎖琉璃扉，瓊筵玉笥金縷衣」，與「含情動靨比洛妃，香纓麝帶縫金縷」等句；唐人詩句中更多得不勝枚舉。如：杜牧有「秋持白玉斝，與唱金縷衣」之句；韓偓有「悲歎淚濕澹燕脂，閑立風吹金縷衣」之句；陳基有「臨風忽聽歌金縷，隔水時聞度玉笙」等都是。五代孫光憲詞（菩薩蠻）云：「握手送人歸，半拖金縷衣」。宋人葉夢得那首膾炙人口的「賀新郎」詞，結句云：「誰為我唱金縷」。因此後人又將這首詞稱為「金縷曲」。陸游有首「采桑子」詞，其中有句云：「金縷衣寬睡髻偏」。像這些艷體詩詞，決不會是悼念死者的「挽歌」。這些詩詞中的金縷衣或金縷，也斷然不會是「葬服」。

再者，前面所提到的這幾位史學家與詩人、詞人，都是飽學之士。難道他們都會「缺乏文化知識」到了將「葬服」的名稱誤用於生人穿的華服！

就以唐憲宗時鎮海節度使李錡的愛妾杜秋娘所常唱的那首金縷曲來說，其首句「勸君莫惜金縷衣」，顯然仍是指生人穿的金色華服而非葬服。否則，怎麼會常叫她在盛會綺筵之間，向著貴賓們唱來侑酒！

古代帝王諸侯死後所用的那種「以玉為襦……縫以黃金縷」的斂衣，正確的名稱是「金縷玉柙（匣）」。後漢書禮儀志與註引漢舊儀對它有概略的說明。三國志魏文帝紀敘述東漢末年帝王陵墓被盜掘的情形，也提到了「玉匣金縷」的名稱。

二十餘年前在河北滿城漢代中山靖王墓內發現了這種奢侈的斂衣。大約是當時大陸的考古家不察，誤稱為「金縷玉衣」——將「匣」字誤作「衣」字。到了臺灣，又有人將「玉」字略去而說成了「金縷衣」。其實，這種斂衣的主要部分是那些小玉片。連綴玉片有的用金縷，有的用銀縷。即使要給它一個簡稱，也只能叫作「玉衣」纔較妥當。

總之，「金縷衣」這個名詞，用以稱呼象徵榮華富貴的金色華服，已經具有一千八百年以上的歷史了，怎麼能說它是「葬服」呢！

「龍骨」

清光緒二十五年（西元一八九九年），北京城的國子祭酒王懿榮，從買來的一味叫作「龍骨」的中藥中，發現了商代遺留下來刻有卜辭的龜甲，因而發現了甲骨文，同時也揭開了殷商歷史文化的新頁。

今日大家都知道，舊時中藥所謂「龍骨」，其實就是古代象、犀等巨型脊椎動物的骨骼化石。而王懿榮從藥店裏所買到的，並非此種化石，而是從河南安陽所挖出的商代龜甲。此種龜甲，舊時中藥商稱之為「蟒骨」，屬於「次品」，冒充龍骨出賣。若非當時王氏買到了「假藥」，還不知道甲骨文要遲到甚麼時候才被發現哩！

龍骨之名，首見於我國的古籍〈山海經〉（近代學者大都認為其書為戰國時人所作）。其〈中山經〉篇中有云：「金星之山多「天嬰」，其狀如龍骨，可以已痤（治腫瘤）。」既與此種名為「天嬰」（可能也是一種化石）的藥品並舉，則其時龍骨大概也已經作為藥材。〈漢書・溝洫志〉言，漢武帝「發卒萬人穿渠，自徵引洛水至商顏下……始穿，得龍骨，故名龍首渠。」〈漢書・郊祀志〉註引張晏云：「今山中有龍骨，世人謂之龍解骨化去。」由此可知兩漢時常有發現。晉常璩華陽國志說：「蜀五城縣，其上值天門。龍升天不遠，死墜此地。故掘出龍骨，冬夏無已。」更是說得神奇。

古人常有以龍骨入詩，喻人消瘦的。如南朝宋時佚名氏的「讀曲歌」云：「自從郎別後，臥宿頭不舉。飛龍落藥店，骨出只為汝。」唐代李商隱垂柳詩云：「舊作琴臺鳳，今為藥店龍。」李賀也有句云：「骨出似飛龍。」可見在南北朝、隋、唐時代，以龍骨作藥材的普遍程度。唐段成式〈酉陽雜俎・藥草異號〉篇中，說龍骨別名「陸虎遺生」。從其字義推測，顯然其時國人已多數瞭解其為陸地動物的遺骨，而不再真正相信「飛龍解骨化去」與「升天不達死墜此地」一類的神話了。

龍骨出產於我國河北、山東、山西、陝西、四川等地。現傳世最古的藥典〈神農本草經〉云：「龍骨味甘，平山谷，治心腹鬼疰（ㄓㄨˋ，疾病的意思）」。此藥通常內服用作安神、固精之劑。也作為外用藥，其功效為止血、生肌、歛瘡。從前的化驗，分析其主要成分為碳酸鈣、磷酸鈣，另外還含有小量的鐵、鉀、鈉、硫酸根等離子。但數年前我國衛生署藥物食品檢驗局抽驗的結果，發現市售的龍骨中也多含有鉛，其含量為百萬分之四十二點六，屬於重金屬含量較高的中藥之一（見民國七十三年十一月二十四日中華日報）。

古剌水與薔薇水

早年在《隨園詩話》中首次見到「古剌水」這個名詞：

余家藏有古剌水一罐，上鐫永樂六年古剌國熬造。重一斤十三兩，五十年來分量如故。鑽開試水，其臭香，色黃而濃。裏面皆黃金包裹。方知水歷數百年而分兩不減者，金生水故也。

博學多聞的袁枚竟也弄不清楚這罐家藏的異香液體作何用途。他只從明代的宮詞與王士禎、厲鶚兩位前輩詩人的詩句裏推知它大致「可飲」，也可以用來「染體」與「薰洒衣服」而已。

稍前於《隨園詩話》，王士禎《池北偶談》卷十二載有左蘿石〈古剌水詩〉。序云「乾隆乙酉年（西元一七六五年）五月，客燕之太醫院。從人有自市中買得古剌水者。上鐫永樂十八年熬造古剌水一罐。淨重八兩，罐重三斤。內府物也。揮淚賦此。」詩中有云：「瓶中古剌水，製自文皇年。製之扃天府，元石流清泉。列皇飲祖澤，旨之如羹然。」說明了此物是明代帝王所飲用的。

清趙學敏《本草綱目拾遺》水部有古剌水條，載有數則前人的筆記。其一，王阮亭《居易錄》云：

有客自燕至，出其橐有……古剌水十餘罐。古剌水有錫罐貯之。上朱刻永樂二年熬造。罐重二斤，水八兩，香氣酷烈。

其二，陳墨樵《苕水札記》云：

姚履中坦為余言；餘杭一舊家，祖遺一錫瓶，製極精緻。面刻三楷字云：古剌水。口封極密，搖之有水聲。相傳數世，亦不知何用。

其三，李覲王日記云：

予館河東裴氏，其家有古剌水一罐，係銅製。高四寸，圍一拱。身圓面平，狀如花鼓。銅質青黃，四圍牢鑄永樂二十一年十月鑄，古剌水一罐。罐三斤，水重八兩。共二十二字，字皆陰文。世宦鄭氏舊物也。鑽銅取水，可療疾。

《本草綱目拾遺》引述孫雍建（應該是一位名醫）云：

古刺，地名。古刺水乃三寶太監所求得之物。天下只有十八瓶……水色如醬油而清，光可鑑。以火燃之，如燒酒有燄者真。其性大熱，乃「房中藥」也。婦人飲之，香沁骨肉。

又引述葉東表（應該也是一位名醫）云：

昔未有鴉片以前，惟用此。後因呂宋有鴉片，而人遂不知用古刺水。緣水貴而鴉片賤，故人爭用賤者。其實功效相仿。「房中術」唯嗃（嗅）更勝於服。

照該書所說，古刺水除了作為「房中藥」之外，又有明目、療青盲、長精神、和血、通竅等功效。

從前筆者以為，這古刺水應該就是近世有名的香水「古龍水」（法文名Ean de Cologne. Cologne是今德國西部的一個地名）的一音之轉。後來略一查考，不覺啞然失笑。「古龍水」遲到西元一七九二年法國大革命期間纔發明問世，怎能與我國明代所謂的古刺水混為一談！

但不管怎樣，有兩點「大膽的假設」大致是可以成立的：這是一種香水；「古刺」是外來語的譯音。直到有一天，我偶然翻閱馮承鈞校注的宋趙汝适（西元一二二五年頃官「提舉福建路市舶」）《諸番志》，在〈薔薇水〉條看到馮氏的譯注：「薔薇水（rose water）亦作薔薇露（rose dew），波斯語名gulab。」頓時恍然大悟：「古刺」一詞，不正是這波斯語「gulab」的譯音麼！因而我們可確定：古刺水其實就是薔薇水或薔薇露。

《諸蕃志》原文云：

薔薇水，大食國花露也。五代時番使蒲訶散以十五瓶效貢。厥後罕有至者。今多採花浸水，蒸取其液以代焉……其花與中國薔薇不同。

書中說其花與中國薔薇不同，一點也不錯。薔薇水所用的原料實際上是當時尚未傳入中國的玫瑰花。玫瑰花與薔薇同科（薔薇科）同屬（薔薇屬）而不同種。玫瑰花較薔薇花香味更濃（色彩也更艷），故用為製造香水的原料。薔薇花是中國的原產。而玫瑰花依它的全名Turkestan rose來看，其原產地應該是在中亞細亞。大概其花傳入中國較晚，傳入後乃借此種美麗的玉石之名以名之。

《諸蕃志》所述薔薇水傳入中國的濫觴，大致是依據《五代史》占城國傳：

顯德五年（西元九五八年），其國王遣使蒲訶散來貢薔薇水十五瓶。云：得自西域。以灑衣，雖敝而香不散。

在五代以前，也曾有過薔薇露的記載。唐人馮贄《雲仙雜記》云：

柳宗元得韓愈所寄詩，先以薔薇露灌手，薰玉蕤香後發讀。曰：「大雅之文，正當如是。」

但柳宗元用以「灌手」的，是否從大食國進口的舶來品，就不得而知了。《諸蕃志》所說五代以後「罕有至者」，應該是指大食的使者而言。其實這些所謂使者，大都不過是些「西域賈胡」，假借國王派遣的使臣以自重罷了。

兩宋所進口的薔薇水，也大都從南洋的三佛齊、占城諸國轉口而來。《諸蕃志》三佛齊條云：「土地所產玳瑁、腦子、沈香……外有薔薇水……皆大食諸番所產，萃於本國。」又《宋史》蔡卞（蔡京之弟，王安石之婿）傳云：「卞知江寧府，歷揚、廣、越、潤、陳五州。廣州寶貝叢湊，一無所取。及徙越，夷人清其去，以薔薇露洒衣送之。」《宋史》外國傳載，三佛齊於宋太祖開寶七年（西元九七四年）入貢的九項貢品中，就有薔薇水一項。南宋趙彥衛《雲麓漫鈔》卷五，記福建市舶司常到的諸國商舶，三佛齊的貨物中也有薔薇水一項。

南宋前期的詩人楊萬里〈謝薔薇水詩〉，其中有云：「海外薔薇水，中州未得方，旋偷金掌露，淺染玉羅裳。已換桃花骨，何須賈氏香！」我們從詩中也可以得知：這薔薇水來自海外，中國不能自製。主要的是用於供婦女「淺染羅裳」。

元人張昱《可閒老人集》〈次林叔大都事詩〉有句云：「無端收得番蘿帕，徹夜薔薇露水香」可見元代仕女也愛用這種恩物。

《明史》外國傳記載，洪武十六年（西元一三八三年），須文達那（蘇門答剌）國王遣使入貢，貢品中也有薔薇水。我們可以推想得到，此後永樂、宣德年間鄭和七次率領陣容浩大的寶船下「西洋」，採購的寶貨中決少不了此物。雖然在明史本傳、食貨志、外國傳中都未提及，但我們不難從鄭和的兩位隨員的記述中得到訊息。費信《星槎勝覽》說，古里國（Culicut）「有薔薇露……皆從外國來」。馬歡《瀛涯勝覽》說，天方國（Mekka）「土產薔薇……牆壁皆是薔薇露、龍涎香和土為之」。更說到「分䑸」（支艦隊）內官周某前往阿丹國（阿剌伯半島的Aden）買得十三項奇珍與鳥獸，其中就有薔薇露。因此，清代民間所珍藏的那幾瓶古剌水，相傳是永樂年間「古剌國熬造」，是「三寶太監所求得之物」，或是「世宦鄭氏舊物」，其可信度很高。當然，那些銅、錫甚至包金的瓶、罐，是運回中國後分裝的。

以薔薇水用作「房中藥」，而且飲用，恐怕正是明代宮闈的發明。《隨園詩話》載明人宮詞云：「聞道內人新浴罷，一杯古剌水橫陳」，可為佐證。我們所知的花露水或香水，其溶劑主要為酒精。《本草綱目拾遺》言真品古剌水「燃之如燒酒有燄」，正是這緣故。酒精成分，再加上富於性誘惑的異香，就無怪乎有此妙用了。既有了這妙用，它原來作為化粧品的用途竟反而被忽略。由於稀有，因而成了宮闈的御用品，只有「列皇」纔能飲此「祖澤」。另一方面，又故作神秘地將薔薇水的原名改作了波斯語的譯音「古剌水」。

這種「神秘」的古剌水，為甚麼到了清乾隆年間就罕為人知了？這在前述的《本草綱目拾遺》書中也已經有了答案：「昔未有鴉片以前惟用此。後因呂宋有鴉片，而人遂不知用古剌水。緣水貴而鴉片賤。」——蓋國人早在明代成化年間（西元一四六五—一四八七年）就開始有人吸食西人輸入的鴉片了。

細說元白詩交

中唐詩人元稹與白居易，詩才相伯仲，而且私交甚篤。世人以元、白並稱，比之於盛唐的李、杜。李白與杜甫兩人的「通生死而入夢魂」，自不待言。至於元、白，則早在當代就頗有疑其後來是翻了臉的。宋・王讜所撰〈唐語林〉卷六有云：

白太傅與元相國友善，以詩道著名，時號元、白……洎（白）自撰墓誌云：「與劉夢得為詩友」，殊不言元相公。時人疑其隙終也。

筆者初時對此也是疑信參半。

直到後來讀到白居易晚年所作的一首七言古詩〈感舊〉，自序中列舉生平摯友，除了李杓直（名建，西元七六四—八二一年）、崔晦叔（名元亮，西元？—八三二年）、劉夢得（名禹錫，西元七七二—八四二年）三人外，另一位即是「元相公微之」。序中並說：「三十年間，凋零共盡。唯予衰病，至今獨存。」詩中有云：

生平定交取人窄　屈指相知唯五人。四人先去我在後　一枝蒲柳衰殘身　豈無晚歲新相識　相識面親心不親……

由此可以確定：元、白之交，絕非「隙終」。不過，話又說回來：何以白居易在〈自撰墓誌〉中卻列舉論交在後而交誼較淺的劉禹錫為「詩友」，反而抹煞論交在前且交誼最深的元稹？兩者之間的矛盾必定事出有因。

筆者中年以後，涉獵文史略廣，才發現元、白之間後期的一個重要關鍵人物——裴度，才得以將這件公案理出了一些端緒。謹以所見，就教於高明！為了敘述的脈絡較為清晰，姑且從頭說起：

白居易（西元七七二—八四六年）中進士大約在唐德宗貞元六、七年間（西元七九〇—七九一年）。元稹（西元七七八—八三一年）更是少年得意，年十五（時在貞元八年）就擢「明經」（出身略次於「進士」）。兩人同期為「校書郎」，官位雖祇是「正九品上階」，但卻是祇有青年才俊方能充任的朝中清職。

德宗崩，久病垂危的順宗繼位數月就死了，憲宗即位，改元「元和」。元年（西元八〇六年），朝中舉行「制科」（天子召試，拔擢「非常之才」），元、白二人又同榜高中。元稹更是「對策」第一，升拜「左拾遺」，已是皇帝身邊的「侍從之臣」了。白居易也派為近畿的盩厔（縣）尉。不到一個月，又徵入朝為翰林學士（皇帝身邊的秘書）。

元、白二人自貞元中入仕，同為校書郎，直到元和初年的十餘年間，意氣相投，同遊共飲。兩人的詩名遠播，已經是元、白並稱了。

憲宗即位後，頗為勵精圖治，廣納進言。元、白在朝，職位雖不高，但都勇於言事。後來，元稹為監察御史，因細故迕權宦仇士良，貶為江陵士曹參軍，再連徙州司馬、長史等外職。

元稹被貶之初，白居易曾力為申救。但接著他自己也以直言獲咎，出為刺史，再貶為江州司馬——誕生了那傳誦千古的〈琵琶行〉。

在元和四、五年（西元八〇九—八一〇年）之間，兩人同在患難之中，自然就更為惺惺相惜。雖然兩地暌隔，卻仍魚雁時通，唱和不輟。但淒苦之情，自不待言。例如：元稹在江陵臥病，聞樂天獲譴貶官江州，寄詩樂天云：

殘燈無焰影幢幢　此夕聞君謫九江　垂死病中驚坐起　暗風吹雨入寒窗

隨後接到樂天自江州寄來的信，有詩云：

遠信入門先有淚　妻驚女哭問何如　尋常不省曾如此　應是江州司馬書

他又寄詩與樂天：

無身尚擬魂相就　身在那無夢往還　直到他身亦不見　不能空寄樹中環

字句雖俚俗，但感情卻真摯而傷痛。

其後元稹由江陵「士曹」轉任通州（今四川達縣）司馬。在職務上算是調升，但千里迢迢經由艱險的「閣道」遠徙川東僻郡，仍是一件苦事。樂天寄詩云：

天陰一日但堪愁　何況連宵雨不休　一種雨中君最苦　偏梁閣道向通州

元和末年，白居易由江州調升忠州（治今四川忠縣）刺史。溯江而上，船泊西陵（今湖北宜昌縣屬的西陵峽口）。夜讀元稹寄給他的詩冊，寄詩云：

把君詩卷燈前讀　詩盡燈殘天未明　眼痛滅燈猶暗坐　送風吹浪打船聲

這時，元稹仍在通州作司馬，看到下放的摯友總算得到了一個「正印官」。而自己卻仍在貶所，當然又別是一番滋味。他回寄一詩：

知君暗泊西江岸　讀我閒詩欲到明　今夜通州還不睡　滿山風雨杜鵑聲

在元和、長慶之際（西元八二〇—八二一年之間），白樂天由忠州刺史徵入朝為司門員外郎、主官郎史等官，並知制誥（撰寫皇帝誥命的秘書工作）。此時，他重遊曲江（又名杏園，是唐代長安第一名勝），作〈曲江憶元九〉（元稹行九）詩云：

春來無伴閑遊少　行樂三分減二分　何況今朝杏園裏　閑人逢盡不逢君

元稹在江陵時，與派駐當地的監軍「宦官」崔潭峻相友善，因而得以奉召回京（大致在長慶元年，西元八二一年）。歸朝後又結納了「知樞密」（主管軍事機密。這一職位當時為宦官所專，實權大於宰相）的權宦魏弘簡。於是得以由戶部員外郎轉「知制誥」、翰林學士，並極得新即位的穆宗皇帝信任。看來仕途峰迴路轉，「宰相」（唐、宋無宰相之稱，朝臣加「同平章事」銜便算宰相）的寶座，只在指顧之間了。

這時，曾任宰相的裴度奉命督師十五萬人征伐河北叛亂的藩鎮，頗有進展。當軍興之初，白居易極力推薦裴氏，曾上言：「（裴）度為人忠勇，可當一面。」到後來，魏弘簡、元稹等揣知穆宗「厭兵」的心事，力勸穆宗「優假」叛亂的藩鎮，以求罷兵。於是，凡是裴度所上奏的軍事施為，一到京師就被二人阻撓批駁。裴度氣得連上三道表章（案：表文不見於新、舊〈唐書〉而載在〈資治通鑑〉卷二百四十二），痛斥魏、元二人「朋比為奸」。但穆宗皇帝終於解除裴度的兵柄，召入朝，安置了一個「司空，東都洛陽留守」的閒職。持正的朝臣交口奏請以裴度為相。穆宗只得任命他為「中書侍郎同平章事」，但旋即罷去，改由元稹以工部侍郎職位「同平章事」。不到三個月，終因「望輕不為公議所右」而被攆了下來（元稹罷相在長慶二年三月），出為同州（治今陝西大荔）刺史，繼而遠徙越州（治今廣東合浦）。

元、白兩人在長安再聚的兩年（西元八二一—八二二年）間，各自彙編昔日的作品，都以〈長慶集〉為名（傳世的〈長慶集〉都包含以後的續作）。直到文宗太和三年（西元八二九年），元氏再召入為尚書左丞。但仍不容於公議，又出為武昌節度使。出京時酬樂天詩云：

前回一去五年別　此別又知何日回　好住樂天休悵望　匹（譬）如元不到京來

太和五年八月，元稹死在武昌任上，享年五十三歲。白居易有兩首〈哭微之〉的七言絕句：

八月涼風吹白幕　寢門廊下哭微之　妻孥朋友來相弔　唯道皇天無所知
文章卓犖生無敵　風骨英靈沒有神　哭送咸陽北原上　可能隨例作灰塵

我們不難看出：這兩首詩措詞平淡，字裏行間何嘗含有昔日的深情厚誼！

再說裴度：他在文宗即位後為朝臣牛僧孺、李宗閔等所譖，外出為山南西道節度使。到了太和八年（西元八三四年），裴度告老，朝廷不許，給他加了一個「中書令」的榮銜，再命他作東都留守。翌年，朝中發生「甘露之變」。亂後「閹宦肆威，天子徒擁虛器，搢紳道喪」。裴度除了上書保全了一些無辜的朝士之外，對於那種糜爛的大局，實在也無能為力。為了遠禍，於是「治第東都，與白居易、劉夢得為文章，不復問人間事」。開成二年（西元八三七年），朝廷又拜他為河東節度使。固辭不得，只好赴任。翌年仍告老歸東都。再一年，這位望重朝野的「裴令公」，就以七十六歲的高齡辭世。

至於白居易，則曾於長慶末年一度出為杭州刺史。武宗會昌初年（西元八四一年頃）以刑部尚書的官位致仕。卒於會昌六年（西元八四六年），享壽七十五歲。

揆諸情理，前文所說的樂天自撰〈墓誌〉，應該是作於裴度尚在世時（大致在開成四年，亦即西元八二九年以前）——昔人到了年近六旬，打點身後事並不嫌早——如前所述，這期間他和劉禹錫同為裴氏的座上常客，「為文章，窮晝夜歡」，像自撰墓誌這樣的重要文字，斷無不經裴氏過目之理。既是這樣，誌文中怎可不避開裴氏所深惡痛絕的元稹？至於〈感舊詩〉則顯然作於稍後的數年中。此時裴氏既已身故，別無忌諱。追念生平摯友，就不能獨缺「元九」了。

總而言之，在長慶、太和之間，元、白二人，一與裴度為政敵，一與裴度為知交，其尷尬是不用說的。

本文末了，再有一層不能不點到：白樂天自從貶官江州以後，雖然失意，却頗能「順應所遇，若忘形骸者」。到了晚年，更為超脫達觀，信佛茹素，自號「香山居士」、「醉吟先生」。這與元稹的始終逐逐於權位，當然大異其趣。兩人的處世態度與行事風格既然漸行漸遠，在形跡上就不免疏離起來。若說是「隙終」，就未免太「沈重」了！然乎，否乎？

韓愈與「華陰案」

「文起八代之衰」的韓愈，因諫迎佛骨而被貶潮州，是國人之所習知的史事。但在此以前所遭到另一次貶謫的前因後果，就不盡為人所知。

新、舊〈唐書〉的記載是這樣的：

憲宗元和年間（大約在西元八一〇年前後），華陰（今陝西華陰）縣令柳澗因貪黷罪嫌為其上司華州刺史某（佚其名）所彈劾。尚未定案，那個刺史就離職。柳澗銜恨，鼓勵當地士民遮道向那個臨去的前刺史討索以前欠徵調民伕的役錢費用，讓他受窘。繼任的刺史（並佚其名）對此極為不滿，將柳澗貶為房州司馬。這時，韓愈官拜朝中的職方郎中（兵部屬官），知道了這件事，認為是前後刺史官官相護，欺壓屬下，上書參劾兩任刺史。朝廷派御史查驗，查出柳澗得贓罪證屬實，於是將他再貶為封溪縣尉。韓愈也因此獲罪，而打回到國子監（相當於現代的國立大學）為博士（相當於現代的正教授），坐「冷板凳」——這是他早先擔任過的舊職。

韓愈受到這樣的挫折，牢騷萬分，假託對學生講話，借題發揮，作了一篇〈進學解〉自嘲。朝中的執政看到了這篇文章，大為讚賞，於是將他遷官為史館修撰。接著經歷「知制誥」、中書舍人等御前文學侍從之官，而升上了刑部侍郎。却又因諫迎佛骨而批了憲宗皇帝的「逆鱗」，貶為潮州刺史。此是後話。

話說回來，早年韓愈何以會介入華陰縣令與前後兩任華州刺史的衝突？史傳中並沒有一字交代。筆者却獨家採訪到這件公案的前因——絕非虛構。

韓愈自從高中進士以後，由於學養豐富，「通六經、百家之言」，先後被任為四門博士與國子博士的「學官」。後來又派出去為河南（今河南洛陽）令。在唐代「河南」縣是「東都」的畿內大縣，其縣令的地位是高出於一般的。他素來愛好尋奇攬勝。有一次去遊西岳華山。一時高興，拋開遊伴，獨個兒鼓勇爬上華山主峰的絕頂。這下可好了，低頭一望，千仞陡立，岩石峋嶙，得上不得下。峰下的眾人，也束手無策。到這時候，韓愈「發狂慟哭」，「為遺書」交代後事。當地的華陰縣令柳澗聞說，立刻帶著幾個壯漢趕來。搭雲梯，牽繩索，千方百計地把他救了下來。（注一）

就為了這次救命的交情，日後柳澗有難，韓氏挺身而出聲援，以致惹了這樣大的麻煩，險些連紗帽都連根揭掉。

姑妄言之，信不信由你！

【註釋】

註一、宋・王讜〈唐語林〉卷四有云：「韓愈好奇。嘗與客登華山絕頂。度不得下，發狂慟哭，為遺書。華陰令百計取之，乃下。」

世人對杜牧的錯誤認知

落魄江湖載酒行　楚腰纖細掌中輕　十年一覺揚州夢　贏得青樓薄倖名〈遣懷〉
自恨尋春去太遲　不須惆悵怨芳時　狂風落盡深紅色　綠葉成陰子滿枝〈歎花〉

大致很多讀過些唐詩的人，對於晚唐三大家之一的杜牧（西元八〇三年—八五三年）這兩首七言絕句，都無不朗朗上口；同時，對於〈歎花〉所代表「杜牧尋春」的韻事，也可說是耳熟能詳。因此，在世人的印象中，杜牧就被塑造成一個風流浪子。甚至，在國內風行超過半世紀的一部中國文學史鉅著（姑隱其書名與發行書局。此書，直到今日，臺灣應仍可見到。）對他竟有如此的評語：

他本是一個色鬼。一生風流自賞，問柳尋花。他幾首有名的絕句，大半都是青樓妓女的歌詠。社會民間的疾苦，在這種風流才子的眼裏，是從來不肯注意的。

且慢！杜牧少年登第，早歲風流自賞誠有之。但他真是一個只知尋花問柳，不知民間疾苦的浪子麼？倘若我們試一翻閱行世的〈樊川集〉（杜牧臨終自將生平詩文稿全付一炬。他的外甥裴廷翰蒐輯其遺編為〈樊川集〉二十卷行世），就不難發現這一類的香豔作品，其實只占少部分。不幸的是：後人的偏好與取捨，他怎麼管得了！

筆者姑隨手抄錄四首杜牧的另類作品，與諸君共賞。首先看一首題為〈村舍〉的七絕：

三樹稚桑春未別　扶床乳女午啼飢　潛銷暗鑠歸何處　萬指侯家自不知

這首詩的情境，難以盡解。但可以確定是他所親見的一個實地社會場景。只從詩中「扶床啼飢」的「乳女」與高居民上，養優處尊的「萬指侯家」的對比，我們就可以領略到那貧戶人家的淒苦了。

有一位慶州（今甘肅慶陽縣）刺史，名叫趙縱，孤軍抵禦入侵的党項族人，壯烈成仁。杜牧詠歎：

將軍獨乘鐵驄馬　榆溪戰中金僕姑　死綏却是古來有　驍將自驚今日無
青史文章爭點筆　朱門歌舞笑捐軀　誰知我亦輕生者　不得君王丈二殳

詩中既是弔念殉國的烈士，也感歎「朱門」權貴的冷血。最後並表露自己無路請纓的感慨，應該是出自肺腑之言。

杜牧任黃州（治今湖北黃岡）刺史時，有感於當時討伐叛逆藩鎮的將帥，無勇無謀，師久無功；而國內民生彫敝。因而作有一首〈即事〉詩：

因思上黨三年戰　閑詠周公七月詩　竹帛未聞書死節　丹書空見畫靈旗
蕭條井邑如魚尾　早晚干戈識虎皮　莫笑一麾東下計　滿江秋浪碧參差

詩中所表達的內心，是如何的沈痛！再看他的一首〈故洛陽城有感〉：

一片宮牆當道危　行人為爾去遲遲　䍐圭苑（東漢的宮苑）裏秋風後　平樂館（曹魏時的館舍）
前斜日時　錮黨豈能留漢鼎　清談空解識胡兒　千燒萬戰坤靈死　慘慘終年鳥雀悲

詩中感歎東漢興黨錮之禍，西晉盛清談之風，都是動搖國本的禍根。以古鑑今，這是何等的有心人語！只就以上這四首詩來看，這豈是一個「眼裏沒有社會民間疾苦」的人所寫得出來的？又幾曾見於同時代的李商隱、溫庭筠等作家的筆下！

更令人為杜牧抱屈的是：後世只是津津樂道於他的風流韻事，而無視於他生平對軍國大事的貢獻與韜略方面的長才。我們先看他兩件「運籌帷幄，決勝千里」的實例：

唐武宗會昌三年（西元八四三年），朝廷討伐叛亂的澤潞（治今山西上黨）節度使。這時，河朔雖稱效順，而其實向心力不強。遠在湖北的杜牧（任黃州刺史），上書朝中主持軍事的宰相李德裕說：成德、魏博二軍陽奉陰違，殊不足恃。須徵調河陽（河陽節度使治今河南孟縣）軍萬人扼守太行關（在今山西晉城南），以阻塞叛軍南窺懷、洛（兩州）。然後以忠武（治今河南淮陽）、武寧（治今江蘇銅山）兩軍，配屬「五千精甲，二千強弩」，直擣上黨，則可以速戰速決。李德裕採納了他的建議，果然只在數月之間，就平定了澤、潞。

其後，回鶻為黠戛斯所敗，竄入漠南。朝廷有意趁機剿滅回鶻的餘眾。杜牧建策：回鶻如同其他北族，以騎射見長。弓弦多用牛筋，強而有力。但若受潮，便鬆弛失效。夏季多雨潮濕，又正是雌馬生育的季節，不適於驅使。因此用兵要擇仲夏季節，就近發幽、并、酒泉的駐軍突擊，一舉可竟全功。李德裕依言，果然擊潰回鶻，救回因和親而失落「番邦」多年的太和公主（以上略見於〈新唐書〉列傳九十一）。

除此之外，杜牧有見於自貞觀至開元踵行了一百三十年的「府兵制」的敗壞，以致形成「戍臣伍兵，逆亂不息」的藩鎮據地自雄之局。因而作了一篇〈原十六衛〉（唐初承隋制，設十六衛以統府兵）以寄意；又見當時本有勘平「河朔三鎮」的契機。卻由於朝廷戰守失據，以致無功。因而又作〈戰論〉、〈守論〉兩篇文章以規時。這些都可說是切中時病。（以上詳見〈資治通鑑〉卷二四四）

最後，還有不得不一提的，他也曾經註釋〈孫子兵法〉一書。可惜他的〈註釋〉久已「絕版」，就更少為人所知了。

試問像這樣的文韜武略，古來的詩人中，能得幾人？豈能因他的「不矜細行」而一概抹煞？知人論世，談何容易！尤其是：許多人不究事實，不問是非，人云亦云，豈祇是「耳食」之過而已！惡意攻訐時人，已不足為訓；厚誣古人，更是何等的不道德——因為你不讓他有為自己辯白的機會！

唐詩中的西京勝蹟

楔子

暇時常以讀唐詩作消遣，從中見到一些唐人有關長安的景物與人事的吟咏。細加玩味，宛如倒溯時光，身隨古人暢遊盛唐時代的「西京」。

除了「夢遊」不算，昔人又有所謂「臥遊」、「神遊」。像我這樣的「詩遊」，恐怕還是獨家首創。現在謹以一種野叟獻曝的愚忱，將我的紀遊，提供讀者諸君分享。

唐代長安市的極盛時期，並不在於號稱「貞觀之治」的唐太宗時。那時候的長安，隋末戰亂所遺留下來的瘡痍還未全復，而且近畿還在鬧飢荒呢。自高宗永徽以至玄宗開元的一段期間，長安都市建設的成績，也還不及大唐的對外武功。却是安史之亂平息以後的貞元以至長慶的四十年間（西元七八五—

八二四年），如果不去理會那些藩鎮跋扈與宦官專權的政治亂局，則長安城中確實是一片歌舞昇平的繁華景象。

一、大唐長安城的輪廓

漢代的長安，就是秦代的咸陽。隋文帝將城南遷二十里（本文俱用華里），重建「大興」城，也就是唐代的「西都」長安。

大城東西十八里一百五十步（一步等於五尺），南北十五里一百七十五步。東南西各有三道城門。北面則鄰接包含漢故宮在內的「禁苑」。皇城（也就是內城）在大城內的北部，包含宮城（在皇城的北部）與朝廷各重要官署，以及太廟、大社等。後來又在禁苑內增建以大明宮為主的「東內」。玄宗即位後，再將居藩時的東隆坊故居改為「南內」。原來的宮城，就稱「西內」。合起來就是所謂「三內」。

大城共分南北（縱向）十四街，東西（橫向）十一街，將市區分為一百零八坊（又稱里）。這些坊主要是住宅區與廟宇。商業區則另有東、西二「市」。正對皇城居中縱向的一條大街叫朱雀街。街東的五十四坊與「東市」屬萬年縣；街西的五十四坊與「西市」屬長安縣。兩縣都統轄於京兆尹。這樣整齊周全的都市格局，其實全是隋代所規畫與建設。隋祚短促，就歸大唐樂享其成。

從長安東渡灞水至東都洛陽四百五十里；東南出藍關至南陽九百九十里，下通荊州；西出開遠門至鳳翔府三百四十里，自此遠通西域；西北至平涼六百五十里；北渡渭水至延安七百四十里；東北至山西施州黃河岸三百五十里。這些都是長安對外交通的主要路線。

二、長安城內第一風景區——曲江（池）

到達了長安城，當然要先從最著名的景點遊起。

長安城內首屈一指的風景區應數曲江，又稱曲池。池在城東南隅。漢武帝時在此設「宜春苑」，鑿池開渠。所謂曲「江」大概就是指這條人工渠。隋文帝建大興城，將苑圈入城內，改名「芙蓉園（苑）」。唐開元中再加疏浚。除了池沼本身外，其西有紫雲樓、杏園、慈恩寺諸名勝，廣袤達六、七坊之地，構成一個大公園。唐人所習稱曲江，其實是總括這個大公園而言。這一區「煙水明媚，花卉環周」，是都城遊人最盛的地方。朝廷每逢秀士登科，都賜宴於此。其極盛時在僖宗中和（西元八八一—八八四年）年間。朱溫亂後，逐漸凋殘。

園既以「芙蓉」為名，當然是池中遍栽荷花。但它的盛景，並不止於夏日賞荷。陽春時節的紅杏夭桃，垂楊芳草，更是綺麗得有如仙境。權德輿〈曲江上巳〉云：「長堤十里轉香車，兩岸煙花錦不如。欲問神仙在何處，紫雲樓閣向空虛。」鄭谷〈曲江紅杏〉云：「遮莫江頭柳色遮，日濃鶯睡一枝斜。女郎折得殷勤看，道是春風及第花。」唐彥謙〈曲江春望〉也有「杏豔桃光奪晚霞」、「十里宜春漢苑花」之句。雍裕之〈曲江池上〉則云：「何必三山待仙鶴，年年此地是瀛州。」。不僅此也，即使是園中綠油油的草地，也足以令人流連坐臥而不忍遽去。鄭谷有一首〈曲江春草〉云：「花落紅堤簇暖煙，雨餘江色遠相連。香輪莫輾青青破，留與愁人一醉眠。」崔能咏曲江也有「曲水池邊春草岸，春風林下落花杯」之句。可以想見，那落英片片，點綴著如茵的碧草，是怎樣的一番景象。

曲江（芙蓉園）的美景是如此地迷人，就連大唐天子也不甘失之交臂。唐太宗在貞觀七年（西元六三三年）十二月甲寅日駕臨遊幸，史官還大書一筆：「上幸芙蓉園」。但以萬乘之尊，出遊既不能和庶民相雜，遊幸一多，隨時要警蹕清道，也太過擾民。於是德宗時在外城的裏邊，建造一道「夾城」，從宮城東出，直通曲江。皇帝出遊，車駕就從夾城中馳驅而下，進入園中。杜牧〈長安雜詩〉有云：「六飛南幸芙蓉苑，十里飄香入夾城。」就是詠此。

杏園在通善坊。每到「紅杏枝頭春意鬧」的季節，它的盛況自不在話下。可是在人潮喧嚷一整天之後，勝景卻遭受了一場浩劫。這最是令人惋惜不置的事。姚合〈杏園〉詩云：「江頭數頃杏花開，車馬爭先盡此來。欲待無人連夜看，黃昏樹樹滿塵埃。」那麼，就等待一場夜雨洗淨塵埃再去如何？請看杜牧的一首〈杏花〉詩：「夜來微雨洗芳塵，公子驊騮步始勻。莫怪杏園憔悴去，滿城多少插花人。」原來在那個時代，雖然誤動皇陵「一抔土」就要殺頭，但是杏園之花，灞橋之柳，却是任人攀折不禁的。

說到杏園的杏花，對於唐代的登科士子，更有一種特殊的意義。原來唐代「春闈」的新科進士，例在杏園賜宴。並推選其中最年輕的兩位「帥哥」先入園探訪，稱為「探花使」。這就是後世科舉殿試

「一甲」第三名號稱「探花」的由來。此時，對於那些春風得意的新貴們來說，滿園的紅杏簡直是為他們而開放。且看趙嘏的〈賀友及第〉詩：「九轉丹成最上仙，青天暖日踏雲軒。春風賀喜無言語，排比花枝滿杏園。」

三、長安的寺廟

遊歷西京，萬不可錯過那些寺廟。其故有三：一是其建築大都宏敞精美；二是多名家壁畫；三是多名花——尤其是唐人所最鍾愛的牡丹。

唐代釋道兩教都盛行。唐武宗之禁佛，只是一時的突發事件，產生的負面影響為時甚暫。長安城中，除了大約三十餘所的佛寺、道觀之外，還有西域人信奉的祆（拜火教）祠與「波斯胡寺」等數處。這些寺廟中，占地最廣的是靖善坊的大興善寺（佛寺）與保寧坊的昊天觀（道觀）。都占了整個的一坊。其次是進昌坊的慈恩寺與永陽坊的大莊嚴寺。這兩所佛寺都占地半坊。

這些寺廟勢難遍訪，我們只得挑選幾處最具代表性的去看看：

首先是延興門內新昌坊的青龍寺。羊士諤〈遊青龍寺翫紅葉〉詩云：「十畝蒼苔繞畫廊，幾株紅樹過清霜。高情還似看花去，閑對南山步夕陽。」賈島〈題青龍寺〉有句云：「擬看青龍寺裏月，待無一點夜雲時。」清秋霜降後到寺裏賞紅葉，或是在天淨無雲的夜間到寺裏賞月，都是最饒雅興的事。

進昌坊的東半邊都是慈恩寺的殿宇房舍。這寺是唐高宗為太子時，為他的生母文德皇后祈福而建。全寺共分十院，房舍一千八百九十七間。當年唐三藏自西域返國，取回的佛像經典，都供奉在寺中。此寺在西京名聲最大，常見於唐人的吟詠中。寺中多名花。姚合〈遊慈恩寺〉詩有句：「賞花無酒飲，多看寺中花。」花可以代酒，也是奇想。但由此也可見寺中花木之多且美。寺中尤以牡丹花最為馳名。各院所栽品種非一，花時也有先後。以元果院的最先開放，太平院的殿後，幾乎年年如是。有一叢白牡丹，是高僧法力上人所手植，頗為名貴。却被當時官居「太子贊善」的白居易借來自嘲：「白花冷淡無人愛，亦占芳名道牡丹。應似東宮白贊善，被人還喚作朝官。」他深以充當個五品冷官為憾，因有此詩。

寺外有慈恩塔，是漢代所建。唐時新進士杏園賜宴後，在慈恩塔壁題名，是當時的殊榮。

大興善寺是西京占地最廣的佛寺，占了整個靖善坊的範圍。寺建於隋代，取城名（大興）中的「興」字與坊名中的「善」字合為寺名。寺壁有元和（西元八〇六—八二〇年）中名畫師梁洽所繪的「雙松圖」，蒼勁雄奇。又有隋代留下的「蛤像」。畫中一個張開的大蚌殼，中有一佛、二菩薩。這蛤像有一個傳說：初時隋文帝嗜食蛤蜊，每餐不可或缺。有一天，遇到一枚大蛤蜊，堅硬異常，鐵鎚也敲它不破。隋文帝覺得奇怪，將它放在几上。不料，至夜大放光明，蛤殼張開，現出一佛、二菩薩像。他既懼且悔，發誓以後不再吃蛤蜊，並命畫工圖形於寺廟。段成式有咏蛤像詩云：「雖因蛤變化，不逐月虧盈。縱有天中匠，神功詎可成。」

寺中的佛龕又供著一尊于闐來的玉像。像高一尺七寸，有一佛、四菩薩、一飛仙。用一塊晶瑩剔透的無瑕彩玉雕刻，一體成型。極為名貴，是鎮寺之寶。

城東常樂坊的趙景公寺，原名弘善寺，也是隋代所建。寺院不算很宏敞，但殿庭兩壁有好幾幅吳道玄的畫作，非常出色。尤以其中一大幅「地獄變相」圖，陰森恐怖，令人看了毛骨竦然。這是吳道子生平的得意傑作。段成式有詩云：「慘淡十堵內，吳生縱狂跡。風雲將逼人，鬼神如脫壁。」壁上又有吳道玄所畫的一幅「執爐天女」，眉目傳神。似乎美豔有餘而莊嚴不足。寺內供有一尊數尺高的金佛。又有一座六尺多高的銀象以及六百多隻小銀象，都是善男信女們所捐獻。

道政坊的寶應寺之出名，在於韓幹的兩幅壁畫。韓幹是京畿的藍田縣人，少時在酒店傭工。當王維、王縉兩兄弟未成名時，韓幹常到王家去送酒或收酒錢。偶然有一次，他蹲在地上用石片畫出人、馬的圖像，被精於繪畫的王維看見，大為讚賞。於是每年資助他二十串錢，叫他去學畫，自己也常加以指導。數年之間，韓幹就成了名家。寶應寺有他所畫的一幅「天女散花」，那些天女，全是拿當了宰相後的王縉家裏的「家妓」做模特兒。領頭的仙女，就是王縉最寵愛的舞女「小小」。他不但將這位「仙女」畫得舉袖揚裾，好像就要飛起一般，而且雙眼流波，常教觀畫的人神魂顛倒呢！段成式咏此有句云：「揄袂將離壁，斜柯欲近人。」寺裏還有韓幹的一幅彌勒像，配以一位仰面的菩薩和兩隻獅子，也非常傳神。

宣陽坊的奉慈寺，曾經是楊貴妃之姊虢國夫人的宅第。安祿山據長安時成為偽京兆尹的公府。亂平後賜給了郭子儀之子郭曖作為駙馬府。武宗即位後改為佛寺。當時有個十三歲的才女，是司農少卿楊敬的女兒。她題詩寺壁，有警句云：「日月金輪動，旃檀碧樹秋。塔分鴻雁翅，鐘掛鳳凰樓。」皇帝知道了，曾經召見賜衣。

翊善坊的保壽寺，是高力士捐獻住宅所建。寺裏有一座大鐘。落成時高力士設齋慶祝，滿朝冠蓋雲集。與會人士敲鐘祈福的，每敲一下得捐錢一百串（十萬錢），這已是一筆鉅資。但竟有討好的一口氣敲了二十杵。

寺裏有一幅先天菩薩像，據說是菩薩現身，由一位叫楊法成的畫師，花了十年工夫畫成。奉佛的段成式深信菩薩現身的事，與友人聯句作贊云：「觀音現身，厥形孔怪。脆腦淫厲，眾魔膜拜。指夢鴻紛，牓列區界。其事明張，何不可解！」

其他如永安坊的永壽寺，崇仁坊的資聖寺，平康坊的菩薩寺等，也都有吳道玄等名手的壁畫，不一一介紹。

長安城的道觀，以昊天觀為最大，已如前述。但他的名聲，却比不上玄都觀。

玄都觀在崇業坊，觀中的桃林在西京最為有名。劉禹錫獲罪貶官，外放數年。回京後看到朝中的當權派全是新進人士，因而作〈玄都觀〉詩云：「紫陌紅塵拂面來，無人不道看花回。玄都觀裏桃千樹，盡是劉郎去後栽。」此詩雖是借題發揮，但也可知觀裏的桃花，是如何地吸引遊春人士了。

西京的女道觀也有數處。值得特別一提的是大業坊的太平觀。說起此觀，大有來歷。唐高宗鳳儀二年（西元六七七年），吐蕃入寇，指名求以太平公主和親。這太平公主是武后的愛女，如何捨得！但又不敢得罪強敵，於是託詞公主志在修道，不能允婚。並且設了這所道觀，真以太平公主為觀主，當了女道士。事情過了之後，她終於還俗，下嫁貴胄薛尚。但此觀從此就成了皇室宗女與宮女們入道修行之所。觀中尤以放出的老年宮人為最多。盧綸有詩云：「夕照閑窗起暗塵，青松鎖殿不知春。君看白髮誦經者，盡是宮中歌舞人。」就是詠此。

由於長安城有不少的西域人。他們多數是來華經商的「賈胡」與東來淘金的「胡姬」。因此城中又有專屬西域人禮拜的「祆（拜火教）祠」和「波斯胡寺」數處，不在此多述。

四、平康坊（里）

也許有人會說：長安城一百零八坊之中，為甚麼單挑這個「風化區」來介紹！但我得交待清楚：平康坊雖然是個歌妓聚居的地方，但却不能以現代的「風化區」來作比。以它的座落環境來說，它位於東市之西，面對丹鳳街，距皇城與南內都很近。以它的住戶成分來說，本坊有很多朝中顯貴的府第，如褚遂良、李林甫、裴光庭都先後住在這裏。那些廁身於此的名妓，其身價就可以想見了。例如說，平康坊有個叫鄭舉舉的歌妓，人稱「鄭都知」（唐人常將管領春風的名妓喚作「都知」）。她的價碼是：每設一席（陪客飲宴）定價四千錢，「見燭」（入夜）加倍，新客再加倍。你想，這樣高的「纏頭費」有幾個窮措大出得起！

以一首〈鷓鴣詩〉馳名士林的鄭谷，中了進士第八名，就在妓院吃花酒，作了一首〈及第後夜宿平康里〉詩云：「春來無處不開行，楚閏相看別有情。好是五更殘酒醒，時時聞喚狀頭（唐代進士，稱

「狀元」的不一定要第一名）聲。」那一種躊躇滿志的神氣，表露無遺。還有一個裴思謙，也在金榜題名之後，作了一首〈夜宿平康里〉云：「銀釭斜背解明璫，小語低聲喚玉郎。從此不知蘭麝貴，夜來新惹桂花香！」更是得意忘形，而且肉麻當有趣！若在今日，有那一位老先生考取了公務員高等考試之後，還敢去吃一番花酒，風流一宵，然後再明目張膽地吟一首詩「紀盛」，讓大家傳誦？因此，莫道世風今不如古！

五、郊區的名勝

（一）終南山

長安城外的勝景多在南郊。首先就從終南山說起。

「終南」之名，最早見於詩經，又稱作南山，本來是「秦為頭，虢作尾」的秦嶺山脈的別名。但前人詩文中所習見的「終南」之名，却是專指長安南郊約五十里的那座秦嶺的主峰。

一提到終南，就不免聯想到那山中的隱士們。他們之中，當然也不乏「聲利掀天竟不聞，草衣木食度朝昏」（貫休〈終南僧〉詩）的真出世者。但沽名釣譽，以此為「仕宦捷徑」的也確實大有人在。不然，天下多名山，那裏不好藏身，為甚麼獨選在這「輦轂之下」來「隱」！

終南山高聳（三千五百公尺）入雲，在長安城中擡頭就可望見。林寬〈終南山〉詩云：「標奇聳翠壯長安，影入千門萬戶寒。徒自倚天生氣色，塵中誰為舉頭看。」李極〈退朝望終南山〉詩云：「紫宸朝罷綴鴛鸞，丹鳳樓前駐馬看。唯有終南山色在，晴明依舊滿長安。」此外，又有李憕的「雨歇南山積翠來」與賈曾的「終南佳氣入樓臺」等，都是從長安城中遠眺山色。若在嚴冬，白雪覆頂，長安城中又能感受到終南山的另一番氣象。祖詠有詩云：「終南陰嶺秀，積雪淨雲端。林表明霄色，城中增暮寒。」

終南山雖是鍾靈毓秀，宏麗瑰奇，但由於它盤紆迴遠，陡峭深邃，因而有勇氣與腿力登臨攬勝的人並不多。絕頂的牛頭寺，最為清幽，更少人到。司空圖〈牛頭寺〉詩云：「終南最佳處，禪誦出青霄。群木澄幽寂，疏煙汎碧寥。」

（二）藍關、藍水、藍橋

藍關又稱藍田關，秦時名為嶢關。在長安東南約五十里。藍水又稱藍溪，源出藍田山谷中，東北流入滻水。藍橋連接兩岸。從長安出城，南出藍關，再東渡藍水，是通荊州的大道。過藍橋之後，山路蜿蜒險峻，有所謂「七盤九折」，號為畏途。陸暢〈出藍田關〉云：「萬里煙蘿錦幛間，雲迎水送度藍關。七盤九折難行處，盡是龔黃界外山。」尤其是朝官貶謫出都，行到此處，更是斷腸。韓愈以諫迎佛骨貶為潮州刺史，出京時〈示姪〉詩有句云：「雲横秦嶺家何在？雪擁藍關馬不行。」凄苦之情可見。

那些入京求取功名的士子，渡藍水入關之際，雖然帝京在望，但離鄉背井的惆悵，加上前途未卜的隱憂，他們的心情仍不會輕鬆得起來。如趙嘏〈入藍關〉詩云：「微煙已辨秦中樹，遠夢更依江上臺。看落晚花還惆悵，鯉魚時節入關來。」

曹鄴〈送進士下第歸南海〉詩有句云：「雪過藍關寒氣薄，雁回湘浦怨聲長。」對於一個「文戰」鎩羽而歸的舉子，那藍關雪後的餘寒，只怕仍然會冷透心頭的。

其實藍水藍關一帶的風光十分迷人，王維的「輞川別業」就在此一區域。錢起有〈藍溪雜詠〉二十一首，描述它的美景，無處不是詩情畫意。當然，這也只有託跡於此的「幽人」才能夠領略得到的。原詩過多，茲錄二首：「登山望春臺，目盡趣難極。晚景下平阡，花際霞峰色。」「幾轉到青山，數重度流水。秦人入雲去，如向桃源裏。」

（三）樂遊原

樂遊原在城南八里處。其地高敞，視野極佳。北可望見長安市街，南可眺望終南山的峰巒雲樹。若在秋日或是黃昏時登臨遠矚，就更有一番佳趣。白居易〈立秋日登樂遊原〉詩云：「幾年詩酒滯江干，水積雲重思萬端。今日南方惆悵盡，樂遊原上望長安。」李商隱〈樂遊原〉云：「萬樹鳴蟬隔斷虹，樂遊原上有西風。羲和自趁虞泉宿，不放斜陽更向東。」他的另一首〈樂遊原〉云：「向晚意不適，驅車登古原。夕陽無限好，只是近黃昏。」我們可以想見：西風蕭瑟，彩虹半現，鳴蟬在樹，夕陽在天。那古原上的情景，是何等的優美，却又何等的淒清！

（四）長樂坡

長樂坡在城東北滻水之濱。唐人從長安出發遠行，除了西行的外，很多是東出春明門，先在長樂坡歇腳。送行的也到此止步。然後遠行人就分道揚鑣：赴陝北、甘隴的北渡渭水；赴洛陽的東渡灞水；至荊州的出藍關，渡藍水。白居易有〈長樂坡〉詩云：「行人南北分征路，流水東西接御溝。終日坡前離別路，漫名長樂是長愁。」就是言此。

（五）昆明池、細柳原

昆明池與細柳原相近，都在長安城西南郊約三十里處。細柳原之出名由於它是漢文帝時周亞夫的屯兵之地。唐時原上仍多楊柳，見於杜審言的詩：「今年游寓獨游秦，愁思看春不當春。上林苑裏花徒發，細柳營前柳漫新。」

細柳原之西有昆明池。昆明池本是雲南滇池的別名。漢武帝準備征伐西南夷，得知昆明國有滇池為阻，因而征調戍卒，穿鑿了這個周圍四十里的人工湖泊，自渭水開渠引水注入，用來操練水戰，也以昆明池為名。後世昆明池成了長安南郊的一處景點，可以泛舟、垂釣。賈島〈昆明池泛舟〉詩云：「一枝青竹榜，泛泛綠萍裏。不見釣魚人，漸入秋塘水。」

（六）皇子陂

「陂」是山旁積水之地。皇子陂在昆明池西北，相傳秦代有皇子葬此而得名。唐人常訛「皇」為「黃」。司空文明〈黃子陂〉詩云：「岸芳春草曉，水影夕陽微。寂寂深煙裏，漁舟夜不歸。」可見其風景之朝夕咸宜。尤其是夏日水泊中的荷花，更是吸引遊人。唐彥謙〈黃子陂荷花〉詩云：「十里狂風撼麴塵，綠堤照水露新紅。世間花氣皆愁絕，恰是蓮香更惱人。」

皇子陂又是賞月的好去處，月下賞荷更是一絕。有位無名氏託名「韋曲仙女」詩云：「黃子陂頭好月明，忘却華筵到曉行。煙收山低翠帶橫，折得荷花遠恨生。」

（七）灞橋

說起灞橋真是無人不曉。橋在城東二十五里處。原來的木橋，直到隋代才改建為石橋。橋長八十餘步，共有十五個橋孔。唐代送人出都東行的，有不少在橋邊餞別，因而有了一個「銷魂橋」的別名。橋邊多垂柳，間以紅杏。鄭谷詠灞上有句云：「柳絲牽水杏房紅」。折柳贈別，是當時的風習。因而河邊的柳條，常被攀折得賸下一些殘枝斷梗，實在大殺風景。楊巨源有〈灞岸柳〉云：「楊柳含煙灞上春，年年攀折為行人。好風儻借低枝便，莫遣青絲掃路塵。」詩中有無限惋惜之意。

（八）宮人斜

最後，還有一處不大為人所注意的角落，那就是「宮人斜」。「斜」是一種緩坡的地形。宮人斜在長安城西北漢故城未央宮外。那是宮女們埋香的叢葬之所。唐人詠宮人斜的詩不少，當然都是充滿同情哀憐的語氣。例如雍裕之詩云：「幾多紅粉委黃泥！野鳥如歌又似啼。應有春魂化為燕，年來飛入未央棲。」杜牧詩云：「盡是離宮院中女，苑牆城外冢纍纍。少年入內教歌舞，不識君王到死時。」王建詩云：「未央宮外草青青，宮人斜裏紅粧墓。一邊載出一邊來，更衣不減尋常數。」獨有陸龜蒙卻說：「須知一種埋香骨，猶勝昭君作虜塵！」到底是萬里和番，埋身異域略勝呢，還是寧願終身閉鎖深宮，死葬荒原呢？誰能喚起地下芳魂一問！

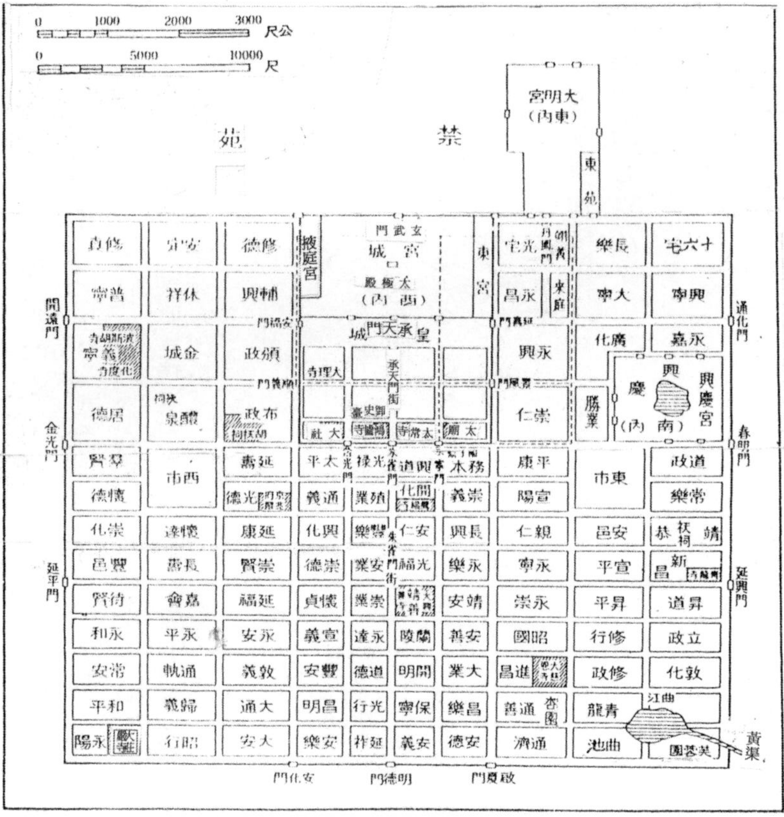
0 1000 2000 3000 公尺
0 5000 10000 尺
禁苑
大明宮（東內）
東苑
玄武門
宮城
太極殿（西內）
掖庭宮
東宮
皇城
承天門
承天門街
朱雀門街
開遠門
金光門
延平門
通化門
春明門
延興門
安化門
明德門
啟夏門
西市
東市
興慶宮
南內
曲江
芙蓉園
曲池
黃渠

唐長安城圖

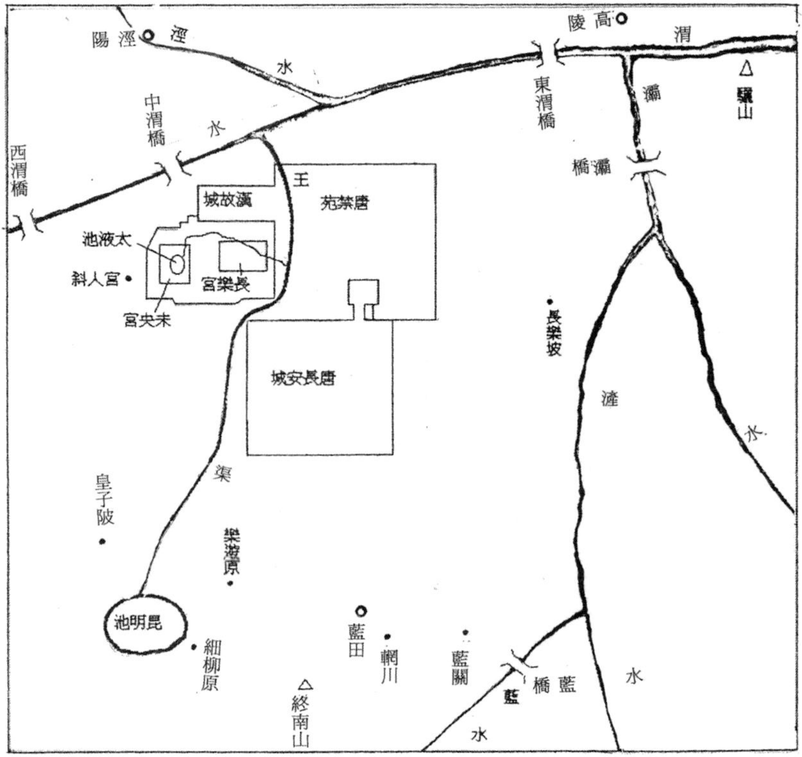
涇陽
涇
水
高陵
渭
驪山
東渭橋
灞
中渭橋
水
西渭橋
灞橋
王
漢故城
唐禁苑
太液池
宮人斜
長樂宮
未央宮
長樂坡
唐長安城
滻
水
渠
皇子陂
樂遊原
昆明池
細柳原
藍田
輞川
藍關
藍橋
終南山
藍
水
水

唐長安城郊示意圖

國家圖書館出版品預行編目

時過齋文史論集 / 鄭均著. -- 一版. -- 臺北市：
秀威資訊科技, 2010. 06
面； 公分. --（語言文學類；PG0347）

BOD版
ISBN 978-986-221-443-5（平裝）

1.論語 2.研究考訂 3.中國史 4.文集

617 99005280

語言文學類 PG0347

時過齋文史論集

作　　者 / 鄭　均
發 行 人 / 宋政坤
執行編輯 / 邵亢虎
圖文排版 / 鄭維心
封面設計 / 蕭玉蘋
數位轉譯 / 徐真玉　沈裕閔
圖書銷售 / 林怡君
法律顧問 / 毛國樑　律師
出版印製 / 秀威資訊科技股份有限公司
台北市內湖區瑞光路583巷25號1樓
電話：02-2657-9211　傳真：02-2657-9106
E-mail：service@showwe.com.tw
經 銷 商 / 紅螞蟻圖書有限公司
台北市內湖區舊宗路二段121巷28、32號4樓
電話：02-2795-3656　傳真：02-2795-4100
http://www.e-redant.com

2010 年 6 月　BOD 一版
定價：400 元

讀　者　回　函　卡

感謝您購買本書，為提升服務品質，煩請填寫以下問卷，收到您的寶貴意見後，我們會仔細收藏記錄並回贈紀念品，謝謝！

1.您購買的書名：______________________________

2.您從何得知本書的消息？

☐網路書店　☐部落格　☐資料庫搜尋　☐書訊　☐電子報　☐書店

☐平面媒體　☐ 朋友推薦　☐網站推薦　☐其他__________

3.您對本書的評價：(請填代號　1.非常滿意 2.滿意 3.尚可 4.再改進)

封面設計____　版面編排____　內容____　文/譯筆____　價格____

4.讀完書後您覺得：

☐很有收獲　☐有收獲　☐收獲不多　☐沒收獲

5.您會推薦本書給朋友嗎？

☐會　☐不會，為什麼？______________________________

6.其他寶貴的意見：______________________________

____

____

____

讀者基本資料

姓名：____________________ 年齡：______ 性別：☐女 ☐男

聯絡電話：________________ E-mail：____________________

地址：____

學歷：☐高中(含)以下　☐高中　☐專科學校　☐大學

☐研究所(含)以上 ☐其他_______________

職業：☐製造業 ☐金融業 ☐資訊業 ☐軍警 ☐傳播業 ☐自由業

☐服務業 ☐公務員 ☐教職　☐學生 ☐其他__________

請貼
郵票

To：114

台北市內湖區瑞光路 583 巷 25 號 1 樓

秀威資訊科技股份有限公司　　收

寄件人姓名：

寄件人地址：□□□

(請沿線對摺寄回,謝謝!)

秀威與 BOD

BOD（Books On Demand）是數位出版的大趨勢，秀威資訊率先運用 POD 數位印刷設備來生產書籍，並提供作者全程數位出版服務，致使書籍產銷零庫存，知識傳承不絕版，目前已開闢以下書系：

一、BOD 學術著作—專業論述的閱讀延伸
二、BOD 個人著作—分享生命的心路歷程
三、BOD 旅遊著作—個人深度旅遊文學創作
四、BOD 大陸學者—大陸專業學者學術出版
五、POD 獨家經銷—數位產製的代發行書籍

BOD 秀威網路書店：www.showwe.com.tw
政府出版品網路書店：www.*gov*books.com.tw

永不絕版的故事・自己寫・永不休止的音符・自己唱